# 企业数字化转型认知与实践研究

王喆 郭佳 王玉庭 主编

副主编：商磊 杨锦昊 贾英新

张倩倩 赵赫 程承

吉林科学技术出版社

图书在版编目（CIP）数据

　　企业数字化转型认知与实践研究 / 王喆，郭佳，王玉庭主编. -- 长春：吉林科学技术出版社， 2022.12
　　ISBN 978-7-5744-0081-8

　　Ⅰ.①企… Ⅱ.①王… ②郭… ③王… Ⅲ.①数字技术－应用－企业管理 Ⅳ.①F272.7

中国版本图书馆CIP数据核字(2022)第 244334 号

# 企业数字化转型认知与实践研究

| 主　　编 | 王　喆　郭　佳　王玉庭 |
| --- | --- |
| 出 版 人 | 宛　霞 |
| 责任编辑 | 端金香 |
| 封面设计 | 长沙文修远文化发展有限公司 |
| 制　　版 | 长沙文修远文化发展有限公司 |
| 幅面尺寸 | 185mm×260mm |
| 开　　本 | 16 |
| 字　　数 | 200千字 |
| 印　　张 | 13.75 |
| 印　　数 | 1-1500册 |
| 版　　次 | 2023年8月第1版 |
| 印　　次 | 2023年8月第1次印刷 |

| 出　　版 | 吉林科学技术出版社 |
| --- | --- |
| 发　　行 | 吉林科学技术出版社 |
| 地　　址 | 长春市福祉大路5788号 |
| 邮　　编 | 130118 |
| 发行部电话/传真 | 0431-81629529 81629530 81629531 |
|  | 81629532 81629533 81629534 |
| 储运部电话 | 0431-86059116 |
| 编辑部电话 | 0431-81629518 |
| 印　　刷 | 廊坊市印艺阁数字科技有限公司 |

| 书　　号 | ISBN 978-7-5744-0081-8 |
| --- | --- |
| 定　　价 | 75.00元 |

版权所有　翻印必究　举报电话：0431-81629508

# 前　言

自互联网诞生以来，技术变革便一再推陈出新，对人们的生活和工作方式产生深刻影响，并仍在持续加快发展。纵观全球，有互联网技术创新与变革所驱动的经济发展开创了崭新的局面，一方面数字经济取得飞速发展，成为推动国民经济持续发展的强劲力量，全球各国均已意识到数字经济对经济增速、扩大就业及促进产业转型所起到的重要作用。数字经济从根本上改变了经济运行模式。另一方面，数字经济所起到的变革作用已经冲破了互联网产业的界限，覆盖到传统实体经济的发展领域，许多企业的传统供应链、价值链、营销链、服务链等，在大数据、互联网、云技术、人工智能等技术的冲击下已经发生巨大变革，新的市场和服务模式不断出现，并快速成长。

企业要成功做好数字化转型就要抓好数字经济，抓好大数据、互联网、云计算、人工智能，使新一代信息技术与企业发展深度融合，催生新技术、新产品、新产业、新业态和新模式。同时也要坚定自我创新，矢志不移地做好科技攻关，实现自主可控，促进企业数字化转型升级。这也是发展数字经济、推动企业数字化转型的主要目标之一。如何实现企业数字化转型升级，深化企业变革，成为当下企业发展的关键点。基于此，特撰写《企业数字化转型认知与实践研究》一书。

本书共分为八个章节。第一章节概述了关于数字经济的基本内容，包括数字经济的相关概念、特征和属性、发展沿革，以及发展数字经济的意义、优势及重要性。第二章节阐述了数字经济发展的战略决策，如基础建设战略决策、融合发展战略决策、共享参与战略决策等。第三章节从企业的数字化装备、数字化发展趋势、数字化要素、传统企业与数字化强企业的战略区别，讲述了企业的数字化发展。第四章节介绍了数字化转型体系布局，包括我国积极推进数字化转型、关键领域的数字化转型，以及企业数字化转型布局和配套措施。第五章节罗列了企业数字化转型所需的技术基础，如云计算、物联网、人工智能、区块链等。第六章节提出了企业数字化转型的行动路径。第七章是企业组织设计和市场营销的数字化转型。第八章节从安全视角讲到了企业数字业务安全风险防范。

本书在完成过程中参考了众多专家和学者的相关研究成果，在此深表感谢。由于时间和水平有限，书中难免出现错误或不妥之处，敬请广大读者批评指正。

# 目 录

## 第一章 关于数字经济 .................................................................... 1
### 第一节 数字经济的相关概念 ................................................ 1
### 第二节 数字经济的特征和属性 ............................................ 2
### 第三节 数字经济的发展沿革 ................................................ 6
### 第四节 发展数字经济的意义、优势及重要性 .................... 11

## 第二章 数字经济发展的战略决策 ................................................ 22
### 第一节 抓住数字化转型的机遇 ............................................ 22
### 第二节 基础建设战略决策 .................................................... 26
### 第三节 融合发展战略决策 .................................................... 30
### 第四节 共享参与战略决策 .................................................... 33

## 第三章 企业的数字化发展 ............................................................ 40
### 第一节 企业的数字化准备 .................................................... 40
### 第二节 企业数字化发展趋势 ................................................ 40
### 第三节 企业数字化的要素 .................................................... 47
### 第四节 传统企业与数字化企业的战略区别 ........................ 49

## 第四章 数字化转型体系布局 ........................................................ 53
### 第一节 我国积极推进数字化转型 ........................................ 53
### 第二节 关键领域的数字化转型 ............................................ 56
### 第三节 企业数字化转型布局 ................................................ 60
### 第四节 数字化转型配套措施 ................................................ 64

## 第五章 数字化转型技术基础 ........................................................ 67
### 第一节 数字化转型与大数据 ................................................ 67
### 第二节 数字化转型与人工智能 ............................................ 70
### 第三节 数字化转型与云计算 ................................................ 74
### 第四节 数字化转型与物联网 ................................................ 76
### 第五节 数字化转型与区块链 ................................................ 79

## 第六章 数字化转型行动路径 ........................................................ 82
### 第一节 数字化转型的必要性 ................................................ 82
### 第二节 战略规划数字化转型 ................................................ 84
### 第三节 生态创新助力数字化转型 ........................................ 88
### 第四节 数字化能力的提升 .................................................... 90

## 第七章 企业组织设计与市场营销的数字化转型 ........................ 96
### 第一节 数字经济时代下企业组织设计的数字化转型 ........ 96

第二节 数字经济时代下市场营销管理.................................................112
  第三节 数字经济时代下企业市场营销战略和趋势分析.....................127
第八章 企业数字业务安全风险防范..................................................158
  第一节 企业数字业务安全风险概述.................................................158
  第二节 企业常见的数字业务安全风险.............................................160
  第三节 常见五类行业数字业务的风险防控策略.............................175
  第四节 七种技术手段加强风险防范.................................................184
  第五节 以内部管理手段做好风险防范.............................................197
  第六节 企业数字业务安全风险防控的趋势.....................................203
参考文献..........................................................................................................209

# 第一章　关于数字经济

## 第一节　数字经济的相关概念

现如今，在新一轮科技革命和产业变革的历史交汇下，新一代信息通信技术正与人们生产生活相交融，推动着全球经济版图的重构。在这样的时代语境下，数字经济应运而生。

数字经济，是继农业经济、工业经济后的一种新经济社会发展形态。在杭州峰会发布的《G20数字经济发展与合作倡议》中，数字经济被定义为"以数字化知识和信息作为关键生产要素，以现代信息网络作为重要载体，以信息通信技术的有效使用作为效率提升和经济结构优化的重要推动力的一系列经济活动"。

随着人们对数字经济认知的深入，其内涵和外延也在发生相应变化。有关数字经济的界定，学界尚未统一看法。根据现行国民经济行业分类和统计制度，计算机制造、通信设备制造、电信、广播电视和卫星传输服务、软件和信息技术服务等行业是数字经济基础产业，互联网零售、互联网和相关服务可视为数字经济范畴。数字经济难以界定的一个重要原因在于它的融合性。其他行业依托信息通信技术的应用与向数字化转型带来的产出增加和效率提升，是数字经济的主体部分，这部分是很难界定的。

数字经济是一个阶段性概念，随着互联网渗透到社会生产生活各个领域、各个环节，其在国民经济中的作用日益显现。届时，可能就不会有数字经济的提法，正如没有企业认为自己是一家用电的企业。

### 一、数字经济发展历程

信息通信技术持续创新、融合扩散、引领转型的过程，也是人们对信息经济内涵外延认识不断深化的过程。1962年，马克卢普提出"知识产业"；1977年，波拉特提出"信息经济"；1996年，经济合作与发展组织提出"以知识为基础的经济"；21世纪之初，"数字经济""网络经济""虚拟经济""互联网经济"等新概念涌现，表明人们对信息化实践认识由浅入深的过程。

1996年，美国学者泰普斯科特在《数字经济时代》中正式提出"数字经济"概念，随后美国商务部出版了以数字经济命名的研究报告。不久，越来越多的国家提出数字经济、信息经济、网络经济的新概念，把信息通信技术产业作为数字经济的内核是各国的共识，区别在于信息通信技术（ICT）与传统经济融合的深度和广度。

## 二、数字经济定义与内涵

这些年来，国际社会围绕信息通信技术的创新、扩散、应用及其影响，提出了知识经济、网络经济、数字经济、信息经济、互联网经济等一系列新概念，试图描述新一代信息通信技术与经济社会变革。随着人们对信息技术演认知的深化，数字经济促进社会发展成为一种共识。

中国信息化百人会议关于信息经济和数字经济的理解是，信息经济与数字经济的内涵和外延大体一致，根据当前国际国内关于信息化和经济转型发展的共识，数字经济是全社会基于数据资源开发利用形成的经济总和。从这个定义可知，数据是一切比特化的事物，是人类生存和发展的基本生产要素之一。数据资源开发利用则是服务于人类经济社会发展而进行的数据采集、存储、传输、使用等一切行为及支持这些行为的ICT制造、服务与集成。

数字经济是以数字化信息为关键资源，以信息网络为依托，依托信息通信技术与其他领域紧密融合的产物，大致分为五个层次。

1. 以信息产业为主的基础型数字经济层

具体体现为信息产品和信息服务的生产和供给，包括电子信息制造业、信息通信业和软件服务业等。

2. 以信息资本投入传统产业形成的融合型数字经济层

信息通信技术的持续创新发展，推动了信息采集、传输、存储、使用等信息行为融入传统产业的生产、销售、流通、服务等各环节，形成新的生产组织方式，提高了产出效益。

3. 体现信息通信技术带来全要素生产率提高的效率型数字经济层

效率型数字经济是指因信息通信技术的使用带来全要素生产率的提高而增加的经济总量部分。

4. 以新产品新业态形式出现的新生型数字经济层

指信息通信技术与传统产业融合不断催生出新技术、新产品、新模式，具有良好的发展前景。

5. 产生社会正外部效应的福利型数字经济层

指随着信息通信技术在经济社会的广泛应用中，带来了更多的社会信任，更高的公共安全和更广的社会参与等潜在社会福利。

# 第二节　数字经济的特征和属性

## 一、数字经济的特征

（一）数据成为驱动经济发展的关键生产要素

移动互联网和物联网的兴起，实现了人与人、人与物，物与物的互联互通，数据呈爆发式增长，约每两年翻一番。在庞大的数据量及处理和应用需求下，大数据概念应运而生，大数据成为一项重要的战略资产。在未来的发展中，可以说，掌握数据资源越齐全，其竞争力就越强，企业如此，国家也不例外。在新时代下，大数据好比"新石油"，是国家一项核心资产。

在数据经济时代，数据是一项最基础，也是最关键的生产要素。数据驱动型创新逐渐向社会各个领域蔓延，为国家的创新发展提供指导。

（二）数字基础设施成为折的基础设施

工业经济时代，经济活动架构在以铁路、公路和机场为代表的物理基础设施之上。而在数字经济时代，网络和云计算成为必要的信息基础设施。随着信息技术的深入应用，数字基础设施的概念更加丰富，除了宽带、无线网络等信息基础设施，还有传统物理基础设施的数字化改造，如安装传感器的自来水总管、数字化停车系统、数字化交通系统等。这两类基础设施为数字经济发展奠定了物质基础，推动以"砖和水泥"为代表的工业时代基础设施向"光和芯片"为代表的数字时代基础设施转变。

（三）数字素养成为对劳动者和消费者的新要求

在农业和工业时代，社会对消费者的文化素养基本没有要求；尽管要求劳动者具备一定的文化素养，但常常局限于部分职业和岗位。到了数字经济时代，劳动者和消费者都需要具备一定的信息素养。

因此，劳动者不仅要具备卓越的专业技能，还需要良好的数字技能，这是他们在激烈就业市场竞争中的制胜法宝。但各国普遍存在数字技术人才匮乏的情况，近一半的企业难以找到合适的数据人才。对于消费者来说，没有一定的数字素养，就无法熟练运用数字化产品，享受数字服务。

与听、说、读、写一样，数字素养是新时代下人们必备的基本能力之一。数字素养的提升，不仅方便消费者进行数字消费，企业进行数字化生产吗，还推动者数字经济的发展。

（四）供给和需求的界限日益模糊

在传统经济活动中，供给侧和需求侧有着严格的划分，一个经济行为的供给方和需求方有着明确的界限。然而数字经济活动下供给方和需求方的界限日益模糊，逐渐成为融合的"产消者"。

在供给方面，新一代信息技术被应用于各行各业，在提供产品和服务的过程中考虑用户需求，不仅催生了满足现有需求的全新方式，也拓展了行业价值链。例如，大部分企业利用大数据搜集用户信息，分析用户需求，在此基础上设计相应产品，甚至借助3D打印技术实现完全个性化设计生产。公共服务的提供也一样，政府通过互联网听取民众意见，了解经济社会数据，作为决策的依据，提高决策的科学性、民主性。

在需求方面，新技术的应用，涌现出透明度高、消费者参与和消费新模式，倒逼公司调整原来的设计、推广和交付方式。

（五）人类社会.网络世界和物理世界日益融合

随着数字技术的成熟和广泛应用，网络世界不再仅是物理世界的虚拟映像，而进化成人类社会的新天地，为人类提供了一个全新的生存空间。数字技术与物理世界的交融，使得物理世界向网络世界靠拢，极大加快了人类社会发展速度。网络世界和物理世界的融合，依靠信息系统和物理系统的统一体——信息物理系统实现。

信息物理系统是一个结合计算机领域和传感器、制动器装置的整合控制系统，包含了无处不在的环境感知、嵌入式系统、网络通信和网络控制等系统工程，使人类生活中各种物体都具有计算、通信、精确控制、远程协作和自组织的功能，实现了计算能力与物理系统的结合。

另外，随着人工智能、VR、AR等技术的发展，又出现了"人机物"融合的信息物理生物系统，正改变了人类和物理世界的交互方式，强调人机互动，机器和人类的有机协作。信息物理生物系统打破了物理世界，网络世界和人类社会之间的界限，一个互联互通的新世界正在形成。

## 二、数字经济的属性

随着信息通信技术的迅速发展，经济社会转型方式、路径和模式呈现多元化特点，坚定了人类社会发展数字经济的共识。

（一）数字经济是继农业经济、工业经济之后的更高级经济阶段

数字经济是人类发展史上第三种经济形态，具有鲜明的时代性、信息的零边际生成成本、复制无差异性、即时传播等特征，颠覆了物质能量要素的独占性、排他性，颠覆了农业经济和工业经济的一些固有经济理念。数字经济与农业经济、工业经济的基本差异见表1-1所示。

表 1-1 农业经济、工业经济和数字经济之间的基本差异

| 差异表现 | 经济形态 | | |
|---|---|---|---|
| | 农业经济 | 工业经济 | 数字经济 |
| 生产要素 | 土地 | 资本、能源 | 知识、信息 |
| 生产工具 | 各种农具 | 电动机和装备制造等能量转换工具 | 具有感知、传输、处理能力的智能工具，及智能工具构成的智能制造生态系统 |
| 基础设施 | 天然道路 | 铁路、公路等交通基础设施 | 除交通基础设施，还有网络基础设施 |

（二）普惠性是数字经济发展的根本特性

数字经济具有开放、包容、协作、共享、共赢等特征，发展成果惠及更多人，为人们提供更多的发展机遇。数字经济无所不在的互联网性给人类带来更多增加财富和福利的可能性，且惠及更多群体，给予每个人自由、全面发展的机会，让更多人享有更多的健康、自由和幸福。

（三）数字经济可预见的趋势是泛在连接与全面智能化的叠加

随着传感、传输、处理、存储等技术取得突破性进展,数字经济跨越了信息技术的简单应用、局部融合,朝着全面渗透、加速融合、深度集成的新阶段前进。

未来,连接将无所不在,从而带来海量的数据,这也意味着各种智能产品无所不在,产品、装备、生产、服务、管理都呈现出网络化、智能化特征,泛在连接和全面智能化时代即将来临。随着物理世界、信息空间和"人的网络"的深度融合,人类生产生活逐渐智能化,一个全新的物质世界、精神家园和文明形态逐渐形成。

### (四)数字经济发展的中国经验既独特又具有普适意义

中国数字经济发展经验具有独特性,对广大发展中国家也有普遍的借鉴意义。独特性体现在我国数字经济发展路径与以美国为代表的西方发达国家不同。发展中国家发展数字经济,为实现"弯道超车"提供了可能性。现如今,中国在个人电子商务、移动支付、分享经济等领域位居全球领先水平,在数字经济发展中起着"排头兵"作用。在全球产业竞争中,与传统工业社会相比,我国数字经济部分领域实现赶超,这极大增强了发展中国家信息,对他们探索具有本国特色的数字经济发展道路提供指导。

### (五)最具创见的思想是数字经济最稀缺的资源

在任何时期,都存在资源稀缺的现象,农业社会缺劳动力,工业社会缺资本,而在数字经济时代,随着具有创新精神且能够创造出新产品、新服务、新商业模式的人才在市场资源配置中的作用日益凸显,具有创见的思想成为更稀缺的资源,具创意的人力资本在生产要素中起决定性作用。数字经济在零边际生产成本和网络效应的作用下,呈现要素回报递增的规律,回报递增将带来领先者"恒久领先、大者愈大"的新趋势。

### (六)数字经济彰显劳动者自主性

信息通信技术的成熟和广泛应用,大大提高了生产效率,且降低了交易成本。从分工角度看,数字经济推动分工的精细化,实现超级细分工的基础在于交易成本的大幅降低和时空距离的极大压缩。在农业和工业经济中,不断深化的分工是提高经济效益的根本机制。而在数字经济中,超级细分工在进一步提高经济效益的同时,更强调劳动者的自主性,使得人的潜能得到最大释放,这将促进数字经济组织和形态的深刻变化,导致组织的去中心化,催生数字经济新产业、新业态和新模式。

### (七)数字经济发展加速产业融合

从产业层面看,随着数字经济向各行各业的渗透、蔓延,产业融合趋势进一步增强,从而导致传统产业边界逐渐模糊化。数字经济对产业渗透与融合存在一定的顺序性,这与一个国家原有的工业体系的发达程度与发育水平相关,也与传统产业对信息及时性准确性、完整性的需求有关,在发展中国家展现得淋漓尽致。我国产业在数字化过程中,传媒、零售、物流、金融、制造、能源、农业等传统产业都走向智能化,生产方式将发生深刻的变革。在这个过程中,工业经济下的产业边界清晰,重视对资源的占有、产业链上的分工,数字经济对产业的全面融合使"信息密集度"成为产业观测的一个重要标准,产业边界的淡化将深刻影响全球产业分工格局。

(八)数字经济需要适应性的新规则体系

数字经济的深入发展,提高了生产效率,为人们提供了更多元的选择,促进了人的全面、自由发展。但与此同时,数字经济也有负面的影响:财富被进一步集中,两极分化严重,数字鸿沟加深,个人信息泄露严重,各种信息技术风险与安全问题突出。

为了应对这些挑战,需要围绕数字经济特征,在创新税收、反垄断、国际规则、信息技术风险与安全等方面建立新规则体系。数字经济的创新性可能导致旧的经济的解构,并从各个方面冲击着传统利益格局,有关经济监管的理论和理念也将迎来新挑战。

# 第三节　数字经济的发展沿革

数字经济的发展与数字技术或信息技术的发展存在密切的关系。20世纪90年代以来,在新一轮科技革命浪潮下,各种新产品、新业态和新模式涌现,电子计算机的划时发明,互联网的诞生与普及,大数据、云计算等新兴技术的兴起,都推动者数字经济的深入发展。

技术与产业、创新与资本、渗透与融合相互推动,迸发新的活力。数字经济在这样的助推下,经历了三轮发展阶段:第一轮是电子计算机的发明,促使"0—1"数字化的出现;第二轮是因特网、移动互联网的发展普及;第三轮是近年全球范围下数字技术的跨界融合。

## 一、数字经济发展历程

20世纪90年代,西方发达国家经济发展表现平平,独独美国呈现迅速发展势头,并持续了近十年的连续增长,并呈现出"高经济增长率、高生产增长率和低失业率、低通货膨胀率"的特征,可谓西方资本主义发展史的一大奇迹。20世纪末美国经济发展出现了与以往发展模式不同的新特征,首先表现在驱动增长的要素中出现了现代信息通信技术——20世纪90年代,信息通信技术革命方兴未艾,互联网开启商业化进程。美国这段其实的经济增长大部分归功于计算机和互联网。互联网以数字"0"和"1"构成的比特流改变了信息传输方式和交互方式,改变了商品流通方式和交易方式,一经商业化便展现出强大的生命力。在这样的时代语境下,数字经济概念应运而生,得到各国关注。

随着有关数字经济的著述和概念的不断提出,相关理论迅速传播开来,发展数字经济成为各国促进本国经济增长的重要手段。1997年,日本通产省开始使用"数字经济"一词。1998年美国商务部系统阐述了这一与互联网技术密切相关的"新经济"现象,并以"数字经济"为主题发布了多项年度研究报告。新世纪后,尤其在

2008年国际金融危机爆发以来,数字经济上升为世界各国的国家战略层面,试图以此促进经济的复苏。

我国高度重视信息通信技术的应用,在具体推进工作中多采用"金字工程""信息产业""信息化"和"两化融合"等概念。《政府工作报告(2015)》首次提出"互联网+"概念,明确互联网与其他产业深度融合在推动产业结构优化、促进经济转型中的作用。现如今,我国致力于新经济、新动能的挖掘和开发,全方位、多层次研究数字化问题。《政府工作报告(2017)》首次提出"数字经济"概念,开启了我国发展数字经济的新篇章。

### (一)电子计算机开启的"0—1"世界

1946年,世界上第一台通用电子计算机"埃尼阿克"问世(计算机演进史详见表1-2),使得利用存储器记载虚拟信息成为可能,信息数字化成为趋势,人类进入"0-1"时代。20世纪60-70年代,大规模集成电路的发明为计算机的发展和普及提供了硬件上的可能性,电子计算机发展进入大型机和小型机时代。在当时,有着"蓝色巨人"之称的国际商业机器公司(IBM)将市场从政界、军界、学界拓展至广大的民用市场,其开发的IBM360/370系列和IBM 4300系列成为经典,开启了商业计算机时代,但此时的"0-1"世界范围十分有限,并且传播也受限。

表 1-2 计算机演进史

| 年代 | 计算机 | 发展水平 |
|---|---|---|
| 1946～1957 | 第一代电子管计算机 | 主要元器件是电子管,初代计算机运算速度较低、耗电量大、存储容量小,主要用于科学计算 |
| 1958～1964 | 第二代晶体管计算机 | 主要元器件是晶体管,计算机体积较小、耗电较少、运算速度提高、价格下降,不仅用于数据处理和事务管理,并逐渐用于工业控制 |
| 1965～1971 | 第三代中小规模集成电路 | 主要元器件是中小规模集成电路,计算机体积进一步减小,可靠性及速度进一步提高,在文字处理、企业管理、自动控制、城市交通管理等方面得到应用 |
| 1972年至今 | 第四代大规模和超大规模集成电路计算机 | 主要元器件是大规模及超大规模集成电路,计算机性能大幅度提高,价格大幅下降,广泛应用于社会生活各个领域 |
| 未来 | 第五代具有人工智能的新一代计算机 | 具有推理、判断、决策、学习等功能,人从重复、枯燥的信息处理中解脱,人们工作、生活和学习方式将发生深刻变化,生存发展空间大大拓宽 |

20世纪70年代的计算机仍较为笨重、庞大且昂贵的,普通家庭根本无法承担。直到1976年,史蒂夫·乔布斯、斯蒂芬·沃兹尼克和韦恩白手起家研发了Apple-I,这是世界上第一台通用的和可商业化的个人电脑,催化着IBM和微软的新产品的研发。20世纪80年代,1BM开发团队采用英特尔芯片和第三方软件开发出IBM PC 5150,微软为其配套开发的DOS操作系统崭露头角,开启了个人电脑时代。随着微软Windows操作系统和英特尔80286、80386、80486等芯片问世,个人电

脑市场逐渐成熟，并从台式计算机向笔记本电脑演变，微软英特尔组合的Wintel帝国成为个人电脑特别是笔记本电脑时代的新霸主。到了20世纪90年代末期，个人电脑普及程度得到较大提高。

信息数字化是数字经济发展的起步阶段。早期的数字化是从口头或纸质媒介记载的信息变为存储器计算的"0-1"语言，这种指令化语言便利了数据和信息的加工和处理，具备可复制、格式化、跨时空等特点，推动了信息的快速传播和提高了信息准确的准确性，人类得以从部分重复计算的脑力劳动中解放出来，将更多的精力放在知识创新中。

（二）互联网开启的虚拟世界

如果说电子计算机的出现实现了信息存储和处理方式的变革，则互联网的诞生开启了信息时代，人类的经济社会活动似乎有了一个虚拟化"映射"，即从现实世界投影到了一个虚拟世界。在虚拟世界中，现实世界的信息形态被改变，各种语言和图形等信息表达形式涌现，数字经济世界在不断完善。

20世纪90年代之后的十年，互联网逐渐在全球尤其是发达国家普及开来，因特网异军突起，阿帕网在短短三十年间从军事领域、高等学府推广到大众视野。究其原因，其一，TCP/IP对网络上数据传输的标准化，推动实现了路由器等网络设备、各种类型的连接链路、服务器和不同的计算机等终端之间的连接，极大增加了商业用户群体；其二，新颖的检索方式和商业模式的出现。便捷的网页浏览器和搜索引擎，方便了公众搜索信息，随之而来的大量商业化软件，极大增加了公众信息处理需求，倒逼互联网信息服务的完善。此后，桌面互联网连接的数字世界逐渐形成，全球互联网用户每年保持高速增长。

到了新世纪，移动通信技术的成熟、各种通信设备和智能设备层出不穷，移动互联网得到广泛推广应用，增长速度远超桌面互联网，笔记本电脑、智能手机、可穿戴设备、无人驾驶汽车等正深刻改变着人们的生产生活，运营商、移动终端制造商等纷纷制定互联网战略，试图在数字大浪潮下分一杯羹。互联网打破了时空的局限性，创新了信息搜集来源和方式。

在互联网得到迅猛发展的同时，人们对数字经济的理解愈发深刻。以美国为代表的西方发达国家引领数字经济的研究，同时中国、新加坡等国经济得到迅速发展，参与到数字经济建设当中，世界互联网发展格局逐渐被改变，呈现出多元化特征。

（三）大数据开启的智能世界

随着数字经济发展到一个新的高度，"大数据"概念也普及开来。即便2008年《自然》杂志为其开辟封面专栏，也未得到大众的重视，"大数据"对政策的影响更是微乎其微。但近些年来，"大数据"概念不胫而走，各国纷纷制定大数据国家战略，我国也出台了《促进大数据发展行动纲要》，明确将大数据作为一项国家级战略进行部署。

目前，学界对"大数据"一致的看法是，它是一种规模大到在获取、存储、管理、分析方面远超传统数据库软件工具能力范围的数据集合，具有海量的数据规模（Volume）、快速的数据流转（Velocity）、多样的数据类型（Variety）和价值密度低（Value）四大特征。

"大数据"被广为认知的一个重要原因，在于相应技术的迅速商业化及人们旺盛的信息需求。根据 Gartner 技术成熟度曲线，大数据已进入应用发展阶段，成为新一代信息技术产业的新兴增长点和支撑点。随着技术创新和商业模式的不断，大数据逐渐被应用到越来越多的领域，其产业化范围和深度大大拓展。《2021年 V1 全球大数据支出指南》显示，截至 2020 年，中国大数据市场规模突破百亿美元大关，增速领跑全球。

海量、多样是大数据的显著特征，其带来的价值是庞大的。如果说计算机打开了数字化世界，互联网开启了虚拟的世界，那么大数据将与云计算、人工智能的新一代新兴技术，打开通向未知的智能世界。依托大数据，能够提取还想有价值的信息，这远远优于传统统计与计量方式，正深刻改变着人们对经济、社会的认识方法论。不确定性是数字经济时代的代名词。

## 二、数字经济的发展现状

从"数字经济"的提出以来，在全球迅速"蹿红"，受到中外政府的高度关注。从全球影响力看，各国纷纷参与到"弥合数字鸿沟，分享数字红利"的数字经济事业当中；从国际经贸合作看，中美正以"数字经济"为切入点，探索两国经贸合作新路径，发展数字经济时代下的商贸新模式；从中国战略部署看，"数字经济"已经成为一项国家级战略。

数字经济的迅速发展并非偶然，它得益于新一轮科技革命的开展和全球经济社会形态的演变。我国如何看待数字经济能量，制定数字经济规划，对我国未来发展将产生深远的影响。

（一）G20 新倡议

我国杭州举办了 G20 峰会，全球主要经济体领导人的沟通会晤，对避免人类历史危机上的单兵作战，构建全球经济命运共同体有积极的意义。会议以"构建创新、活力、联动、包容的世界经济"为主题，为推动全球经济的可持续发展开辟前景。

在国际金融危机过去的第 8 年，全球经济并未进入稳健长远的运行通道，仍面临较大的下行压力，像欧洲债务危机，美国量化宽松货币政策等，尤其是在这一年，英国"脱欧"，美国政坛更迭等事件相继发生，这对未来全球经济和政治带来了更严峻的挑战。

在这样的时代语境下，G20 杭州峰会首次提出国际性《G20 数字经济发展与合作倡议》（以下简称《倡议》），提出"数字经济概念"，倡导依托新工业革命技术、要素和组织变革，提高全要素生产率和潜在增长率，开启世界经济增长前景的全新评价和发展模式，实现全球经济增长方式的创新。

《倡议》为中国与其他世界主要国家沟通会晤开启新窗口，明确数字经济在未来经济生产中的主导地位，强调营造开放、安全的政策环境，关注宽带接入、

ICT投资、创业和数字化转型、电子商务合作等数字经济发展与合作等关键领域的数字经济发展潜力。

同年,经济合作发展组织也召开部长级会议,就开放的互联网、数字鸿沟、数字技能普及、商业新机遇等方面进行研讨。这无一不表明发展数字经济已成为全球共识。

(二)中美商贸新窗口

第27届中美商贸联委会在美国召开,并引起广泛关注。原因有二:其一,正值美国大选年,即将上任的美国总统特朗普对中的贸易新政策受到中方的高度重视。中方希望通过此次会议缓解双边贸易摩擦;其二,中美经贸的重点不局限于传统农业和相关经贸政策,而是应美国要求正式提出的"数字经济"议题,由中国副总理和美国商务部部长、贸易代表领衔来自政界、学界和企业界的多位中美代表商讨数字经济的未来。

数字经济在发展过程中,普遍存在数据本地化存储、数据所有权、隐私与安全等问题。就数字经济领域,中美之间的合作大于竞争。从中美信息领域的经贸合作看,美国是我国电子信息贸易的第二大出口国家和地区,第五大进口国家和地区。2016年,中美间信息产业进出口总额约1581.6亿美元,其中出口额为1374.2亿美元,占80%以上;进口额207.4亿美元,不到进出口总额的五分之一。我国对美的电子产品进出口总额中,出口、进口各占19.1%、4.1%。在主要工业产业中,信息产业是我国对美贸易顺差第一大行业。从数字经济的未来发展来看,中美双方在网络空间治理、基础软硬件、智能终端产业、互联网服务、大数据、云计算等新兴信息技术领域都有合作的可能,这对推动双方乃至全球数字经济的持续健康发展都大有裨益1。

在此次数字经济研讨会中,中方表现开放包容的大国风范,首先,中国明确数字经济在全球经济发展中的驱动型地位,倡导建立有关数字经济国际规则。明确表示中国致力于搭建国际互联网共享共治平台等国际合作规则的工作,始终是全球数字经济合作的重要参与者;其次,作为世界上最大的两大经济体,中美双方应当深化合作,致力于将数字经济这块"蛋糕"做大,营造开放、包容的数字经济发展环境,实现双赢。

(三)政治局新主题

2016年,中共中央政治局就实施网络强国战略进行第三十六次集体学习。作为中国决策机构的最高"讲堂",其主题预示了我国最高领导决策机构的关注方向和政策动向。

本次会议明确了数字经济对经济发展的促进作用,要求将数字经济"做大做强",拓展经济发展新空间。

"数字经济"是我国"十三五"经济社会发展的重要战略议题。在"十三五"规划纲要提出网络强国战略和大数据战略,加快建设数字中国。"十三五"期间,我国采取诸如"互联网+"等一系列重大战略和行动，促进数字经济进一步创新发展。

G20杭州峰会出台的《数字经济倡议》为中国与世界其他主要国家及地区对话提供了新窗口；第27届中美商贸联委会再度明确数字经济的全球价值；中共中央政治局集体学习确立了我国数字经济议题的新高度。这一系列事件表明，我们需要重新审视"数字经济"内涵，分析其内在特征。

《政府工作报告（2017）》再次提出推动"互联网+"深入发展，首次明确促进数字经济加快成长的要求。从互联网到"互联网+"，再到数字经济，其发展一脉相承、与时俱进。互联网是新兴技术和先进生产力的代表，"互联网+"强调的是互联网与其他产业的深度融合，从而创造的全新价值；数字经济呈现的是全面连接后的产出和效益，强调结果。通过"互联网+"，传统产业与互联网行业实现跨界融合，对我国数字经济发展有重要意义。

## 第四节　发展数字经济的意义、优势及重要性

### 一、发展数字经济的意义

现如今，数字经济正深刻改变人们生活、工作和学习方式，推动传统媒体、商务、娱乐等多个领域的转型，对我国有着深远的意义。

（一）全球经历数字经济变革

在新一代计算机、网络和通信技术革命下，数字经济应运而生。数字经济虽然不存在有形产品，但它在辅助设计、跟踪库存、完成销售、飞机导航、远程诊治等方面有独特功能[1]。

1. 数字经济加速经济全球化步伐

数字经济是一场划时代的革命，推动经济全球化的深入发展。依托数字网络，全球化不再局限于商品和生产要素的国际性流动，世界市场和国际分工格局正在发生巨大变革。贸易空间因数字经济的存在有了极大的拓展，全球贸易规模得到了空前的扩大。

数字网络技术，能够大幅降低跨国公司远程管理成本，企业活动范围进一步拓宽。总之，数字经济加速了信息、商品、资金等要素在全球范围内的流动，将经济全球化推到一个新的阶段。

2. 数字经济软化全球产业结构

在数字经济时代下，随着数字网络技术的成熟和广泛应用，全球产业结构朝着知识化、高科技化方向发展，知识和技术成为产业结构的核心竞争要素，其"软化"具体表现在以下方面。

---

[1] 徐晨，吴大华，唐兴伦.数字经济新经济新治理新发展[M].北京：经济日报出版社，2017.

其一，知识驱动经济发展模式的出现。在新一代信息技术浪潮下，跨国企业加快市场扩张和产品创新步伐，世界各国大力发展信息技术产业，知识驱动经济发展模式应运而生。

其二，传统产业与信息产业的联系愈发密切。数字网络技术提高了传统产业生产效率，促进产业结构转型升级，产品附加值提高，产业链有所拓展，核心竞争力明显增强。

其三，新兴服务方兴未艾。随着信息技术的广泛应用，计算机、大数据等新兴服务业兴起，并朝着知识化、信息化、智能化发展。

3. 新的数字技术推动数字经济和社会的发展

数字经济以移动互联网、大数据、云计算为依托，简言之，便是网络和数字化连接家庭、医疗，甚至社会治理和政府治理等，形成新应用、新产品和新服务，推动社会经济的持续发展。

4. 移动宽带应用加速数字产品的普及

移动基础设施的完善和资费的下降，大大提高了互联网普及率。大量新兴经济体依托接入量大幅增加、宽带速度不断提高的互联网宽带，实现了新一轮的发展。总而言之，移动宽带应用的普及，正深刻改变着数以亿计用户的工作与生活方式。

（二）数字经济成为新常态下我国经济发展新动能

数字经济代表新生产力发展趋势。在经济新常态下，我国供给侧改革的主要方向便是依托云计算、大数据等信息技术，倒逼传统产业转型升级，转变经济发展方式，培育和发展新的经济增长点。

1. 新常态需要新动能

我国经济经过三十多年的高速增长后，逐渐进入到增速放缓、结构升级、动力转换的新阶段，即所谓的"经济新常态"。在新常态下，经济发展面临的最大挑战便是"中等收入陷阱"，对此。我们需要精准定位与新常态经济发展相适应的新动能，跨越"中等收入陷阱"。

2. 信息革命带来大机遇

纵观人类文明发展史，人类社会经历了农业文明和工业文明，现如今进入信息文明时代，大数据、物联网、云计算等新一代信息技术的出现和应用，为我国跨越"中等收入陷阱"提供了宝贵的机遇。社会发展实践证明，每一次产业技术革命都会带来生产力的飞跃。农业革命大幅提升了人们生存能力，使人类从野蛮时代走向文明社会；工业革命拓展了人类体力，人类进入蒸汽和机械时代；当下的信息革命，则增强了人类脑力，各种数字化工具、产品层出不穷，经济发展呈现数字化、网络化、智能化特征，为社会发展注入新动能。

3. 数字经济动能正在释放

数字经济的到来，极大解放了社会生产力，并创造出新的生产力，促进了经济的提质增效，推动产业结构的优化。随着大数据、云计算、AI智能、3D打印等信息技术的创新和应用，新产业、新业态不断涌现。但这还是刚刚开始，信息革命正处于起步阶段，真正的变化尚未发生。

4. 发展数字经济是我国战略选择

在数字经济大浪潮下，各国都对信息技术予以高度重视，并制定了相应的发展战略，如美国的"再工业化"，德国的"工业4.0"等。我国政府结合国内实际发展状况，制定了"网络强国"战略，推进"数字中国"建设，推动与数字经济有关的发展战略[1]。

（三）数字经济是引领国家创新战略实施的重要力量

发展数字经济，对我国产业结构优化、经济转型有着特殊意义，对实现中华民族伟大复兴的中国梦有巨大推动作用。对此，我们应当树立新的发展理念，以创新驱动推动供给侧改革，打造"网络强国"，形成新时代下自己独有的竞争优势。

1. 发展数字经济是贯彻新发展理念的集中表现

作为信息技术革命的产物和一种全新的经济形态，数字经济改革创新的内在要求。我国发展数字经济，集中体现了"创新、协调、绿色、开放、共享"新发展理念。

其一，数字经济加速了资金、技术、人员等要素在我国范围内的流动，提高了资源配置效率，有利于促进经济与社会、物质与精神、城乡间、区域间协调发展。其二，数字经济大大提高了资源利用率，体现了低碳绿色发展理念。其三，数字经济依托互联网，具有高度开放性，给予了更多群体发展的机遇，发展成果能够让更多人共享。

2. 发展数字经济是推进供给侧改革的重要抓手

随着新一轮制造业革命的开展，产品呈现出数字化、智能化、虚拟化特点，制造生产呈现柔性化、个性化趋势，产业组织呈现全球化、服务化特征。在农业领域，数字农业、智慧农业等新模式应运而生。在服务业领域，电子商务、网络教育、网约车等新形式，极大便利了人们的生产生活。

3. 数字经济是推动"大众创业、万众创新"的最佳试验场

事实上，数字经济是信息技术创新、商业模式创新和制度创新的内在要求，一大批互联网企业诞生，且具有较大的发展潜力，为"大众创业、万众创新"提供了广阔的平台。

4. 数字经济是形成信息时代国家竞争新优势的重要先导

在信息革命下，数字经济正在重构世界经济格局。国家的核心竞争力越来越集中在其数字能力、信息能力和网络能力上。我国网民规模全球第一，发展数字经济有独特的优势，且在不少领域形成与先行国家同台竞争、同步领先的局面，发展态势良好。

## 二、发展数字经济的优势

在新一轮信息技术浪潮下，我国数字经济发展有着不俗的表现，这与新常态

---

[1] 王振.2018全球数字经济竞争力发展报告[M].北京：社会科学文献出版社，2018.

下寻求经济增长新动能的强大内生动力有关,更与自身有着独特优势有关,具体包括网民优势、后发优势和制度优势。

(一)网民优势允许我国数字经济巨大潜力

我国经济社会的高速发展,也带动着我国网民规模的扩发和信息技术发展速度的提高,刺激数字经济的发展[1]。

1. 网民红利显现,数字经济体量巨大

近些年,我国人口发展出现"刘易斯拐点",劳动人口不断下降,人口老龄化程度加深,劳动力红利逐渐消失。但经过一段时间的积累,我国网民规模在不断扩大,互联网普及率逐渐提升,网民红利显现。庞大的网民数量为我国数字经济发展提供了巨大潜力。这从一些手机应用动辄千万甚至上亿用户中就能看我国网民红利带来的巨大优势。

2. 信息技术赋能效应显现,数字经济空间无限增长

随着信息基础设施的完善,相关产品的全面推广,信息技术赋能效应逐渐显现,为数字经济创新提供无限可能。依托互联网的数字经济让即便是边远山区的人们也能实时了解市场信息、学习新的知识和技能,从根本上解决了信息不对称问题。另外,数字经济能够海量分散的闲置资源加以整合,极大满足网民多样化、个性化需求,提高了资源利用效率,促进社会经济的可持续发展。随着网民消费能力、供给能力和创新能力的逐步提升,经济转型指日可待。

3. 应用创新驱动,网民优势得以充分发挥

目前,数字经济从技术创新驱动转变为应用创新驱动,网民优势便充分体现出来。庞大的网民和手机用户群能够让我国在诸多领域轻易跻身全球排名的前列,像阿里巴巴、京东等互联网企业,都积累了丰富的互联网创业经验,为数字经济持续发展提供了示范效应。

(二)后发优势为数字经济提供跨越式发展的特殊机遇

1. 信息基础设施建设实现跨越式发展

我国信息基础设施建设有跨越式发展,表现为:电话网铜线未铺好便迎来光纤通信时代,固定电话还未普及便迎来移动通信时代,固定宽带尚未普及便进入全民互联网时代,2G、3G 尚未普及便用上 4G 乃至 5G。由此可见,我国信息基础设施有了一定的完善,网络能力处于持续提升中。[2]

2. 信息技术应用正经历跨越式发展

我国数字经济发展,在工业化任务尚未完成便启动,这一定程度降低了数字经济发展路径依赖与制度锁定。依托数字经济,原本耗时费力的工业化积累问题也能迎刃而解,诸多痛点都能药到病除。以我国网络购物、网约租车为例,这些新兴产业的快速发展得益于互联网为这些领域的矛盾和问题解决提供了新的思路。在制造业领域,工业机器人、3D 打印设备等新技术、新设备,大数据、云计算等

---

[1] 高晓璐,成卓,刘国艳.面向大数据时代的数字经济发展举措研究[M].北京:人民出版社,2019.
[2] 朱晓明.走向数字经济[M].上海:上海交通大学出版社,2018.

配套技术在经济发达地区和综合实力雄厚的企业得到广泛应用。很多企业尚未达到工业2.0、3.0水平便迎来了工业4.0时代。

总之，数字经济加快了我国工业化任务完成速度，为"弯道超车"提供了可能。我国在芯片设计、移动通信、高性能计算等领域取得突破性成果，部分领域位居世界前列，这都得益于数字经济发展。

3. 农村现代化跨越发展趋势明显

在互联网的帮助下，不少农村面貌焕然一新。农村电商的发展和"淘宝村"的兴起，吸引不少大学生回乡。这种人口的回流一定程度改善了农村生活服务水平，为当地经济发展注入内生动力。现如今，在广大农村地区，也有网购服务，网上学习、远程医疗也蜂拥而至，极大便利了农民生产生活。在互联网的依托下，农村地区从农业文明跨入信息文明。

4. 信息社会发展水平不高，为数字经济发展提供预留空间

在社会发展转型期，信息技术产品及创新应用不断扩张，为数字经济发展提供充足空间。目前我国计算机普及率、网民普及率、手机普及率都大大提高，发展前景广阔，为经济社会发展创造巨大收益。

（三）制度优势为数字经济发展提供保障

我国政府制定了一系列政策和法律规制，为数字经济的发展创造了适宜的发展环境，提供了强有力的制度保障。

1. 组织领导体系的健全

2014年，中央网络安全和信息化委员会成立，2018年改为中国共产党中央网络安全和信息化委员会，我国信息化建设上升为"一把手工程"，信息化领导体制趋于完善。组织领导体系的基本健全，为数字经济发展提供强有力的政治保障。

2. 信息化引领现代化战略决策

2016年，中共中央办公厅、国务院办公厅印发了《国家信息化发展战略纲要》，明确提出中国未来信息化发展战略目标和重点突破方向。可以说，国家信息化发展战略为数字经济发展提供了明细的路线图。

3. 制定并形成相对完整的政策体系

近年来，我国围绕"互联网+"行动、宽带中国、中国制造2025、大数据战略等制定了一系列文件，各部门、各地区纷纷制定相应行动计划和保障政策，形成了一套完整、系统的信息化政策体系，表明了我国发展数字经济的决心。我国制度优势能够凝聚全国力量，助力数字经济的腾飞。

## 三、发展数字经济的重要性

（一）高速泛在的信息基础设施基本形成

目前，我国宽带用户规模、固定宽带网速以及网络能力的等信息基础设施基本形成，基本实现了连接网络、享受服务的普及1。

---

[1] 黄如花.数字信息资源开放存取[M].武汉：武汉大学出版社，2017.

1. 宽带用户规模不断扩大

宽带发展联盟报告显示，截至 2021 年第三季度，三家基础电信企业的固定互联网宽带接入用户总数达 5.26 亿户。其中，100Mbps 及以上接入速率的固定互联网宽带接入用户达 4.85 亿户；1000Mbps 及以上接入速率的固定互联网宽带接入用户达 2134 万户。我国移动宽带用户数量超过 13 亿，5G 用户数量突破 3 亿。可见我国宽带用户规模之大。

2. 网络能力持续提升

我国全光网城市由点及面全面推行，城市家庭基本实现 100Mbit/s 光纤全覆盖。截至 2021 年 6 月，我国光纤接入用户规模达 4.80 亿户。深圳成为全国首个 5G 独立组网全覆盖的城市，率先进入了 5g 时代。

3. 固定宽带实际下载速率迈入 60Mbit/s 时代

《中国宽带速率状况报告》第 26 期显示，2021 年第四季度，我国固定宽带网络平均下载速率达到 62.55Mbit/s，其中伤悲、天津、北京均超过 64Mbit/s。同时，我国大力推进千兆光网和 5G 网络建设部署，推动用户宽带体验速率快速提升，网络提速取得了明显成效。

（二）数字经济成为国家经济发展重要引擎

目前，数字经济规模对 GDP 共享并没有确切的统计资料，但其成为国家经济发展的重要引擎是毋庸置疑的。

所谓数字经济，是以数字化知识和信息为关键生产要素，以数字技术创新为核心驱动力，以现代信息网络为重要载体，通过数字技术与实体经济的深度融合，不断提高传统产业数字化、智能化水平，加速重构经济发展与政府治理模式的一系列经济活动。在经济新常态下，我国近期经济发展任务在于"稳主体、稳消费、稳粮价、稳能源、保链稳链、优化营商环境、加快新型基础设施建设"，完善网络型设施，着力实施中西部中小城市基础网络完善工程和 5G 融合应用示范工程，弥合数字鸿沟、补齐应用短板，有序推进国家新型互联网交换中心、国家互联网骨干直连点建设，促进经济社会数字化转型。

中国信息通信研究院发布的《中国数字经济发展报告（2022 年）》显示，2021 年我国数字经济规模达到 45.5 万亿元，占 GDP 比重达到 39.8%，数字经济在国民经济中的地位更加稳固、支撑作用更加明显，为经济发展注入新动能，成为带动我国国民经济发展的核心关键力量。

1. 促进实体经济转型升级

作为一种融合型经济，数字经济赋能效应明显，在促进资源配置、产业结构优化、经济转型方面发挥重要作用。对此，加强互联网与实体经济的融合发展，以信息流带动资金、技术、人才等要素的优化配置。

目前，制造业作为国民经济主体，是开展"互联网+"行动，发展数字经济的主战场。大数据、AI 技术、云计算等信息技术与传统制造业的融合，推动着传统制造业企业的数字化转型。

在制造业与互联网融合方面，以美国为首的西方国家纷纷制定相应国家战略，如美国的先进制造伙伴计划，德国的"工业4.0"，日本的机器人新战略等，都将发展的着眼点放在互联网与传统制造业的融合当中。

国籍制造业龙头企业积极开展数字革命，越来越多中小企业利用新一代信息技术实现创新转型。如通用电气在印度普钠投资建设的高度数字化"多模式工厂"将设计、产品工程、制造、供应链等环节整合成智能数字链接，对机器和产品间流动的数据加以分析，进行智能化设计，不仅提高了生产效率，还极大满足了客户个性化定制需要。

经过多年的发展和积累，我国制造业的数字化、网络化、智能化水平得到长足提升。数字经济与传统制造业的融合，催生出一大批网络化协同制造、个性化定制的新产业、新业态、新模式。

2. 促进创新创业

在全球经济下行、人口结构变化和科技日新月异的大环境下，各国高度重视创新创业的发展，纷纷出台一系列利好扶持创业政策，鼓励企业加大创新研究力度，引导高校培养一批富有创新创业意识，具备数字技能的高素质人才。像欧盟成员国在基础教育中便融入创业元素，将信息通信技术、创业技能等纳入核心课程。

在新一轮科技革命和产业变革形势下，我国正在数字经济领域开展一波又一波创新创业浪潮，各种创业企业、创业平台如雨后春笋般涌现，创业群体迅速扩大，创业之风盛行。在数字经济下，一批具有巨大潜力的互联网企业成为激发创新创业的驱动力。

中国企业依托活力四射的市场和健全的制造业体系，创新能力不断提升。中国微信、支付宝、滴滴等应用的成功为我国企业提供宝贵经验。

3. 促进绿色发展

新一代信息技术在节能减排、促进绿色发展方面作用甚大。一方面，信息通信技术的发展能够降低社会经济活动对部分物资的消耗，从而减少能源消耗；另一方面，信息通信技术在其他产业中的应用，有着显著的节能效果，大大降低了生产成本。

信息通信技术能够显著减少碳排放。在其他生产领域应用信息通信技术，不仅能提高生产效率，而且在优化物流安排和智能流量管理，提升交通运输效率等方面有着不小的作用。

4. 促进就业

数字经济有利于提高人们认知水平，开发人的智力和潜能，从而大幅提升社会生产力，促进产业结构的优化升级，从而带动就业。信息通信技术应用实践证明，数字经济能够增加大量就业岗位。

互联网能降低交易成本，让那些难以找到工作或生产性投入的人有了更多的可能性。从就业方式来看，就业者能够打破时空局限性，拥有更多的选择自由。就业场所不再局限于工厂企业，还包括虚拟网络组织。在这样的就业环境中，人们的个体价值能够被最大限度激发。

信息通信技术对个人的显著影响，在于提高劳动者生产率。劳动者能够从常规性、重复性工作解放出来，有更多的精力放在价值更高的活动中，通过互联网了解价格、投入或新技术信息，费用较低且减少了不确定性。

数字经济的发展能够提升人们的幸福感，增进民众福祉。同时，数字化水平的提高有利于弥合数字鸿沟，缩小地区发展之间的差距。在日常生活方面，互联网便利了人们的购物、银行业务活动，丰富了人们文化娱乐生活。

（三）数字经济在生产生活领域的渗透

我国数字经济对调整经济结构、助推产业转型升级有特殊意义。随着工业云服务、大企业双创、智能制造等新模式、新业态的涌现，人们的日常生产生活方式正发生深刻变革。

1. 数字经济引领传统产业转型升级

以大数据、云服务等信息技术为代表新一轮技术革命，为我国经济的提质增效提供了诸多机遇，这是我国实现"弯道超车"、后来居上、脱颖而出的重点突破口。在信息时代下，我国新产业、新业态、新模式的蓬勃发展，引领着新一轮产业结构的优化升级，释放经济发展新动能。传统产业数字化转型，包括以下内容。

（1）传统产业数字化转型与利用新技术发展新经济同等重要。既要重视新经济的发展，也不能忽视传统产业在国民经济中的重要地位。依托信息技术推动传统产业转型升级，有利于促进我国经济发展方式的转变。

（2）传统产业的数字化转型，是技术转型，也是商业模式的转型。传统产业数字化转型路径多样，多新产品、新服务、新的商业模式或生产过程的变动等，其中技术升级与商业模式的转型往往交织在一起，具体的转型方式还需要进行不断探索和实践。

（3）传统产业的数字化转型离不开良好的创新创业环境。应当建立一套科学创新创业体系，引导更多的社会资源投入创新活动，树立包容创新的监管理念，以创新助力传统产业数字化转型。

传统产业的数字化转型，存在诸多优势，具体有：加快 IT 系统更迭速度，提升业务水平；优化生产环节，提高生产效率；拓展产业链，增加产品附加值。根据传统产业行业数字化特征，其数字化转型分四个阶段。

阶段一：开展数字化转型试点；

阶段二：推进中小企业数字化转型；

阶段三：实施企业内到行业的集成；

阶段四：构建完整生态系统。

当下，企业数字化转型直观关乎企业的生死存亡。对于企业而言，想要在激烈的信息市场竞争中占据一席之地，必须紧跟行业发展趋势和市场需求，制定科学的数字化转型方案。

2. 数字经济逐渐融入城乡居民生活

随着移动互联网的普及，网络环境的进一步优化，移动互联网的需求日益旺盛。尤其是受 2020 年暴发的新冠疫情影响，网络用户规模有较大幅度增长，在线教育、在线政务、网络购物等应用用户群体进一步扩大。《中国互联网络发展状况统计报告》显示，截至 2020 年 3 月，我国在线教育用户规模达 4.23 亿，在线教育应用呈现爆发式增长态势；网络购物用户规模达 7.10 亿，实物商品网上零售额实现逆势增长。

由此可见，互联网被广泛应用于公共服务领域，在改善民生、提升公共服务水平方面有重要的现实意义。

3. 数字经济促进治理体系的变革

依托互联网的新产业、新业态和新模式，使得传统监管体制和产业政策下遗留的问题愈发突出，也出现了一系列新问题。一方面，数字经济要求政府部门加快改革步伐，如完善商事制度、建立市场清单制度、建立健全监管体系，营造有序的市场环境。另一方面，数字经济倒逼监管体系的创新与完善，如制定网约车新政、推动社会信用管理等。此外，政府依托大数据、云计算等信息技术，有利于提高自身管理和服务水平。

（四）数字经济推动新业态与新模式的不断涌现

我国数字经济尽管起步较晚，但后发优势明显，互联网与传统产业的深度融合，迸发出巨大潜力和发展前景，催生一大批新产业、新业态和新模式，助力经济转型升级。

1. 我国多个领域处于全球数字经济领先位置

近年来，我国在电子商务、电子信息产品制造等多个领域取得优异成绩，一批信息技术企业和互联网企业位居世界前列，如腾讯、阿里巴巴、京东、小米等。另外，我国在按需服务方面领跑全球，尤其是交通服务次数达 40 亿次以上，占全球市场份额的七成。

2. 我国分享经济正成为全球数字经济发展排头兵

近年来，我国分享经济得到长足发展，创新创业态势良好，本土企业创新能力增强，各领域发展动力充足，前景广阔。据《中国共享经济发展报告（2022）》显示，2021 年，我国共享经济市场交易规模约 36881 亿元，同比增长约 9.2%，直接融资规模约 2137 亿元，同比增长约 80.3%，共享经济市场交易规模和直接融资规模都有较大提升。从结构看，2021 年，共享办公、生产能力和知识技能领域的市场交易额占比同比增速分别达 26.2%、14.0%、13.2%。这表明，共享经济在服务业结构优化、消费方式转型的新动能作用日益凸显。

3. 我国电子商务继续保持快速发展态势

《中国电子商务报告（2019）》显示，我国电子商务市场规模引领全球，服务能力和应用水平进一步提升，全国电子商务交易额达 34.81 万亿元，其中网上零售额为 10.63 万亿元，实物商品网上零售额为 8.52 万亿元，电子商务就业人员突破五千万，发展态势良好。

就国内市场而言，电子商务在促销费、稳外贸、助扶贫、增就业、推动产业数字化转型方面发挥重要作用，成为稳定经济增长和促进经济高质量发展的重要动能。

### 4. 互联网金融进入规范发展新时期

随着互联网在金融行业的广泛应用，各种互联网金融业务涌现，为金融领域的信息技术应用奠定坚实基础。

根据互联网金融功能，大致包括第三方支付、网络融资、网络投资和网络货币四大类型。

现如今，人们普遍习惯使用移动支付方式进行消费，第三方移动支付渗透力达到较高水平。第三方支付平台收益主要来源于交易佣金、企业策划收入、沉淀资金利息。《中国第三方支付行业研究报告（2021）》，2020年，我国第三方移动支付与第三方互联网支付总规模达271万亿元，我国支付市场在国际支付市场中处于领先地位。

同时，我国互联网保险起步较早，发展态势良好，其渗透率处于全球领先地位。但在近几年，由于互联网环境和保险业都发生较大变化，相关乱象专项整治工作的开展，使得互联网保险保费增幅有所放缓。

### （五）我国数字经济未来发展

未来几十年，随着我国信息基础设施体系的进一步完善，数字经济对社会经济发展将产生全方位的影响，数字经济市场趋于成熟，创新和精细化经营成为一大趋势。

2016年，中共中央、国务院办公厅印发《国家信息化发展战略纲要》，旨在指导未来国家信息化发展，建设网络强国。

### 1. 国家信息基础设施体系进一步完善

《国家信息化发展战略纲要》指出，在固定宽带家庭普及率方面，预计2020年达到中等发达国家水平；2025年接近国际先进水平。移动通信网络方面，预计2020年3G、4G网络覆盖城乡，5G技术取得突破性进展；2025年建成国际领先的移动通信网络，宽带网络无缝覆盖。在电子商务消费规模方面，预计2020年突破38万亿元；2025年突破67亿万元。在核心关键技术方面，2020年部分领域达到国际先进水平；2025年形成安全可控的信息技术产业体系；在"一带一路"方面，2020年建成中国——东盟信息港，初步建成网上丝绸之路；2025年建成四大国际信息通道，连接太平洋、中东欧、西非北非、东南亚、中亚、印巴缅俄等国家和地区。到本世纪中叶，争取信息化全面支撑起社会主义现代化国家建设，海陆空全面覆盖信息基础设施体系基本完善。其中，2020年的信息化发展战略目标基本达标，国家信息化建设取得巨大成果。

### 2. 经济发展的数字化转型成为重点

以信息技术为代表的技术群体性突破成为建构现代技术产业体系、推动产业数字化转型的驱动力，高水平信息生产力将我国经济形态推向更高的层次。根据《国家信息化发展战略纲要》，2020年，重点行业数字化、网络化、智能化取得重大进展，全面形成网络化协同创新体系，数字经济供给基本体系形成；信息产业国际竞争力大幅提升，制造业信息化水平大幅提升，部分地区率先基本完成现代化。2025年，数字经济进一步发展壮大，数字经济与传统产业深度融合；制造业整体素质提升，创新能力显著提高，工业化和信息化迈入新的发展阶段，大部分地区基本实现农业现代化。到本世纪中叶，国家信息优势更加突出，数字红利充分释放，经济发展方式完成转型，先进信息生产力基本刑场，数字经济成为主要经济形态。

3.分享经济成为数字经济最大亮点

目前，我国分享经济进入到一个人人可参与、物物可分享的全分享时代，具体表现如下。

（1）更多人参与。互联网的普及，将吸引更多中老年全体、农村居民参与到分享经济当中。

（2）更广的分享。无形产品、有形产品，消费产品、生产要素，个人资源、企业资源等都纳入分享经济范畴。

（3）更深入的渗透。分享经济深入交通、住房、医疗、金融等与人们生活息息相关的服务业领域，以及深入能源、制造业等生产领域。

（4）更活跃的创新。分享经济将加速实现从模仿到原创，从跟随到引领，从本土到全球的质的飞跃。

# 第二章　数字经济发展的战略决策

## 第一节　抓住数字化转型的机遇

经济全球化趋势推动了科技创新，数字经济的发展使企业迫切需要进行发展战略的调整，借助数字经济的优势实现企业改革创新，无论企业目前对数字经济发展的认识处于什么样的阶段，企业都需要树立全局发展观，持续保持创新欲望，深入研究适合企业发展的道路，实现数字经济时代企业发展模式的变革。

### 一、认识数字化转型的价值

所谓企业数字化转型，就是借助计算机技术实现企业当前经营模式的创新，在这个过程中，企业要让客户感受到技术创新带来的便利性。随着科技的创新进步，新科技的应用已开始不断向各个产业流动，企业数字化转型已逐渐成为大势所趋。数字化转型的价值主要体现在以下几点。

（一）打通业务链路，降低业务成本

我们可以了解在数字经济兴起之前，生产型企业的业务管理是有固定化的管理模式的，这种固定化的管理模式降低了资源利用效率，但随着数字经济的兴起和成熟，传统生产企业就实现了各个生产链的资源集中，网络将生产链规划进入一个系统化的管理模式中，大大节省了资源利用，在产业运营上也得到了效率提升。

（二）为用户提供数字化服务

互联网技术的发展为统计数据带来了便利，数据整合和管理技术为企业的产品销售带来了极大的转变，数据精准化能使企业快速找准用户定位，与此同时，数据库对企业用户的系统分类技术，还可以将用户特征进行分析、归类，以帮助企业做出更好的产品服务。

对于用户来说，数字化技术的搜索引擎功能可以帮助他们实现精准化消费，除此之外，互联网购物也让用户体会到购物消费的便利性和即时性。所以总体来看，数字化转型对企业和用户双方都能起到较大的积极作用。

（三）带来业务的全新增长点

数字经济快速成熟和发展，企业营销市场得到了拓展和延伸，企业产品所面临的用户呈现多层级、广泛性特征，企业产品业务也在这一局势转变中，实现了向更高平台的升级。这对企业发展来说既是机遇也是挑战，企业要借助数字化转型优势不断进行产品业务的创新升级，探讨新的业务运行模式，实现企业的数字化转型。

数字化转型对企业来说是一个全新的发展渠道，企业发展如何最关键的就是如何利用好渠道给出的指引，成功实现企业转型发展。

## 二、警惕数字化转型的4个陷阱

数字经济的发展迎来了各个企业创新发展的新热潮，企业如何在数字化转型趋势中脱颖而出，实现产品营销发展的转变、业务能力的提升、以及企业效益的升级。

数字化经济的发展无论对企业还是对整个营销市场都形成了一定的影响，所以企业要实现成功转型，最主要的是综合理性的分析自身和整个市场环境的局势，这样才能正确把握数字化发展优势，警惕数字化转型陷阱。

### （一）信息部门理性肩负转型重任

企业信息部门是企业发展中不可或缺的一部分，在企业还未进行数字化转型战略前，信息部门主要处理企业产品数据信息的管理、分析和产品营销模式创新指导等工作，由于传统的企业发展中，企业信息部门没有完全融入到产品业务中，只是单一的负责产品信息链的管理。

所以企业要开展数字化转型战略，一个重要的创新流程就是企业信息部门要深入延伸至数字化转型的各个环节规划和管理中，这样才能确保企业数字化转型发展的顺利进行，实现数字化转型秩序性和科学性的发展。

### （二）数据垄断即可占据优势地位

随着数字化转型的发展升级，数据对企业发展具有重要的参考价值，大部分企业也开始重视数据作用的发挥，尤其是企业产品所面对的市场用户数据，企业发展想要迫切掌握数据优势，长此以往企业之间就形成了"数据孤岛"。

"数据孤岛"的现象不仅出现在企业市场竞争中，企业内部同样重视掌握数据主权，数据主权的竞争使企业内部数据很难实现信息流通。

数据只是作为参考信息而存在，各企业间形成"数据孤岛"并不能决定企业实现综合竞争优势，所以企业要思考的并不是如何抢占数据信息，而是形成数据分析意识，依据数据信息规划企业发展方向。

### （三）盲目依赖数字化工具

大部分企业在初期探索数字化转型发展时，由于对数字化发展的概念还不够明确、同时对数字化业务没有进行细致化的分析和规划，而盲目地将数据仓库、贡献平台、管理系统等数字化工具融入业务中。

企业要认识到一个客观事实是，数字化工具的使用并不是越多越好，也并不是越先进越好，数字化工具需要结合专业领域的应用和专业人士的管理才能实现效果提升。对于企业数字化发展来说，企业应该结合自身发展状况而使用相应的数字化工具。

### （四）数字化转型需要立竿见影

大部分传统行业的产业结构升级由于受到金融改革的影响，企业利润增长困难。为了扭转这一局势，大多数企业把关注点放在了数字化转型中。企业数字化转型是一个循序渐进的过程，不能在短期内盲目求得效益提升，同时高强度的数字化转型任务也不利于企业内部各个部门发挥工作积极性。

企业应该对数字化转型工作保持理性分析，将数字化转型与企业业务状况结合起来进行考察，尽量发挥数字化优势，从而借助数字化优势实现企业产品效益的升级。

根据以上阐述，企业要对数字化发展进行综合分析，避免数字化四大陷阱，权衡数字化优势，科学利用数字化工具，找准企业数字化发展定位，实现精准、时效的数字化转型升级。

### 三、共生型组织势不可挡

企业传统的部门职能分布以战略部、投资部、财务部、营销部为例，各个部门之间相互独立，分工明确。随着数字经济时代的到来，这一企业部门划分管理已经不能更好地促进企业发展，各个部门之间相互独立阻碍了数据信息流通。因此，企业要实现整体发展进步，就必须将企业内部各个部门统一化，加强部门之间的协作。

企业管理就是要实现企业内部统一协调发展。企业运行总体围绕用户展开一系列创新活动，要让用户获取高质量服务体验，需要企业整体为这一目标共同奋斗。同时树立统一性思维来管理企业，发挥各个部门的优势，保持发展理念的一致性。

共生型组织指的是来自企业内部不同部门之间形成的合作关系，各个部门既相对独立又互相牵制，各个部门在领域中发挥独特优势的同时又保持与其他部门的协作，实现信息共享、资源共用，共同促进企业发展进步。

为什么企业要进行部门管理模式的创新？因为企业各个部门都不能完全孤立地发展，为满足用户多样化的需求，企业各个部门只有形成一个整体，才能集中部门优势，创造效益价值。

企业发展共生型组织最关键的是从以下四个方面着手。

第一，企业要对各个部门融合发展有信心，明确各个部门的工作职能，规划整体发展道路，计划共同奋斗目标。

第二，关注客户需求。

第三，加强技术创新。

第四，适当进行管理工作调整，让企业内部员工有更多锻炼自我的机会，实现自我价值的肯定。

### 四、金融行业：从竞争到合作

随着数字经济的发展进步，企业对市场竞争局势有了全新的思考，为应对新局势的转变，各个企业已经逐步开启了合作关系。与传统市场竞争不同的是，数字化时代是实现整体产业发展的时代，各企业之间竞争的同时还要保持高度的产业合作，这样才能实现优势互补，从而促进企业核心发展，快速提升市场占有率。

金融行业持续快速发展，金融形态的变革使传统金融结构迎来了全新的挑战，同时传统的银行机构也出现了转型难题。

毕马威发布《2022年中国银行业调查报告》显示，随着金融业务交叉融合，商业银行的增长速度较为缓慢。由此来看，抢占市场份额，似乎已成为传统商业与新型金融机构之间的主要竞争点。

就目前市场发展局势，商业银行与金融机构之间的竞争，会使内部员工陷入困惑，他们无法清晰地判定在这一局势中，哪一个发展是适应市场发展环境的。

首先，由于数字化转型向各个领域的进展，商业银行也开始进行不断地创新，但在探索数字化转型过程中，商业银行还有较多需要进行改进方面，比如提升移动系统的智能化能力、加强用户关系维护、进一步增强创新能力等。

与此同时，尽管新型金融机构具备天然数字化优势，能够依据数字化工具实现产品精准化营销，满足用户需求，但要持续保持发展优势还需要建立完善的社会信用体系。

对此，清华大学金融学院副院长廖理表示，商业银行和金融机构各有所长，并且各自面向不同的用户群体，用"竞争关系"形容两者的关系反倒没有"互补关系"贴切。

其次，金融机构为商业银行赋予新职能已经采取了一定的措施，整个金融市场环境会依据这一变革发生转变。除了快捷支付、安全认证等支付环节，双方还就电子零售平台的建设、用户线上消费、小微企业的融资等环节进行了深度合作。

快牛金科联合创始人胡亮表示："与其说是金融科技与银行机构敞开了怀抱，不如说是整个社会都在迎接一种开放融合的态度。"商业银行与金融机构之间的关系也逐渐由竞争向合作转化。

商业银行和金融机构的融合顺应了数字时代发展，它们可以使用户获得更高品质的生活服务，商业银行不再是以互联网作为业务开拓的唯一渠道，经过与金融机构的合作，商业银行开始向消费、借贷、理财等业务领域拓展，商业银行的业务拓展主要借助数字化工具，借助数字化工具实现业务拓展，从而提高金融交易额的成交率，推动商业银行的发展。

商业银行利用数字化优势可以快速定位用户产品需求，从而实现针对性的业务创新，业务覆盖面的扩展、循环服务的加速、周旋频次的增加都将是金融行业实现精准延伸的关键。

总体来说，数字化时代下的商业银行与金融机构逐渐形成合作关系，促进了金融市场的发展。

# 第二节　基础建设战略决策

## 一、加快企业和市场数字化基础建设

数字化经济建设以信息化为基础，以大数据为平台。企业和市场数字化基础建设，以推进国家信息化战略和国家大数据战略为前提，首先要从国家和政府层面采取积极的行动[1]。

（一）深入推进国家信息化战略

随着科技手段的日益成熟，信息化技术应运而生，并呈现出数字化、网络化、智能化特征，进入到跨界融合、加速创新、引领发展的新阶段。想要在竞争中占据优势，必须在信息化中占领制高点。

1. 信息化与数字经济关系

"数字经济"在20世纪90年代提出，并迅速引起世界各国的关注。以美国为首的西方发达国家致力于数字经济的发展，大力推动信息产业，最终缔造新经济神话。

新世纪初，云计算、物联网等信息技术诞生，数字经济迎来高峰。2008年在美国华尔街引爆的金融危机席卷全球，传统金融行业遭受重创，但数字公司和企业受到的波及较小。随后，世界各国将大数据、AI技术、VR等技术视为新的发展契机，大力推动数字经济建设，创造新经济增长点。

所谓数字经济，指以网络信息技术为重要内容的经济活动，从某个方面将，数字经济便是信息经济。

在数字经济大浪潮下，传统经济逐渐转型升级，经济发展方式不断优化。从数字经济内涵看嘛，信息化为数字经济发展提供必要的生产要素、平台载体和技术等要件，换言之，数字经济以信息化为基础。对于企业而言，信息化是增强核心竞争力的关键，是在激烈市场中取胜的法宝。事实上，企业是最活跃的信息化主体，像云计算、AI技术等信息化建设都以企业为主体。数字经济能够将信息转化为普遍的商品，实现信息资源到信息应用的完美跨越。

总之，信息化和个人成长、需求发布和沟通的重要途径，是社会公平和教育普惠的基础，让每一个人都有缔造商业神话的可能。同时，信息化能够提高政府工作效率。鉴于信息的复杂性，作为信息化的使用者，政府有必要加强对信息化的引导和监管。

2. 加快推进国家信息化战略

2017年，十二届全国人大五次会议首次将"数字经济"写入政府工作报告，强调数字化建设的重要意义。人均信息消费水平是衡量数字经济发展水平的主要指

---

[1] 刁柏青,孟祥君,刘建.企业数字化运营研究与实践[M].北京：中国电力出版社,2019.

标。我国信息化建设起步较晚，人均信息消费水平与发达国家尚有一段距离。因此，想要加快数字经济发展，必须加速推进国家信息化战略，在"五位一体"总体布局和"四个全面"战略布局的指导下，贯彻创新、协调、绿色、开放、共享发展理念，树立以人民为中心思想，以信息化驱动为主线，不断增强国家信息化发展能力，提高信息化应用水平，让信息化成果惠及全体人民。为了，必须制定科学的国家信息化战略路线图。

3. 加快国家信息经济示范区建设

2016年9月，G20峰会在中国杭州举行，会议就数字经济发展与合作展开讨论，并取得丰硕成果。11月，浙江省国家信息经济示范区正式启动，着力推动供给侧改革，探索信息经济创新发展的新体制和新模式，刺激经济持续健康发展；打造特色各异的试点城市；创建乌镇互联网创新发展试验区，推动信息化与工业化的深度融合。浙江省主要在以下三方面进行示范。

其一，打造经济发展新引擎，推动制造业与互联网的深度融合，实现政府服务与管理的深度应用；其二培育创新驱动发展新动能，发展信息经济核心技术，加快科技成果转化和应用；其三，推动体制机制创新，构建共建共享的开放应用和监控体系，推动"互联网+"新业态发展，创新政府管理与服务，持续释放信息经济发展红利。

（二）加快推进国家大数据战略

云计算、大数据、AI技术等信息技术的兴起，推动了数据革命的到来，在这个过程中，大数据扮演重要的角色。

随着信息技术与经济的深度交融，数据得到迅猛增长，已成为国家基础性战略资源，对全球生产、流通、分配、消费活动及社会生活方式、国家治理能力带来深刻的变革。我国在大数据发展和应用方面已经积累了一定经验，发展前景广阔，但仍不可避免存在一系列问题，如产业基础薄弱、缺乏顶层设计、法律法规建设滞后等。

1. 大数据发展形势及其意义

现如今，我国互联网、移动互联网用户规模全球第一，数据资源丰富，有着其他国家无法比拟的市场优势，且一系列关键技术取得突破性进展，一批批互联网创新企业和创新应用涌现。加快大数据部署、深化大数据应用，已成为稳增长、促改革、调结构、惠民生的必然选择。

第一，大数据成为推动经济转型新动力。在数据流的引领下，技术、物质、资金、人才等要素的联系愈发密切，推动社会分工协作组织模式的变革，促进生产组织方式的创新。社会生产要素呈现网络化、集约化、高效化特征，传统方式正发生深刻的变革。大数据刺激商业模式的创新，新业态不断涌现，成为增强企业核心竞争力的关键。总而言之，大数据正成为新经济增长点，影响着未来信息产业格局。

第二，大数据是建立国家竞争优势的契机。在全球信息化时代下，作为国家基础性战略资源，大数据引领着科技创新。我国应当充分把握数据规模优势，挖据和利用数据资源潜在价值，发挥其战略性作用，从而增强网络空间数据主权保护能力，提升综合国力。

第三，大数据成为提高政府治理能力新手段。大数据能够实现政府数据的开放共享，推动社会事业数据与资源的整合，大大提升政府数据分析能力，以便更好地应对各种复杂问题。有利于建立起"用数据说话、决策、管理、创新"的管理体系，提高决策的科学性，打造法治政府、廉洁政府和服务型政府，促进政府治理能力的现代化。

2. 大数据与信息化、数字经济关系

大数据是信息技术和经济社会的深度交融下的产物，同时掀起新的信息化浪潮，为信息产业和数字经济发展提供新的机遇。

（1）大数据与信息化。与以往数据相比，大数据具有容量大、类型多、存取速度快、应用价值高等优势。而数据的采集、储存、分析和应用只有依托信息通信技术才能实现。二者关系如下。

大数据推动信息化新发展。作为一种新兴产业，大数据不仅具备第一产业的资源型，还具备第二产业的加工性和第三产业的服务性，其有着巨大的开发潜力。事实上，大数据的开发利用过程便是信息化建设过程，大数据能够加速信息化与传统产业、行业的融合，促进传统产业、行业转型升级，掀起新的信息技术革命。同时，大数据也是"互联网+"深入发展的过程。作为一种新型经济形态，"互联网+"借助信息资源推动互联网与传统产业的融合，在二者之间建立有效的连接，创造新的经济增长点。而大数据服务、大数据营销等都加快了"互联网+"进程，实现各行各业的深入发展。

大数据是信息化表现形式和实现路径。在数字经济时代，信息技术成为经济发展核心要素，此时的信息由数据体现，而大数据由采集、储存、加工和分析整合而来。由此可见，大数据在信息化中充当媒介作用。

（2）大数据与数字经济。大数据与数字经济都以信息化为基础，与互联网有密切联系。想要深刻把握大数据与数字经济之间的关系，应当从互联网入手。互联网是新兴技术和先进生产力代表，"互联网+"强调连接，能够刺激其他行业创造新的价值，是手段；数字经济则是连接后的产出和效益，是结果。可以说，数字经济发展过程也是"互联网+"行动落地的过程，是新旧经济发展动能转换的过程，也是传统行业企业将云计算、大数据等信息技术应用到产品和服务，融合创新的过程。

因此，大数据是传统行业与互联网实现深度融合的手段，是数字经济结果实现的平台和路径，加速了"互联网+"行动的落地，推动了传统产业的数字化、网络化、智能化，推动数字经济做大做强。

3. 加快推进国家大数据战略

国务院出台《促进大数据发展行动纲要》（以下简称《纲要》），提出了明确的发展目标：第一构建起精准治理、多方协作的社会治理新模式；第二，建立运行平稳、安全高效的运行新机制；第三，构建以人为本、惠及全民的民生服务新体系;第四,开启大众创业、万众创新的创新驱动新格局;第五,培育高端智能、新兴繁荣的产业发展新生态。

《纲要》倡导加快政府数据开放共享,推动资源整合,促进治理能力的现代化;培育产业新形态、促进经济转型;加强安全保障,提高管理水平等。同时,加快国家大数据资源统筹发展工程、政府治理大工程、公共服务大数据工程等多个系统工程。加快立法保障,从法律规制、市场机制、国际合作等多方面推动数字经济建设。

4. 加快国家大数据综合试验区建设

为响应《纲要》号召,贵州省成立全国首个国家级大数据综合试验区;京津冀等区域推进国家大数据综合试验区建设,其中包括两个跨区域类(京津冀、珠三角)综合试验区、四个区域示范类(上海市、河南省、重庆市、沈阳市)综合试验区,一个大数据基础设施统筹发展类(内蒙古)综合试验区,这些试验区定位各有侧重。像跨区域类初衷围绕国家区域发展战略,强调数据要素流通,实现跨区域公共服务、社会治理和产业转移的一体化发展;示范类侧重数据资源统筹,加快大数据产业集聚,发挥辐射带动作用,实现经济提质增效;统筹发展类侧重在利用区域能源、气候、地质等条件前提下,加大资源整个力度,将粗放式经济转变为集约型,加强与东、中部产业、人才的合作,实现跨越发展。这些试验区建设是贯彻落实《纲要》的体现,通过大数据制度创新、公共数据开放共享等方面的试验,促进我国大数据创新发展。

## 二、优化数字经济发展的市场环境

深入推进国家信息化战略和大数据战略,极大提高了企业和市场数字化基础建设水平,为数字经济发展提高全新的平台。同时,数字经济发展也离不开良好的市场环境[1]。

(一)加强企业数字化建设

中国互联网络信息中心发布的第49次《中国互联网络发展状况统计报告》显示,截至2021年12月,我国网民规模达10.32亿,互联网普及率达73.0%,庞大的网民群体构成了蓬勃消费市场,为我国数字经济发展奠定坚实用户基础。报告呈现出如下特点。

1. 基础设施建设持续完善,"新基建"助力产业结构升级

我国已建成全球最大规模光纤和移动通信网络,行政村通光纤和4G比例超过98%,固定互联网宽带用户规模达4.84亿。围绕高科技产业、科研创新等新型基础设施建设进一步完善,新的产业形态逐渐形成,有力地推动区域经济发展质量提高,促进产业结构转型升级。

---

[1] 曾光伟.基于成熟度模型的传统零售企业数字化转型研究[D].长沙:湖南大学,2019.

2. 数字经济迅速发展，成为新的经济增长点

《中国移动互联网发展报告（2020）》显示，截至2020年12月底，我国网络购物用户规模达到7.81亿，全年网上零售额达11.76万亿元，占社会消费品零售总额的近四分之一，数字贸易发展态势良好。2019年，通过海关跨境电子商务管理平台零售进出口商品总额达1862.1亿元。数字企业加速赋能产业发展，供应链数字化水平进一步提高，产业结构进一步优化。

3. 互联网应用提升群众获得感

互联网应用与群众生活日益密切，微信、短视频、直播等应用丰富大众文化娱乐生活；在线政务应用着力解决群众日常办事的赌点、痛点、难点；网络购物等互联网服务在农民增收、带领广大网民脱贫攻坚中发挥越来越重要的作用，提升了民众的获得感。

目前，我国企业数字化建设虽然取得巨大成就，但仍处于基础设施建设阶段，深层次应用与创新有待提高。近九成中小企业虽然具备接入互联网的能力，但将互联网用于业务应用的不到一半。不少企业只是建立了门户网站，并未真正实现数字化服务。

现如今，数字经济成为经济增长新动能，新业态如雨后春笋般涌现，在保障消费和就业中展现出强大的潜力。

因此，企业发展数字经济，抢占新经济制高点的关键，在于加快数字化建设。政府应当出台一系列利好政策，支持企业加大数字化建设投入，从法律规制等方面规范市场环境，促进企业和市场数字化创新。

（二）优化互联网市场环境

我国市场数字化正处于迅速发展阶段，但市场环境尚不成熟。加上互联网市场监管法规的不完善，处于支配地位的寡头经营者容易通过技术壁垒和用户规模形成垄断，这样会损害消费者权益，比例与互联网行业技术创新，造成网络竞争的无序化。鉴于网络环境的虚拟性、开放性，网络恶性竞争行为时有发生，且手段更隐蔽、成本更低、危害更大，这对构建公平、有序的市场秩序会造成一定的威胁。所以优化数字化市场环境是必需的。

现阶段，我国数字经济已扬帆起航，经济增长从低起点高速追赶走向高水平稳健超越、供给结构从中低端增量扩能走向中高端供给优化、动力引擎从密集型要素走向创新驱动，经济发展方式得以不断优化。

# 第三节 融合发展战略决策

目前，数字经济正推动传统产业结构的优化，企业生产方式发生深刻的改变。在数字经济时代下，政府如何调整产业结构，提高信息化程度，是必须面对的时代课题。

# 一、大数据驱动产业创新发展

数字经济的深入发展，离不开大数据、云计算、移动互联网等新兴信息技术，构建大数据与传统产业协调发展新业态、新模式，成为传统产业转型升级和新兴产业发展的重要路径。

（一）驱动工业转型升级

加快大数据在工业研发设计、生产制造、市场营销、售后服务等产品全生命周期、产业链全流程各环节的应用，分析感知用户需求、提高产品附加值，打造智能工厂；打造面向不同行业、不同环节的工业大数据资源聚合和分析应用平台；依托大数据、物联网、3D打印技术，加快制造模式变革和工业转型升级，促进经济的提质增效1。

（二）催生新兴产业

培育互联网金融、数据服务、数据材料、数据制药等新业态，提升相关产业大数据资源开发利用能力，挖掘数据资源支撑创新的潜力，构建技术研发体系，推动管理方式、商业模式变革，实现产业跨领域、跨行业协同发展，探索经济发展新业态、新模式。

（三）驱动农业农村发展

构建农业农村综合信息服务体系，便捷广大农民生产生活，加快城乡一体化发展；加快农业农村经济大数据建设，完善村、县相关数据采集、传输、共享基础设施，建立农业农村数据采集、运用、服务体系，提升乡村社会治理能力；统筹国内外农业数据资源，聚集农业资源要素，提升预测预警能力；整合涉农大数据，推动涉农数据资源整合、开放和共享；加快农业大数据关键技术研发，促进农业生产的智能化、管理高效化。

（四）推进基础研究和核心技术攻关

根据数据科学理论、大数据与计算系统与分析理论等基础研究进行布局，加强数据科学研究，探索相关大数据理论、方法和关键应用技术；建立"政、产、学、研"协同创新模式，加快关键技术攻关，建立安全可靠的大数据技术体系；创新和应用人工智能技术，增强数据分析、处理和决策能力。

（五）形成大数据产品体系和产业链

通过数据采集、整理、分析、应用等，研发大型通用海量数据储存与管理软件、大数据分析发掘软件及海量数据储存设备、大数据一体机等产品，带动芯片、操作系统等信息技术核心基础产品发展，构建健全大数据产品体系。制定科学大数据方案，促进重点行业领域与数据的深度融合。

支持企业开展基于大数据的第三方数据分析发掘服务、技术外包服务和知识流程外包服务；鼓励企业结合自身数据资源及业务范围，发展互联网金融新业态；推动大数据与移动互联网、云计算的深度融合，加快大数据在行业的创新应用，

---

[1] 姚乐，李红，王甲佳.互联网+时代的数字化转型[M]北京：电子工业出版社，2017.

探索协作供应的新型商业模式；加强大数据应用创新能力建设，建立"政产学研"联动，大中小企业协调发展的大数据产业链；完善大数据产业公共服务体系，打造大数据开源社区和产业联盟，加快大数据的应用普及。

## 二、"互联网+"推动产业融合发展

### （一）推进企业互联网化

目前，数字经济引领传统产业转型升级趋势加快，在制造业领域，像工业机器人、3D打印机等新装备、新技术的应用速度明显提升。

#### 1. "互联网+"树立企业管理新理念

互联网思维，是传统行业依托互联网的一种全新思维方式和企业管理理念[1]。企业互联网思维包括极致用户体验、免费商业模式、精细化运营，三大要素组成一个完整的互联网模型。

在互联网时代下，企业生产、运营、管理和营销等方面有了新的要求，这要求企业转变管理理念，树立互联网思维，充分利用大数据等新兴信息技术进行精细化运作；紧紧围绕用户需求，秉持极少主义、快速迭代原则，为用户带来极致的体验。

#### 2. 推进企业互联网化的行动保障

政府应加大中央预算内资金投入力度，引导更多资本进入，分步实施"互联网+"工程，加快以移动互联网、云计算为代表的新一代信息技术与各行各业等深度融合，发展新业态，培育新的经济增长点；利用好现有的财政专项资金，打造相关"互联网+"平台；进行互联网金融创新试点，鼓励小微企业发展；适当降低创新型、成长型互联网企业上市准入门槛，支持处于特定成长阶段、发展前景好但尚未盈利的互联网企业上市；开展"互联网+"试点，推动"互联网+"区域化、链条化发展；支持全面创新改革试验区、自主创新示范区，破除新兴产业行业准入、数据开放等政策障碍，制定科学的符合新业态特点的税收、保险政策，打造"互联网+"生态体系。

### （二）推进产业互联网化

产业互联网化，即互联网与传统行业的深入融合，推动传统产业数字化、智能化，发展数字经济，拓宽经济发展空间。数字经济应有的资源性、加工性和服务性，为产业互联网化提供充足条件。总之，产业互联网化是传统产业转型升级的重要路径。

现阶段，农业现代的路径是坚持供给侧改革，推进农业互联网化；制造业数字化路径是推动制造业互联网化；第三产业数字化发展路径是服务产业的互联网化。由此可见，产业互联网化是第一产业、第二产业、第三产业实现创新发展的关键。

---

[1] 王家淏."互联网+"背景下城乡商贸流通一体化研究[D].石家庄：河北经贸大学，2020.

### 三、加快信息技术产业和数字内容产业发展

目前，西方发达国家经济增长的决定性因素从要素投入的"规模效应"转变为知识"溢出效应"，以信息数字技术为核心的知识密集型产业成为新的经济增长点。我国应当顺应时代发展潮流，加快信息技术革新，大力发展数字产业，推动传统产业结构的转型升级。

（一）加强新一代信息技术产业发展

现阶段，我国以云计算、大数据为代表的新一代信息技术创新逐渐渗透到经济社会的各个领域，成为促进创新、经济增长和社会变革的主要驱动力。2010年国务院出台的《关于加快培育和发展战略性新兴产业的决定》，倡导加快新一代信息技术产业发展，完善信息网络基础设施，推动新一代移动通信、下一代互联网核心设备和智能终端的研发及产业化来促进物联网、云计算的研发和示范应用，推动数字经济发展。但是由于数字经济是我国在工业化历史任务尚未完成的背景下进行的，对此必须加快新一代信息技术创新，发挥其辐射带动作用，利用后发优势推动工业、服务业结构转型，走上信息化与工业化融合的新型工业化道路。在实践方面，我国三大电信运营商和华为等电信设备提供商在积极探索5G信息技术，且取得一定成果，标志着我国信息产业的渐趋成熟。

（二）重视数字内容产业的发展

在"内容为王"的数字经济时代，数字内容正成为增长最快的产业。然而，与发达国家相比，我国数字内容在产业链条、产业规划和法律环境等方面仍有一定距离，具体表现在以下几个方面。

第一，发达国家数字内容产业以内容产品为核心，有着健全的产业链条，我国数字内容产业则未能充分其蕴含的链条经济效应。

第二，国内数字内容产业缺乏顶层设计，存在重复建设、同质竞争、资源浪费现象。

第三，国内知识产权保护意识薄弱，侵权行为时有发生，打击了数字内容产品开发商的积极性，不利于相关产业的创新。对此，我国应当制定科学数字内容产业发展规划，加大知识产权保护力度，借助链条经济推动数字内容产业的可持续发展。

不管如何，数字经济已在我国风生水起，传统产业格局濒临打破。对于政府而言，应当打造数字经济发展平台，制定"互联网+"行动计划等，提高我国产业信息化程度。

## 第四节 共享参与战略决策

数字经济正经历深刻变革，改变着人们生存生活方式。在这样的时代语境下，社会公众如何参与数字经济发展，让发展成果惠及全体劳动人民。这也是国家加

快经济发展的出发点和落脚点。

## 一、弥合数字鸿沟，平衡数字资源

我国数字经济发展的显著优势，在于网民规模大，但以互联网为代表的数字革命普及与应用的不平衡问题仍然存在。

（一）数字鸿沟的主要表现

从横向角度看，数字鸿沟有着多种表现形态，包括个人、企业、地区和国家等四个层面。

1. 个人层面

在数字化时代下，个人能够快速享受移动支付、预约出行、网络点餐等服务。但大部分老年人受传统观念影响，加上学习能力的衰退等，不善于使用新一代信息技术产品。同时，个体的数字鸿沟也表现在性别上，根据国际电信联盟提供的数据，全球女性网民数量要比男性少 2 亿以上。

2. 企业层面

不同行业的企业之间存在数字鸿沟。《中国企业数字化发展报告（2018）》现显示，我国零售、文娱等接近消费端企业基本完成了数字化转型，但制造业、资源性行业数字化程度不高。同一行业不同企业之间的数字化水平也有较大差异。大部分企业数字化仍处于试验和局部推广阶段。

3. 地区层面

地区之间的数字鸿沟体现在城乡，东部与中西部之间。第 47 次《中国互联网络发展状况统计报告》显示，在 10 亿网民规模中，农村网民仅有 2.84 亿，城镇网民规模高达 7.48 亿。《中国宽带速率状况报告》（第 25 期）显示，2019 年东部地区 4g 移动宽带用户的平均下载速率最高达到 24.60mbit/s，而中部地区和西部地区则分别较东部低 0.93mbit/s 和 1.58mbit/s，差距明显。

4. 国家层面

国家层面的数字鸿沟表现为各国之间数字技术应用水平的差异。国际电信联盟数据显示，2017 年，发达国家互联网普及率达到 81%，而发展中国家仅为 41%。同样是发展中国家，数字鸿沟也存在，2017 年，三十余个发展中国家互联网普及率不及 20%。而我国作为最大的发展中国家，2017 年互联网普及率已经达到 55%，网民人数更是在 2021 年突破了 10 亿大关。

（二）数字鸿沟造成的影响

数字鸿沟的存在和持续扩大，导致基于数字经济的利益分配不均，出现强者越强、弱者越弱的"马太效应"。从社会资本角度看，应用数字技术的主体能将数字化资本转化为经济效益，而对于那些无法使用数字技术的群体，则会被远远甩在后面。

1. 数字鸿沟加剧了个体机会的不平等性

像数字化程度高的地区，学校学生能够利用互联网获取海量教学资源，而经济欠发达地区的学生主要通过课堂获取知识，其中的差别不言而喻。另外，受到新冠疫情的英雄，大部分学校开展线上教育，而偏远地区学生一度处于因为信号不好、流量不够等原因无法开展正常学习活动。同时，数字鸿沟的存在，逐渐将女性从数字空间中排挤出去，加剧了女性就业问题。

2. 数字鸿沟加剧了企业竞争的不平等性

数字化转型成功的企业能够在市场竞争中牢牢占据优势，其生产效率和市场开拓能力远不是仍依托劳动力、自然资源等传统企业能比拟的。尤其是新冠疫情在全球暴发后，数字化生产经验方式展现了巨大潜力。据海关统计数据显示，2020年上半年，传统货物贸易进出口总额同比下降3.2%，但同期跨境电商进出口却增长26.2%。

3. 数字鸿沟加剧地区发展的不均衡

像数字基础设施不完善、专业技术人员缺乏的农村、中西部地区，很难有机会发展人工智能、大数据等产业。而经济发达的广东、上海等东部地区，却凭借雄厚的经济基础布局数字经济，实现进一步发展。结果也证实了这一点，城市、东部地区的数字化程度要高于农村、中西部地区。像此次疫情防控，健康码首先在杭州上线，对当地的复工复产起到巨大作用。从整体来看，数字经济红利分配呈现城市多、农村少，东部多、中西部少的局面，这会将本来就有较大的差距拉得更大。

4. 数字鸿沟加剧全球发展不平衡

数字技术的传播过程，也是全球财富累积的过程，像谷歌、微软等互联网巨头为美国经济增长做出了巨大贡献。反观发展中国家，由于经济发展水平和数字化水平不高，一方面不能享受数字技术带来的便利，另一方面又无法转变为数字产品生产国。这样一来，在全球数字经济红利分配中，发展中国家十分被动，而发达国家则能凭借较高的信息技术水平进一步加强在全球市场的支配地位，加大了双方的差距，容易带来更多不稳定因素。

（三）弥合数字鸿沟的主要途径

1. 重点升级硬件设施，弥合"接入鸿沟"

其一，扩大数字基础设施覆盖范围。建设"数字丝绸之路"，加大落后国家和落后地区固定宽带网络和移动通信基站建设投入，并给予充分的资金和技术援助。创新互联网接入方法，加快全球低轨宽带互联网星座系统部署，为偏远地区提供稳定的互联网接入方式。

其二，提高互联网接入质量和传输能力。创新与应用宽带技术、5G通信技术，提高数据传输速率、减少延迟、节省能源、提高系统容量，为在线学习、视频会议、远程医疗等领域提供技术支撑。

其三，降低宽带和移动流量套餐资费。有序开放电信市场，以市场化竞争倒逼电信企业提高运营效率，降低服务资费。鼓励电信企业面向贫困学生等用户群体提供定向流量优惠套餐，面向中小企业降低互联网专线资费。

2. 以软件服务优化为抓手弥合"使用鸿沟"

其一，打造专业化的数字人才队伍。组织优秀人才留学访问、跨地区交流，培养一支专业化数字人才队伍，吸收发达地区的先进数字技术应用经验，不断提升落后地区数字化水平。

其二，优化数字教育资源公共品供给。打造全国性和全球性的数字教育资源公共服务平台，指导教师运用数字化教学设备，提升在线授课技巧；帮助学生熟悉各类数字教育软件，提升在线学习效率。

其三，助推传统企业数字化转型升级。政府和行业组织鼓励传统企业借鉴数字化领军企业的成功转型经验，在打造工业互联网平台、建设智能工厂方面为企业提供专业技术指导。

3. 以数字素养培育为特色弥合"能力鸿沟"

明确角色定位，构建以政府机构为规划领导者，教育机构为具体执行者，社会力量为辅助者的多主体数字素养培育体系。培养对象包括学生、工人在内的全体社会公民。

制定培育目标，构建集数字资源收集和鉴别能力、数字知识利用和交流能力、数字内容创造和输出能力、数字安全维护能力为一体的多元化培育框架。倡导有教无类，面对不同家庭背景、不同学历层次、不同工作岗位的群体，将数字素养培育融入家庭教育、学校教育、职业教育、社会教育中，打造全方位的数字素养培育模式。

4.共享数字经济收益

在数字经济时代下，各国经济发展的关键在于弥合数字鸿沟。对此，必须让更多人分享数字经济收益，可以从以下几个方面入手。

将数字经济的蛋糕做大。加快推动数字经济互联互通，发挥统一市场规模经济优势。国内层面，应当利用互联网、区块链等数字技术打造统一开放、竞争有序的国内线上市场，打破城乡市场、东中西部市场壁垒，充分发挥我国超大规模市场优势和内需潜力。国际层面，依托自身在数字贸易领域的先行优势，推动世界各国和有关各方共同参与到世界电子贸易平台的建设中，降低贸易成本，提升贸易效率，实现合作共赢。

因地制宜发展数字经济，把蛋糕做得多样化。鼓励数字经济的差异化发展，发挥地区资源禀赋比较优势。东部地区充分利用技术优势和资金优势鼓励先进数字技术的发明与创新，中西部地区发挥电价低廉等能源优势和气候环境优势，发展大数据产业。发展中国家因地制宜发展数字经济，如依托人口规模优势推动商业模式的创新。

把数字经济这块蛋糕分配好。创新数字经济治理模式，坚持包容普惠推动共同发展。各级政府应当推进数字政府建设，搭建公共服务平台，运用数字技术解决各类社会公共问题，提升公共品供给效率和精准程度，使数字经济发展的红利惠及全民。

## 二、大力倡导大众创业、万众创新

适应国家创新驱动发展战略，制定大数据创新行动计划，鼓励企业和公众挖掘开放数据资源,激发创新、创业活力,促进创新链和产业链的融合,推动大数据发展与科研创新的结合,构建大数据驱动型的科研创新体系,推动万众创新、开放创新和联动创新。

(一)扶持社会创新发展

数字经济是未来社会发展一大趋势,有着巨大的商机和广阔的市场,是机遇,也是挑战。对于政府而言,应当鼓励和支持社会大众发展数字经济,从这座金矿开采出更多"金子"[1]。

1. 鼓励和扶持大学生和职业院校毕业生创业

实施"大学生创业引领计划",培育大学生创业先锋,支持毕业(5年内)大学生开展创业、创新活动。通过创业、创新座谈会、聘请专家讲座等形式为大学生创新创业提供指导。扶持职业中专、普通中专学校毕业生到各领域创业,享受普通高校毕业生的同等待遇。免费为职业学校毕业生提供创业咨询、法律援助等服务。

2. 支持机关事业单位人员创业

对于机关事业单位工作人员经批准辞职创业的,辞职前的工作年限视为机关事业社保缴费年限,辞职创业后可按机关事业保险标准自行续交,退休后享受机关事业单位保险机关待遇。

3. 鼓励专业技术人员创业

鼓励专业技术人员创业,探索高校、科研院所等事业单位专业技术人员在职创业、离岗创业的有关政策。对于离岗创业的,经原单位同意,可在一定时期内保留人事关系,与原单位其他在岗人员同等享有参加职称评聘、岗位等级晋升和社会保险等方面的权利。鼓励利用财政性资金设立的科研机构、普通高校、职业院校,通过合作实施、转让、许可和投资等方式,向高校毕业生创设的小型企业优先转移科技成果。制定完善的科技人员创业股权激励政策,放宽股权奖励、股权出售的企业设立年限和盈利水平限制。

4. 创造良好创业、创新政策环境

简化注册登记事项,工商部门实行零收费,落实创业补贴和税收减免政策。清理工商登记前置审批项目,推行"先照后证"登记制度;放宽住所登记条件,申请人提供合法的住所使用证明即可办理登记;加快"三证合一"登记制度改革步伐,推进实现注册登记便利化。

5. 实行优惠电商扶持政策

依托"互联网+"、大数据等,推动各行业创新商业模式,建立健全线上与线下、境内与境外、政府与市场开放合作等创业、创新机制。积极响应国家已明确的有关电子商务税收支持政策,鼓励个人网商向个体工商户或电商企业转型,对电子

---

[1] 陈芳.中国数字经济发展质量及其影响因素研究[D].杭州:杭州电子科技大学,2019.

商务企业纳税有困难且符合减免条件的，报经地税部门批准，酌情减免地方水利建设基金、房产税、城镇土地使用税；支持电子商务及相关服务企业参与高新技术企业、软件生产企业和技术先进型服务企业认定，给予符合条件且通过认定的高新技术企业一定税收优惠政策。

（二）规范和维护网络安全

新一代互联网的兴起，在便利人们生活、工作和学习的同时，也加剧了网络安全换环境的复杂性。对此，政府需要加强法律制度建设，开展有关绿色文明上网的安全教育，提高网民网络安全意识，维护社会公共利益，促进经济社会信息化健康发展。

1. 网民安全感现状

现如今，网络安全事件依然困扰着不少网民。最近的一次《中国互联网络发展状况统计报告》数据显示，仅有不到三成网民对网络安全环境持信任态度，超过五分之一的网民认为上网环境"很不安全"和"不太安全"。由此可见，维护网络安全势在必行。

2. 网络安全事件类型

我国网民面临的主要网络安全事件包括网络诈骗、设备中病毒、账号或密码被盗以及个人信息泄露等。其中，网络诈骗事件最多，其次是设备中病毒和账号密码被盗。数据使用管理的不规范，网民个人信息保护不力，不仅损害了公众利益，对我国大数据产业的可持续发展也会造成一系列负面影响，阻碍着我国经济的转型升级。

3. 加强网络安全监管

2016年11月7日，十二届全国人大常委会第二十四次会议通过了《中华人民共和国网络安全法》，为保障网络安全，维护网络空间主权和国家安全、社会公共利益，保护公民、法人和其他组织的合法权益，促进经济社会信息化健康发展奠定了法律基础。

现如今，大数据从互联网领域蔓延到电信、金融、地产、贸易等各行各业，与大数据相关的新技术、新产品、新服务、新业态呈井喷式涌出，逐渐成为人们生活的一部分。大数据在推动社会转型的同时，也不可避免地给社会安全管理带来一系列挑战。

有鉴于此，应当立足国情，借鉴国外成功经验，尽快启动规范数据使用和个人信息安全保护方面的立法工作。具体来说就是，对非法盗取、非法出售、非法使用、过度披露数据信息的行为，开展专项打击，整顿市场秩序；将个人使用数据的失当行为纳入公民社会信用记录，以净化数据使用环境；强化行业自律，将有关内容纳入各行业协会自律公约之中，建立互联网、医疗、旅游等行业从业人员保守客户信息安全承诺和违约同业惩戒制度。

（三）树立共享协作意识

在新一代信息技术和产品的广泛应用下，大数据与社会公众联系愈发密切，为数字经济时代的社会协作提供了可行性。

1. 积极发挥社会组织公益式孵化作用

从本质来看，社会组织具有自愿结社、平等共享和自发的特点。组织成员平等交流、同业互助，有利于激发创新活力。事实上，自发成立的社会组织本身也是一种创业创新，其天然地具有创新、创业基因。因此，为提高创业、创新成功率，应充分发挥社会组织对创业者的公益式孵化作用，弥补国家、政府、企业无法顾及的创业、创新领域。

在大众创业，万众创新时代下，全国有不少社会组织为创业青年提供、众创、创业技术企业提供资金、专业技能、办理执照等全方位的服务。如"民营经济发展促进会""职业教育产业联盟"等，通过开办"创新创业孵化基地"等形式，营造良好的创新创业环境。

2. 坚持共享协作发展

数字经济时代下，独善其身、单兵作战是不现实的，共享协作发展才是不二出路。创新创业发展，应当充分依托移动互联网平台、手机 APP 等数字化服务，加强政府、企业、社会共享协作发展，构建"政府引导、企业主导发展、社会共享协同参与"的数字经济发展新格局。

数字经济可持续发展的关键在于，发展成果惠及广泛民众。因此，弥合数字鸿沟，平衡数字资源，是社会共导参与数字经济发展的基本前提；大力倡导大众创业、万众创新战略行动，是社会共享参与数字经济发展的具体实践；规范和加强网络安全，加紧网络安全法规制度建设，是社会共享参与数字经济发展的重要保证。

# 第三章 企业的数字化发展

## 第一节 企业的数字化准备

时下,在企业战略管理中,数字化成为最突出的问题,不仅传统企业如此,纯粹互联网公司也不例外。传统企业若是一味顾及眼前利益,忽视了数字化转型,毫无疑问犯了战略性错误。未来必然是互联网企业的天下。那些在于股票市场或二板市场上成长起来的纯粹公司,尽管具有数字化形式及本质特征表现,但若是公司领导层简单地将数字化企业视为建立一个网站,为每位工作人员配备电脑,将研究与开发及设备生产转变为CAD/CAM,通过网站销售商品或提供服务,这种思维必将导致企业落后时代发展。

商业思想家亚德里安·斯莱沃斯基认为,数字化企业指通过数字技术调整发展战略,拓宽选择范围的企业,它们通过全新的方式创造稍纵即逝的利润,确立强大的客户、员工理念,处于一种熊彼特式的动态创新过程是互联网企业显著特征之一。像亚马逊、易趣网等互联网企业的核心业务在数字时代很容易被模仿,但大部分企业在模仿这些知名企业核心业务时,却忽视了它们的独特战略和企业理念,从而在互联网市场中掀不起一丝波澜。对此,数字化企业应当敢于打破规则,制定全新发展战略和理念,完成破后而立的壮举。

斯莱沃斯基对数字化企业的解释是一种典型的西式理解。作为新时代的产物,数字化企业与传统企业的区别,并非简单的是否用计算机办公,核心在于企业生产力平台和生产关系。数字化技术下企业生产关系,旨在实现个人自由而全面的发展,全身心为公众服务。相比于传统企业,数字化企业生产制造技术是柔性灵活软硬技术的综合。从生产关系来看,数字化企业组织管理形式强调人人平等协作的扁平化组织;从对外服务看,以消费者至上,强调的是定制生产与服务,将生产的社会化与个性化结合起来。

## 第二节 企业数字化发展趋势

### 一、宏观趋势

未来是由快捷、廉价的通信连接起来的世界,几乎每一个人、每一家企业都深受互联网的影响,这会让我们重新定义工作方式、生活方式和市场交易规则,未来生产方式也将呈现新的发展趋势。

（一）网络经济成为主流经济

网络经济成为主流有两层含义。其一，在任何经济形势中，都将存在一种与现时生产力相适应的主流经济，其他则因为传统习俗或特色原因保留下来。其二，新的经济形势孕育一批新一代消费者，这类消费者要求送货更快捷、交易更高效。对此，企业需要顺应这一变革趋势，占领信息化制高点[1]。

（二）数字化时代不再存在一锤定音的终身免受再教育机会

在互联网时代，"活到老，学到老"不再是个别人的喜好，而是个体生存竞争必备的战略。人的年龄增长与知识增长没有明显的正相关关系，新的网络运行方式将诞生一批独立、自主的学习者。

（三）开放式公司的诞生

企业与供应商与顾客之间的界限消失，权力从产品、信息与服务的提供者转移到接受者手中。

（四）产品成为商品

在新的交互运作机制下，产品价值确定方法有了极大变动，且时刻处于变化当中，因此，需要采用实时而灵活的确定方式，在这方面，易趣网就是一次有益的尝试。

（五）涌现一批网络化劳动力

企业建立起包括大学与研究机构在内的内部网，为员工提供更多信息，创造虚拟的工作社团，原有的工作地点概念将被彻底改变。

（六）顾客成为数据

实时数据挖掘技术的应用，能够让公司分析和预测客户行为，在此基础上调整当下的组织结构，建立起全新的网络化顾客中心机制。

（七）经验社团出现

在即时全球通信系统下，人们能够实时搜集各种知识和信息，并进行知识共享，集思广益，为制定决策提供科学依据。

以上其中趋势源于顾客、员工、分销商、供应商和商业伙伴之间的关系链，仅数字化和网络化后，这些复杂的关系将得到极大简化。能够充分、及时顺应以上趋势并加以利用的企业，将在未来中牢牢占据主动地位，在激烈的互联网竞争中分一杯羹。数字化技术的应用，不仅会带来相应的发展趋势的变化，也会引发生产关系的变革，表现如下。

1. 内部网：职工关系

内部网，指企业调整内部生产关系的网络，并非简单地利用浏览器或搜索引擎就能获得。内部网是组织管理扁平化技术平台，不仅能大幅降低信息传递成本，海方便了高层领导与职工的直接交流。每位职工都有自己的密码，能够访问公司

---

[1] 刘婉.制造企业数字化转型模式及其适应性能力研究[D].杭州：杭州电子科技大学，2019.

内部网，这便将外部人员排斥在外，提高了信息传递的安全性。在未来，公司应当进一步加强内部网与职工的关系，授权职工在公司内部网进行管理、学习。这种便捷的工作程序能够消除等级观念，让员工以主人翁的姿态管理公司。另外，持续的在线交流，能够让公司实时了解顾客需求，从而做出相应的调整，实现双赢。

2. 外部网：供应商——分销商——合作伙伴关系

外部网是企业与外部战略伙伴联系的专用网络。企业借助外部网，能够与供给链上的合作伙伴建立虚拟组织战略联盟。当供应商可获准成为公司会员，进入外部网就能了解公司需求，承运商和经纪人也能为公司提供更优质的实时服务。同时，整合各合作伙伴的数据，建立一个共同的数据仓库，形成一个网络化的战略联盟。

3. 互联网：顾客关系

互联网是生产关系国际化和经济全球化的物理平台。公司的门户网站往往决定着顾客对公司的看法。在互联网应用中，有的公司只分配了有限的市场营销资本用于维持网站的最低运作，有的公司则与顾客建立了新型关系并为适应网络经济而做了自身的调整。想要在激烈的市场竞争中取得优势地位，仅仅依靠互联网的广告宣传是不现实的。事实上，互联网为公司与老顾客的互动交流和与新顾客的持续对话提供了前所未有的机会。公司可以趁机把这种互动交流变成一种真正的公司——顾客关系。

在把握数字经济发展宏观趋势的基础上，数字化企业还需要充分利用这三种关系网络，形成一种全新的思维方式，全面提升企业的信息化水平。在未来网络中，传统企业和纯网络企业的联系将愈发密切，它们的深度交融实际上是数字环境、物理环境和生产关系的统一。在网络时代下，人与物之间的存在一种内在关联性，这将深刻改变公司对外部世界的观念。端到端的完全连通性，为消费者提供了实施像企业传达个人需求的机会。在未来，公司的生产取决于消费者个性需求。

## 二、微观趋势

### （一）企业资源计划（ERP）

企业资源计划，是一套涉及企业管理各环节的软件系统，旨在通过集成化的软件模块，对人员、财务、采购、销售、库存、生产等各种资源进行优化管理的，应用对象包括企业全体员工。这种复杂的软件系统依托成熟的网络技术，且该技术要能保护客户和开发商的投资，很好地适应未来应用和技术的变革。ERP系统不仅仅是一套管理系统，更是企业管理运作经验和业务流程的载体，只有将优化的业务流程和可复用的知识融合到软件系统当中，企业运作效率和管理质量才会有质的飞跃。

公司利用IT，旨在提升内部运行管理效率。超过六成的IT投资用于供给链过程（购买、生产和分配）、支持过程（金融、人力资源）以及管理过程方面。

典型的案例便是 CAD/CAM 的应用。一般来说，经营水平和能力决定了企业竞争力，绝大多数企业都会选择 ERP 软件系统。但 20 世纪 90 年代以来，我国市场环境发生巨大变革，社会主义市场经济体制的逐步确立和完善，竞争优势不再集中于单个企业。企业管理应用软件从企业的内部核心应用（内部供应链）向供需两端延伸和，新一代 ERP 系统必须适应并支持这样的环境。

以中国人民解放军 5720 厂便采用金思维公司的 ERP 产品进行企业信息系统建设，作为一家国家大型航空设备修理企业，5720 厂主要工作是翻修国内各种型号的飞机，航空部件及机载设备修理能力较强。该厂 ERP 应用系统工程项目涵盖了 CAD、CAP、PDM、OA、ERP 等系统，工作量很大，系统集成方面的难度较高。而应用 ERP 软件系统，大大缩减了各个环节的时间，便于企业及时跟踪市场动态，提高企业管理效率和竞争力。

与其他软件一样，ERP 软件包代表了公司的某种战略，往往决定着企业的实际运行及被支配的战略空间。在未来网络中，ERP 系统的作用与现在的操作系统、数据库管理系统、互联网浏览器和办公套件相似。

在过去，ERP 是基于短信息的调制软件包，是取代数据整合的单独软件包。在顾客关系管理（CRM）领域，将会有功能强大的软件包在 ERP 系统外产生，以替代 ERP 的部分功能。在企业数字化时代，基于整合运行交易系统的无缝连接成为基础，并继续配置很大比例的资源。组织间的整合企业网络化的前提，对于企业来说，必须利用一切有效的手段调整组织之间的战略、过程和交易系统，将网络化和其他创新方案建立在一个生产型的、整合的 ERP 系统上。大部分企业都能快速替换旧的交易系统，以实现软件之间的兼容，但往往会忽视过程设计，而竞争的压力倒逼企业将过程设计与顾客需要和提高效率联系起来。协作的前提，在于全球化、供给链管理和需求重建的标准化。每一个增加的软件平台都会产生额外的复杂性，内部的软件和外连的软件都需要标准化。

（二）知识管理

知识管理，是在决策、生产或销售的各个过程中，提供有关顾客、竞争对手和产品等方面的有关知识。

知识正在企业价值创造中发挥日益重要的作用。一家公司的价值，不再基于其实体和金融资产，而在于其未来的获利能力。这种未来获利能力与技术、产品、服务、过程、顾客和其他市场参与者的知识有关。数字时代下的企业将专业化集中于某些过程和有限的产品上，但从全球化角度看，它们应该有世界水准。知识管理并不完全是新的，组织发展、组织学习、人工智能和其他方法都指向同一个方向。知识管理系统对于多媒体文件的结构、过程、编辑和存储进行处理。然而，多媒体和网络并不能使已存的知识直接被使用，必须经过多种形式的数据挖掘才能利用。

（三）创新应用

创新应用，旨在解决终端的信息流传递问题，如交通信息通过 GPS 系统提供，现金登记通过传感器实现。

现如今，机器工具控制系统、游戏机或汽车引擎管理等的使用随处可见。进入数字化时代后，这些创新产品的一个显著特征便是与网络的深度融合。像汽车GPS系统、移动电话、机器与电脑的连接等都是网络应用的例子。创新产品在诸多领域影响着企业的发展战略。

对此，企业家需要考虑以下问题：（1）哪一种信息和电子服务对消费者、员工或机器产生了增值；（2）哪一个终端上新奇的发明能够提供信息；③哪一种更好的或更经济的方式可促使市场参与者提供产品或服务。

（四）企业网络

企业网络化使两个或多个企业间的合作更加简化，产品销售信息能迅速传递给供给链上的所有合作伙伴。

数字化时代下企业发展实际上是信息化、网络化过程，在近二十年，企业过程的重新设计促成了企业内的整合，这得益于数据库系统的使用。在未来，企业网络将连接上述过程和大多数企业，直接通过互联网为消费者服务。企业网络类型如下。

1. 电子商务

在企业网络中，网络商店最被人称道。卖方的电子商务，如制造商、银行等主体都是利用互联网来满足顾客需求，通常来说，这类业务是对传统形式业务的替换。

2. MRO（Maintenance Repair Operations）购买

"MRO"是一种买方电子商务，从顾客需求过程开始，进行商品分类，联系各个供给商，利用电子商务进行后勤、支付和产品分类管理。

3. 供给链管理

供给链管理，有利于优化供给链网络中各要素的购买、生产、存货管理、运输等环节。供给链的大多数成员是生产者，也是系统整合者和顾客。

4. 共享服务

大企业集团将众多合作伙伴的过程管理集成起来，形成服务共享。这种类型的组织依靠电子商务进行数据协调、信息传递、收费服务。共享服务也可以从其他独立的公司购买。

但在大部分情况下，企业面临的不是对企业进行数字化和网络化改造，而是顾客是否接受网上购物，其选择如下。

1. 产品和服务

哪种新产品和服务能够在网上销售；哪种内部服务公司能够提供供给市场；公司如何不费力地通过电子商务形式提供内部服务。

2. 新顾客

企业网络不仅创造了到达原有顾客的新通道，还有了到达新用户的渠道，通过网络扩展了客户服务区域。

3. 供给链

公司在供给链的位置；哪种网络被市场接受；公司期望在网络中的位置；公

司是自己组建供给链，还是作为供给者或顾客。

4. 购买

公司是否在网上购物；是否在全球供给商范围内购买；哪一个过程需要重新加以设计。

5. 资源外包

当两个公司之间的交流没有内部部门与另一个公司交流深入时，公司可以将这部分业务外包，以提高获利能力。

6. 决定性的多数

想要经营成功，企业网络需要一个决定性的多数。正如顾客从网上书店买书时，往往选择的是品种最全的那家，同理，书商也会优先供给拥有最大客户群的网上书店。投资建设一家网上书店成本很高，但边际成本却极其微小，若将资本投向拥有尽可能多交易量的书店，就有更大获利的可能性。对于有一定发展潜力的网络方案来说，如果离达到决定性多数还有较长的一段距离，则不宜立刻实施。一般来说，唯有技术成熟且被大部分客户认可和支持的情形下，该方案才算真正的成功。

7. 网络化

网络化是数字型企业的核心竞争力。对于一家企业来说，不仅要注重组织内部过程管理，还应具备利用网络提供新服务的能力，及用小成本整合顾客和供给商的能力。像 ERP 应用软件相比，企业网络化对企业的影响更大，可谓一场新的产业革命。

（五）电子服务

关于次要管理的数据，一般采用电子方式发送。如需获得有关顾客的信息，在线第三方数据服务商便能用这一方式传送给相关方。

电子服务部门是企业的数字化、网络化建设过程中的产物，负责网络接入、分类、支付等，包括以下五个层次。

（1）基础服务层。这一层次提供技术基础结构。

（2）整合服务层。支持企业之间过程的协调，保证安全传递信息，选择并识别市场参与者、产品等，帮助重建包含众多参与者失败的网上交易和从不同数据仓库链接目标；从某种意义而言，整合层提供的服务类似于一个公司内部数据库管理系统的服务。

（3）企业网络服务层。提供上网企业所需的 E-mail、支付社区、跟踪等服务。

（4）信息服务层。提供新闻或研究报告、证券交易价格、合作伙伴的信贷状况等内容。

（5）企业支持服务层。包括企业资源外包、大量电子形式的购买过程等。

（六）顾客过程支持

公司不仅仅是简单地出售产品或服务，还应支持全部的顾客过程。如运输企业支持后勤过程，医生支持整个医疗过程，保险公司应处理并非顾客本人的保险声明等。

目前，许多企业信奉以顾客为中心的原则，但多限于市场上的产品或服务。公司战略实际上仍以产品为中心，它们网站也证明了这一点。对于数字化时代下的企业而言，它们的目光应该更多放在顾客过程、网络、多媒体和IT技术上。市场上领先的企业已经做到这一点，它们为顾客提供每一件产品，每一种服务和他们所需的每一条消息，逐步成为整合服务商和过程服务的专家。顾客过程支持呈现以下特点。

1. 顾客过程管理专业化

服务整合提供商在这方面的经验十分丰富，这是因为顾客过程是它们的战略核心。

2. 顾客生命周期资源

顾客中心是建立在顾客有关数据信息的基础上来提供服务的。

3. 虚拟社区

虚拟社区服务整合提供商服务的延伸。一方面，顾客掌握了获取相关知识的手段；另一方面，顾客与顾客、顾客与个人服务供应商之间建立了直接的信息沟通。

4. 顾客数据

企业建立顾客数据库，研究他们的消费行为规律和个人偏好，从而提供针对性服务。像美国、英国等发达国家，已经建立起成熟的顾客数据库，形成了为顾客服务的高端形式。

5. 服务包

服务整合商向顾客提供诸多子服务项目，如多功能产品分类、产品搜索，订单登记等相关服务。

6. 全球化

依托互联网，服务整合商打破时空限制，为全球用户提供服务。

7. 过程要素的外包

顾客过程中心化后，公司可能会支持少数甚至全部服务项目外包。

（七）价值管理

除了关注金融结果之外，公司关系还要考虑导致结果的各种要素。当企业关注成功的绩效要素时，这种管理被称为价值管理。

在数字化时代和网络化时代下，企业需要从IT技术提供的生产力平台方面对待生产管理中的问题，关注过程、产品、员工、金融、顾客、市场等各个要素，树立全新的管理，为市场提供产品或服务，如在线方式发送货物，建立顾客数据库，成立网上虚拟组织，组建网络化战略联盟等。网络时代的管理应当层次分明，走向程序化和标准化、透明化。

## 第三节 企业数字化的要素

企业想要实现数字化转型，具备相关生产力方面的硬要素和生产关系方面的软要素是必需的，二者缺一不可。否则有再好的管理和创意想法，都是于事无补。有先进的技术，却不具有相应的管理或协调能力，技术便无用武之地。硬要素和软要素都包含了丰富的内容，有多种组合方式，它们既是企业数字化的机遇，也可能是阻碍[1]。

一、企业数字化的硬因素

一般来说，技术能力、技术平台及竞争力等都是数字化企业的硬要素，这要求企业构建一个具有兼容性和扩充性的体系结构，以便企业迅速开发和创新出电子商务应用，开展各种增值应用和网络配置。一个标准化的技术平台，是企业数字化的基础。原因在于企业面对频繁的业务创新，必须重新设计技术基础设施，而有力标准化平台，开发的难度和成本将大大降低，只需通过少许的技术复制和性能扩展就能实现。

根据协调（该技术自动连接的成员企业数量）、过程界面（人或机器）和交易支持的复杂性，可构建如表3-1所示的企业数字化技术及应用平台。

表3-1 企业数字化技术及应用平台

| 协调技术 | 连接 | 过程界面 | 交易支持 |
| --- | --- | --- | --- |
| 电话、聊天室 | 1：1 | M：M** | 简单、复杂 |
| 传真、邮寄、电子邮箱、新闻组、互联网出版 | 1：n* | M：M | 简单、复杂 |
| 企业资源计划网站或电话 | 1：n | M：C** | 简单 |
| 电子数据交换 | 1：n | C：C | 简单 |
| 远程登录 | 1：n | M：C 复杂 | |

注：n*≥1，M**代表人，C**代表计算

1. 电话、聊天室

买卖双方在分类基础上通过电话或聊天室获得信息或谈判相关商品的数量、价格、折扣和发送日期。

2. 传真、邮寄、电子邮箱、新闻组、互联网出版

供给商通过这种方式发送分类信息或通知客户最新进展。

3. 企业资源计划网站或电话

客户访问企业ERP网站，获取信息并从事商业活动。

4. 电子数据交换

客户信息系统创造并自动向供给商信息系统发送标准订单，是互联网应用前

---

[1] 阮玉顺.中央级出版企业数字化转型升级实现策略研究[D].北京：北京印刷学院，2015.

电子商务的一种重要形式。

5. 远程登录

供给商拨号进入客户 ERP 系统，从事各种商务活动。

## 二、企业数字化的软因素

在网络经济中，软因素相当于硬因素。企业管理最考验管理者的地方在于，配置和利用企业各类人才的能力；在企业塑造团队精神、统一的道德和价值规范，使之为人的利用服务。相比之下，有一定难度的开发或配置适当的技术任务显得不那么重要。由于处理生产关系方面的软因素难度很大，企业管理者往往会更多的关注硬因素建设[1]。

在管理方面的软因素，数字化企业往往有着更高的要求。企业内部的全体成员（包括领导和普通员工）都要熟悉网络，树立互联网思维，熟练各种网络工具，由领导引领员工从事网络经济方面的工作，形成良好的网络文化。面对复杂多变的商业环境和日益更迭的技术产品，企业管理者需要下放权力，集团队力量解决管理中的问题。

一家成功的数字化企业，往往能够将软因素与硬因素高效结合在一起，从而形成独特的竞争力。衡量竞争优势的标准一般包括复杂性、并发性、一致性、连接性、协调性等。

1. 复杂性

在数字化时代下，各种高科技产品层出不穷，技术更迭之快、环境变化之迅速。竞争对手从一个地区、一个国家，发展到全球，传统竞争的固定边界被打破。在网络经济中，成败的关键在于速度和创新，富有创新能力的企业会将固守传统、不知变通的企业远远甩在身后，代表性的例子便是网络世界中产品价格与完全竞争的确定。

新古典主义经济学家认为，消费者的福利在完全竞争的市场是最大的，对厂商而言也是最优的市场价格，即 P=MC=MR（P 表示利润，MC 表示边际成本，MR 表示边际收益）。在垄断市场中，消费者福利则会有一定损失。他们倡导建立一个帕累托最优市场竞争模式，但这一理论在数字经济诞生之前只是一种空想。数字经济的到来，使市场在世界范围内融为一体，并趋于透明化和近乎完全竞争，价格波动达到一种理想水平，以价格取胜的手段不再像以前那么好用。数字化企业占领市场制造点的关键在于，充分了解厂商和消费者的偏好，精准定位客户需求，不断提升核心竞争力。

2. 并发性

网络经济下，各种事情会同时发生，发生顺序的判定不再有很大意义，也无法根据已得的东西推断未来会得到什么。不连续性将主宰网络世界，各种过程呈现非线性特征。

---

[1] 张学会.传统出版企业数字化转型研究[D].北京：北京印刷学院

3. 一致性

一致性反映一家企业在复杂多变唤醒下保持相对完整性。根据科斯定理，企业边界取决于交易费用，边界能限制企业的活动范围和方向，从而使其丧失成长机会。数字化企业结构和顾客随市场波动而变化，具有流动性特征。从理论上看，互联网将企业交易费用降到一个很低的挡位，且面向全球市场，但企业仍存在各种内外部边界。外部边界包括法定和行业或自定的规章制度；内部边界由领导者根据利益相关者实行的一种特色管理。企业通过网络管理实现一致性，以免出现无序状况。

4. 连接性

知识管理是数字化企业首要任务，连续性是知识管理前提。由于人们的思想存在一定陈旧观念，这便限制了人与人之间通过知识共享将未知与创新连接的能力。大部分企业员工在面对技术、管理和制度创新时，常常会手足无措，当他们没有从他人手中看到他们可以获得的同样机制，便会对新事物产生抵触心理。像十九世纪的工人运动矛头指向的是机器大工业而不是资产阶级。此时，先进领导的理论灌输是必不可少的，从而进行知识共享。古往今来，人们都热衷于积累信息，但很少有人愿意主动分享信息，在企业中更是如此，这就导致知识管理创新的进度十分缓慢。而像思科等成功的数字化企业，它们发现知识能够被出售、被赠送。连接性好的企业，在于网络战略联盟、合作伙伴等共享知识时，会产生规模经济效益和正外部溢出效应，硅谷便是最好的证明。硅谷用它的巨大成功表明，连续性能够产生最大程度的财富积累。

5. 协调性

跨越企业的网络战略联盟、虚拟组织或合伙人等主体之间关系的协调，是数字经济发展和企业创新的重要方式。为实现双赢，合作各方想要将大幅提升联合的竞争力，协调是关键。合伙各方除了有明确目标和长、中、短期战略任务外，还要制定相应的责任和义务章程，构建跨企业协作组织。

# 第四节 传统企业与数字化企业的战略区别

传统经济以物质有形资本的制造工业为基础，具有资本密集型特点，强调生产者主权，对诸如服务等的理解便建立在这一理念上。而网络经济以无形资本生产为基础，具有知识密集型特征，强调消费者主权，旨在尽可能满足厂商和消费者需求。处于传统经济中的企业与网络经济中的数字化企业在市场、生产、购买等战略中存在巨大差别[1]，具体表现如下。

---

[1] 郭云武.中小企业数字化转型双维能力与绩效关系研究[D].杭州：浙江大学，2018

## 一、与生产力平台相关的战略区别

技术进步是社会发展的驱动力,社会发展相当于社会生产过程的一种"迂回生产",生产过程日益复杂、生产方式日益增加,复杂化是生产力发达的标志。数字化技术和互联网引发的新科技浪潮,为人类社会带来了一系列变化:供给链延长,单一生产过程日益压缩,服务中介的细分,服务个性化,产品与服务的融合,内容与形式的分离等。

数字化的价值创造,唯有技术与传统或其他功能结合时方能实现,其本身并无法产生相应价值。如戴尔公司在传统平台中,只能采取大规模标准化生产,当数字技术出现后,便能进行大规模定制,以满足客户个性化需要,其迂回程度较以往多了一个定制过程。当客户信息数字化后,就能被储存在数据库,并通过互联网传送到工厂自动生产线中。像现代的远程教育、在线诊疗等便是传统与新兴形式分离的产物。功能与形式的分离意味着能以多种渠道传送功能,交易费用大幅降低。数字化复制是迂回生产的另一经典形式,无论何种多媒体信息,都要先转化为数字0和1编码,再借助数字化设备复制,复制的实际成本可以忽略不计,且质量有保证,而传统经济和模拟技术下的复制成本昂贵,每复制一次,质量便下降一次。

数字化技术带来的一个显著特点,在于系统性降低交易成本,以往因为交易费用高昂的信息,如今只需细微的代表便能获得,这为大规模网络经济创造良好条件,加快了市场开拓、广告和客户支持等过程。越是面向商品的服务或支持,被挤出价值链的可能性越大。数字经济打破了时空束缚,但目前地理位置在传统经济中仍扮演重要角色。数字经济面向全球客户,厂商拥有全球客户资源的同时,也需要面对全球范围内的竞争对手。

## 二、与生产关系相关的战略区别

随着互联网和数字化技术的深入和广泛应用,人们的生产生活有了翻天覆地的变化。对于传统企业而言,所有权最为重要,香坊设法获取垂直供应链。不少大汽车公司甚至有铁矿,试图控制汽车生产的各个环节。在传统以资本为主的体制下,拓宽垂直供应链是资本凝聚和集中的结果,有一定合理性。然而,当重工业利润下滑后,所有权便成为一个负担。人们逐渐意识到,想要鸡蛋,并不一定需要一只会下单的母鸡。

在网络经济下,企业成功的关键在于将目光集中于核心竞争力和客户方面,并放弃部分外包业务,加强与合作伙伴的协作,形成网络战略联盟,以更好地控制业务流程。当企业某一产业影响力越大,对其合作伙伴施加的影响也越大。如今各种合作伙伴关系充斥市场,但其消失速度也不慢。对于企业而言,明确核心经竞争力后,接下来就是寻找最契合合作伙伴,等待机会。合作关系随市场变化而变化。尽管核心竞争力不排斥规模,但数字时代下的物理规模不再是决定性因素,但网络经济能够利用以往的物理机构,如传统图书销售商可以将遍布全国范围内的连锁书店并采用网络营销方式，成为一个"新秀"。

同样，数字化技术改变了传统金字塔式管理机构，在机构内部，决策层与基层的层级关系简单化，以便更好地适应数字经济的运营方式。与此同时，管理层应当将决策权交到直接与客户打交道的员工手中，或交给客户。这一策略实现依托网络，这也是管理层获得力量的保证。网络化组织活力建立在网络各个节点交流上。像戴尔公司创造的大规模定制体现了网络组织革命化的经典原则，如同传统工业经济原则是大规模制造。大规模制造呈现"一对多"的特点，大规模定制则强调"一对一"，其服务层次从群体上升到个人。自此，交互式特定服务不再是个别公司提供的高档奢侈品，而成为一种必需品。大规模定制服务以网络为基础，具体方式是建立一个站点，根据客户访问记录为其定制一个界面，每位客户需要的界面是不同的，像采购经理要求界面简洁，但功能齐全，而家庭主妇则需要更加感性的界面。此外，站点定制要求能储存用户个人信息，或许还有特殊产品介绍或打折服务。

像近年西方兴起的数据挖掘技术，便考虑了顾客当下和未来的需求，从而为客户提供人性化服务。数字技术能够保证全面跟踪每一位用户，这就需要围绕客户需求提供产品和服务，这样一来，厂商与客户之间将建立起一种亲切、不断发展的客户关系模式，当这种关系与价值链继承、许可营销联系起来时，就能在原来的市场与顾客间创造一种新型关系，这为数字经济下的企业创造更多财富提供了可能性。

大规模定制也存在一定风险。当提供的产品未能满足客户需求，很可能意味着永远失去了这一客户。对于消费者而言，他们能够完全根据个人喜好选择产品和服务，无需像供应商妥协；对于厂商来说，错误的定制服务会造成损失，原因在于被退回的商品剩余的价值无几。在网络经济下，越来越多的消费者追求"完美"的产品、服务和信息，他们掌握着市场决定权。

有学者认为，在数字经济下，由于供给商与消费者能在网上直接交流信息，信息中介将退出历史舞台。部分中介消失是毋庸置疑的，但考虑到网络信息的无限性和人的注意力的有限性，那些能在复杂市场把握机会的公司仍能以中介的身份生存下来。以亚马逊为例，它本身便是众多图书商与读者之间的中介，并不出版书籍；同时，当读者订购图书后，亚马逊需要作为中介的图书分销商来完成配送服务。尽管公司改变了图书市场部分环节，降低了交易成本，但仍是作为中介获得的。诚然，网络经济降低了批发商、零售商和消费者逛店耗费的时间和搜寻成本，但却无法消除配送这个中介。

### 三、融合战略

在互联网的冲击下，传统经济很多领域都需要重新排列组合。软件与硬件、软件与软件、硬件与硬件的融合便是一种有效方式。

在传统经济中，产品需要在软件或硬件载体中进行选择，若硬件载体没有内容，价值一般不高。好比 CD 机中没有 CD 唱片。而在数字经济中，软件与硬件的界限被打破，一家内容供应商有可能在硬件载体中获得成功，也能通过内容服务获取更高收益。对于一家企业来说，可以充分利用现有优势，从软硬件的融合中获得报酬。现如今，融合在金融、网络和实体产业中延伸，势必创造出新的价值链。

# 第四章　数字化转型体系布局

在数字化大浪潮下,社会各个领域、各个行业都受到相应的冲击,企业的竞争压力与日俱增。在这样的时代背景下,企业想要在激烈市场竞争中站稳脚跟,必须对自身的组织结构和管理方式进行数字化调整,树立互联网思维,促进自身的数字化转型。

## 第一节　我国积极推进数字化转型

在数字化时代下,人们的生产生活方式发生了深刻的变革,企业生产能力有了前所未有的提高,越来越多的国家认识到发展数字经济的重要性。近年来,我国数字化转型进程加快,政府出台了一系列促进企业数字化转型的利好政策,建立起一体化推进机制,营造了良好、有序的转型环境,这对促进我国经济的提质增效,增强我国综合国力有着重要战略意义。

### 一、政府为数字化转型制定政策

数字化转型是政府发展数字经济的必由之路。通过对技术与制度进行创新,改革传统、低效的信息传递方式,对增强政府业务水平、加快行政审批效率、提高服务质量,促进政府职能的完善以及激发政府活力,从而促进地方企业高质量发展有重要意义。

2015年,党的十八届五中全会首次提出"国家大数据战略";2017年,"数字经济"被首次写入《政府工作报告》,随后又多次在今后几年的报告中出现。2020年,政府在工作报告明确提出"要基础出台支持政策,全面推进'互联网+',打造数字经济新优势"目标。

中央政府出台一系列促进数字经济发展有关政策的同时,地方政府也在致力于引导企业的数字化转型。前瞻产业研究院提供的报告显示,截至2020年年底,我国有31个省、市、自治区先后出台60多项促进企业数字化转型的政策,如数字经济发展计划、企业补贴政策等(相关政策出台时间及分布情况见图4-1)。

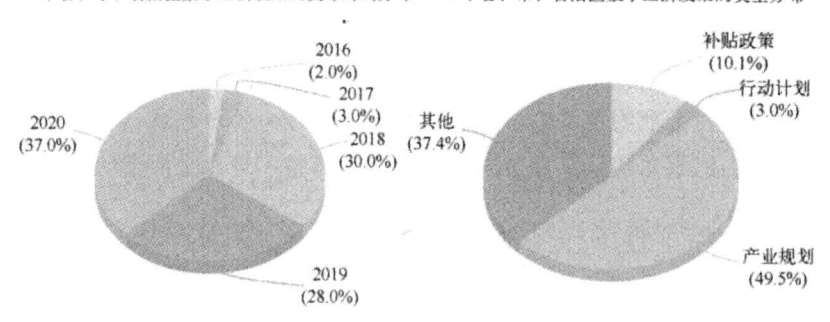

图 4-1  31 个省、市、自治区相关政策出台时间及分布情况

与中央出台的宏观政策相比，各地地方政府制定的政策各有侧重。如数字经济欠发达地区以发展自身作为重心，相对发达地区则将带动周边产业发展作为重心。像上海、浙江、广东等地着手构建数字经济监管框架时，内蒙古、新疆等地仍然以推动数字化基础设施建设为重心。

有关数字化转型政策，降低了企业数字化转型门槛，加快了上下游产业数字化进程，有利于数字化生态和数字化供应结构的形成，对增强企业活力，营造良好数字化建设氛围有积极作用。

## 二、建立一体化推进机制

在建立一体化推进机制方面，山东省胶东五市有着成功经验。2020 年年初，山东出台《山东省人民政府关于加快胶东经济圈一体化发展的指导意见》，以调整区域政策体系，促进胶东五市一体化发展，建立有着完善合作机制、强劲发展活力的都市圈。具体措施如下。

### 1.充分挖掘产业优势

胶东五市产业链、供应链协同发展，加快优势产业集群、区域性服务业中心城市，现代海洋产业聚集区建设工作，推动区域经济提质增效，构建一体化发展机制。

### 2.充分挖掘物流优势

青岛市与其他四座城市一同推动基础设施互联，激发胶东经济圈创新创业活力；加强新型基础设施建设布局，打造一体化交通网络，提升胶东区域核心竞争力。

### 3.充分挖掘开放优势

充分发挥试验区、经济示范区等开放平台的辐射带动作用，构建新型对外开放模式，实现胶东区域经济高质量发展。

### 4.充分挖掘公共资源优势

围绕公共资源的开放共享，制定一系列制定，以便胶东区域内群众充分享受公共资源带来的便利。如青岛市建立胶东经济圈经济联盟，与其他四座城市联合开展营销宣传工作。

随着经济发展、技术进步，作为信息时代的产物——数字经济发展迅速，受到各级政府高度重视。我国多个省、市、自治区正积极建构一体化推进机制，以促进企业的数字化转型。

## 三、新基建与共享经济

在2018年底中央经济工作会议上，"新型基础设施建设"概念被首提出，包括5G基站建设、特高压、城际高速铁路、城市轨道交通、新能源汽车充电桩、大数据中心、人工智能、工业互联网七大领域，涉及诸多产业链。其中，新兴数字化技术应用更是"新基建"的重中之重。

数字化新基建对我国具有重要的战略意义：短期创造更多投资机会；培育共享经济增长点；加速中国数字化转型；推动政府不断完善管理和服务，实现国家治理现代化。

（一）实现传统4G向5G网络转型

新基建促进了通信拓扑架构的完善，促进5G应用的商业化。此前的4G基础网络升级为5G信号基站，实现全国范围内5G网络全覆盖。同时，新基建加快5G与其他网络行业的融合，依托智能终端、物联网等技术，全景视频直播、远程医疗等行业应运而生。

（二）实现传统制造业向智能制造转型

在新基建过程中，人工智能产业规模扩大，传统制造业向网络化、智能化转型。在智能汽车领域，新基建根据新能源标准建构"互联网+充电基础设施"配套体系，发挥产业辐射带动作用。同时，新基建联合科研院所、企事业单位等，打造产教研一体化孵化基地，提高了科研创新能力，增强了核心竞争力，推动传统制造业的转型升级。

（三）实现传统工业信息化向工业互联网转型

在现有的工业化和信息化融合的基础上，新基建能够提高企业电子通信、广电网络覆盖率，促进传统工业与"互联网+"的深度融合。通过打造工业互联网产业园、智能工厂等，构建配套的工业软件体系，推动工业产品全生命周期的现代化制造。

（四）复兴共享经济

目前，我国共享经济发展尚不成熟，仍处于以获取用户数据为主的阶段，类似科技公司主导的租赁商业模式。而真正的共享，企业不仅要具备解决各种数据难题的能力，还需要依托新基建开发更丰富的应用。

新基建有利于降低企业获取人工智能服务的成本，这也让更多新产品、新技术应用于各种场景有了实现的可能。比如，AI探伤技术通过对车辆进行智能探伤，分析车辆受损状况及损伤级别。随着这项技术的普及，共享车辆能够迅速定损，智能连接维修企业，提高车辆流转效率。

新基建加速了无人驾驶技术的落地。依托共享平台，汽车得以真正实现无人、共享。到那时，人们在网络平台下单，汽车将自动上门、自动停车、自动清洁，这不仅降低了取车、还车费用，也减少了企业运营成本。

### 四、为数字化转型营造有利环境

数字经济的迅速发展，促进了企业的数字化转型，为企业发展注入活力，催生一批新产品、新业态、新模式，促使企业融入全球供给体系，拓宽了我国各产业价值链。

企业在数字化转型的过程中，能够实现"提质、降本、增效"。政府应当制定完善的政策并严格落实，加快国家现代化经济体系建设工作，为企业营造良好的转型环境。

政府正加快数字化基础设施与5G网络建设布局，探索各类企业数字化转型的最优路径，通过定期举办现场交流会，推广转型成功企业经验。另外，筛选一批优质服务商，为转型困难企业制定最适合的转型计划。

同时，政府还可以在产业互联网、中台系统等新型数字化产品方面为企业提供指导，遵循转型规律，引导企业对技术团队进行培训，从而降低企业转型成本，调动企业转型积极性。

数字化是时代发展的必然趋势，我国政府为企业数字化转型创造了各种有利条件，提供高质量的服务。对于企业而言，应当抓住机遇、顺势而为，在国家引领下坚持创新驱动道路。

# 第二节　关键领域的数字化转型

数字化转型是企业高质量发展的重要路径。在新一轮科技革命浪潮下，企业唯有不断提升自身供应链能力，建立发展优势，才能掌握发展主动权。尤其是在制造、零售、互联网等关键行业的数字化转型，依托数字化运作体系，对巩固实体经济有重要的意义。

### 一、制造领域致力于智能生产

以奥地利著名滑雪板生产企业Blizzard为例，Blizzard成立至今已有七十多年，在滑雪板生产中享有盛名，但近些年却遭遇发展瓶颈，企业发展速度明显放缓，原因有二。其一，滑雪板生产工艺相对复杂，生产周期较长。其二，用户需求的变化，Blizzard研发了近千种滑雪板，想要全部批量生产是不现实的，如果进行市场调研再实践就无法及时响应市场需求。

为解决这一难题，Blizzard对生产流程进行智能化升级，将自身管理系统与生产系统连接起来，管理人员能实时对生产过程进行把关，了解产品生产状态；在进行生产决策时，能实时调取产品销售信息和库存情况，获取市场调研报告，在此基础上调整生产流程。这一智能生产模式极大提升企业生产效率，巩固了

Blizzard 行业地位。

现如今，人工操作的流水化生产难以满足市场需求，而智能化生产凭借精准、高效等优势能够做到。智能化生产通过代码将生产规模映射给机器，避免了工人因长时间进行机械操作而产生的误差，其大大提高了管理效率。在传统生产模式下，工人需要参与到各个生产环节，管理人员要多方面考虑工人因素。而智能化生产大大降低工人参与度，管理效率自然高。

从长远来看，智能化生产能够大幅降低制造型企业运营成本，凭借最优生产方式和管理模式，减少了资源浪费，降低了原材料采购费用。同时，机械设备的更新换代也大幅减少工人数量，降低人工成本，

当下数字经济之间并不存在壁垒，技术的融合也是相互促进过程。智能化生产为技术融合和提升提供了平台，让更多技术从理论走向实践。大数据、物联网等新兴技术是实现智能化生产的核心引擎，生产的更新换代也推动这些技术的提升。

数字技术的持续发展，让不少制造企业尝试智能化改造，应用智能化生产模式，也很好地，满足市场需求和社会发展要求，推动制造行业的发展，创造更多的经济效益和社会效益。

## 二、零售领域打造快速响应能力

依托数字技术，零售行业也得到长足的发展，并有了新的变化，具体变化内容如下。

（一）信息形式的变化

数字技术的快速发展，动摇图像、图文等传统传播方式地位，催生短视频、直播等影像形式的信息传播。信息形式的变化，让零售行业无法依赖原有方式与用户沟通，为了提升用户的消费体验，必须尝试与用户之间建立一种互动性更强的方式。

（二）交易方式的变化

在消费转型升级时代下，消费者更加重视购物体验，这需要零售企业为用户提供更丰富的增值服务。零售企业的业务基础转变为在线协作能力，营业重点从价格、库存等像在线服务转变。

（三）交易对象的变化

零售企业交易对象从以往的供应链中上游的品牌商和代理经销商转变为广大消费者。零售企业不再仅是品牌商的销售平台，还应当充分考虑用户需求、注重用户消费体验，这是增强核心竞争力的重要手段。

（四）基础设施的变化

传统零售产品一般要经过"进货、销售、积存"三道工序，流通速度较慢，行业需求响应效率不高、成本较高。而依托数字技术，零售企业的业务流程像网络化、智能化转变。但全流程数字化实现依赖硬件设施，这需要零售企业购置完备的数字化基础设施。

（五）消费主体的变化

随着数字技术的成熟和广泛应用，智能手机已经成为人们生活的一部分。消费群体将智能手机作为数据输入、管理终端，传达自身互动需要和消费需求。对此，零售企业也可以研发专属应用程序，作为精准营销推广的平台，为企业创造更多的利润。

上述变化深刻改变着零售行业经营环境，零售企业想要抢占市场先机，掌握发展主动权，必须依托大数据、云计算等信息技术，不断提高自身响应能力、优化销售决策，减少库存积压。

杰和科技的成功之处，在于它将零售系统与基础硬件设施结合，为零售门店数字化转型制定策略。智能零售门店，能够根据消费者以往消费行为绘制产品需求视图，为门店进货提供数据参考，一定程度上减轻了产品库存压力，提高了门店资金利用效率。

一方面，智能零售门店能够满足用户日常需求；另一方面，用户粘黏性增强，复购率提高，为零售行业发展注入活力。

## 三、电子领域提升产品自动化水平

互联网正在深刻改变人们的生活方式，也改变着企业生产模式。在数字化转型浪潮下，电子信息制造业自动化水平得到进一步提高。

《华尔街日报》在描述我国某家电子制造企业时写道，"机械臂出现在这座工厂，意味着随着中国劳动力成本的上升，中国电子产品制造面临的自动化压力越来越大。"对此，企业唯有配置相应自动化基础设施，提高自动化水平，才能在激烈市场竞争中站稳脚跟。

现如今，我国电子信息制造行业已成为世界级电子产品制造中心，"中国制造"的电子产品遍布全球。在电子行业转型升级的过程中，生产厂商对电子产灵活性需求增加，这要求电子行业不断提升制造自动化水平。

迈世腾科技是我国唯一一家同时获得三星集团一级供应商资质与同步研发商资质的企业，在电子信息行业中处于龙头地位。2020年，迈世腾科技为提高生产线自动化水平，斥资千万对生产设备进行研发和改造，在这批生产设备投入使用后，迈世腾科技自动化水平有了长足提升，生产线逐渐形成全自动的生产闭环，拓宽了产品市场，盈利能力进一步提升。

## 四、互联网领域不断夯实技术基础

数字经济的发展，使得前沿数字技术与金融行业融合程度不断加深，互联网金融行业在组织模式、服务供给等方面有了新的变化，探索互联网金融行业数字化转型成为业界共识。

2015年，在"互联网+"大浪潮下，招商银行信用卡中心的徐志刚带领一群志同道合的伙伴，出走银行系统，成立数禾科技，在成立5周年庆典上表示："未来5年，数禾科技将继续走数字化转型道路，以不断提高经营效率……深化数字化转型并非重新造轮子，而应当树立开放观念，从行业高度探索差异化发展道路，凭借先进的技术和系统，提升企业整体运营效能。"

仅用 5 年时间，数禾科技便从十几人小团队发展成近千人的大企业。在这 5 年中，数禾科技致力于夯实技术基础，现如今已经同 30 多家金融机构建立深度合作关系，旗下"还呗"APP 累计注册用户超过六千万，累计交易金额突破千亿元大关。

从零基础到行业领先，数禾科技将多年运营经验与技术基础根据 MOB 模式进行梳理。其中，M 指管理系统，帮助数禾科技实现绩效评价、资源配置等财务工作的数字化转型；O 指运行系统，帮助企业提高资方与用户之间的匹配通过了；B 指商业系统，帮助企业优化资信等标签计算方法。

数禾科技创始人徐志刚认为，"单独模块的数字化赋能是 1.0 版本，已经完成时。深度数字化转型的数禾 2.0 版本，至少有两层内涵：其一，横向增强，强化技术应用；其二，纵向打通，全系统数字化统一、智能化运营。"

数字技术的深入发展，各大互联网企业意识到夯实技术基础的重要性并付诸行动。数禾科技的 MOB 模式大大提升了企业运营中数据使用效率，为企业的资源配置、产品设计、用户延伸等提供数据支撑。同时，还能帮助企业合作伙伴提高合作投入运作质量和合作回报率，以便很好满足市场需求，提高盈利能力，带动全行业的发展。

## 五、特步：数字化时代的全渠道策略

近年来，特步在运动鞋细分领域持续发力，先后收购索康尼、迈乐等品牌，扩大品牌矩阵，打破单一品牌格局。这促使特步不断调整自身业务，如在电商领域进行了货品结构调整、精准营销、布局直播等尝试，结果证明，不少尝试都是成功的。

特步集团官微披露的数据显示，在 2020 年的"6·18"活动中，特步全渠道累计成交额达 2.5 亿元，其中山海、猫和老鼠系列广受欢迎。这喜人的成绩源于特步第三次战略升级。

特步第三次战略升级，更加重视消费者体验，围绕"互联网+""体育+""产品+"等新兴技术，进行技术研发和创新。在这个过程中，特步意识到要实现业务引领，必须对原有的业务流程进行重组。

为解决业务流程重组问题，特步邀请阿里云中间件团队对特步信息系统进行深度调研。阿里云结合特步转型需求，为特步量身定制一套基于原生架构的全渠道业务平台解决方案，将不同渠道通用功能在云端合并，建立全局共享的商品中心、订单中心等。

这样一来，不管哪个渠道调整，信息系统都能根据业务需求迅速响应。全渠道业务平台的建立，帮助特步彻底摆脱了传统信息系统拖后腿的弊端，对全渠道数据加以整合，促进了精准营销，提高了用户体验，让特步实现了真正的数字化转型。

另外，特步加快全渠道平台建设，耗时半年完成交付部署，随后在全国分公司、门店上线，改善了公司营业状况，销售额在稳定增长，促进了公司的可持续发展。

特步的全渠道策略为市场爆发铺平道路。目前，特步业务部门对信息系统认可度不断上升，绝大部分前台应用已经在零售平台运行，促进了技术驱动业务的创新。

# 第三节　企业数字化转型布局

每次科学技术的升级都会为企业带来平等的跨越式发展。一家优秀的企业，往往具备主动转型的意识和能力，能够抓住数字化转型机遇，唯有如此，才能始终在市场竞争中占据主动权。数字化转型布局对企业意义重大，企业可以从沉淀数据开始，创新业务模式，围绕用户需求定制产品和服务。

## 一、从沉淀数据做起

在数字化时代下，经营优势往往掌握在具备整合各种数据能力的企业手中，在企业数字化战略布局过程中，对产品、用户数据的整合、挖掘、分析和预测是当务之急。

从本质来看，数字化转型是对业务流程各个环节重新定义。可以说，企业数字化程度决定着转型起点与核心路径，程度越高，转型的核心路径越短。如，传统企业在业务系统化、在线化、信息化后，将自有数据加以沉淀、整合及数字化处理，实现业务智能化（如图4-2）。

业务系统化 → 业务在线化 → 系统信息化 → 业务数据化 → 业务智能化

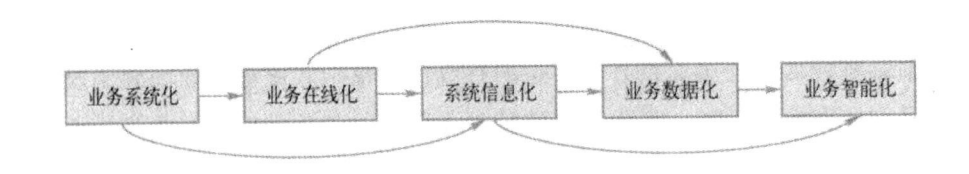

图 4-2　传统企业数字化转型路径

数字技术的成熟和深入应用，让企业对用户行为数据记录越来越详尽。目前，企业能将渠道中用户消费习惯、使用偏好和个性化需求等数据加以搜集、整合。企业对自有数据的沉淀，并根据用户行为偏好进行调整，进而构建一个更精准、更立体的用户行为模型，促进企业数字化转型。

用户行为模式建立后，能够精准了解用户需求，实现产品信息和优惠活动的精准投放，为用户提供个性化服务，进而提高用户转化率和用户活跃度，为企业带来更多忠实客户。

在数字化转型过程中，数据是关键，转型布局应当从沉淀数据做起。对于企业来说，想要提高数字化能力，优化现有的业务流程和运营策略，实现转型升级，完成数据的整合、治理是前提。

## 二、不同企业数字化转型时间

提升数字化能力是各大企业转型升级的主攻方向。现阶段，数字经济已经成为人们生活的一部分，但由于各行业受到的冲击不同，数字化发展程度不一。有的企业已经进入数字化稳定发展阶段，而有的企业尚未开始转型，这将进一步拉大企业之间的发展差距，扩大数字鸿沟。

不管是数字化发源地互联网行业，还是积极进行数字化转型的零售行业，都曾出现过数字化的大规模爆发，但爆发时间有先后，与行业发展阶段并不完全对应。这导致大部分人仅从行业属性、发展规律、数字经济影响程度等方面进行大致预测。如媒体、金融等行业发展较为成熟，受数字经济影响深，最先开始数字化转型；娱乐、零售等行业是第二批，接着是医疗、教育行业。反观建筑、农业等行业，几乎未受数字经济影响，数字化转型企业屈指可数。

那么，不同行业是否存在最佳转型时间。是否应该在同行业大多数企业进行转型时再开始呢？这两个问题的答案是否定的。

事实上，数字化转型类似游泳比赛，先到终点的人为胜利者，转型成功的企业将有更多机会建立变革行业的竞争优势。同样，尚未开始数字化转型的企业应当抓住机遇，根据自身的条件和实力，定制科学的转型方案，加速内部数据沉淀，着手推动转型工作。

## 三、品牌形象数字化加速传播

如今的市场，同质化现象严重，企业想要实现可持续发展，数字化转型是不二选择。在解决同质化问题方面，大部分企业选择的是在包装、外观、价格等方面进行优化，导致许多企业产品形态、用户群、发展目标相似，同质化现象未能得到根治。

破解同质化难题的根本途径，在于企业进行数字化转型，加速形象渗透，打造数字化品牌，这有利于企业在互联网中发现、创造需求，面向全网开展营销。所谓品牌形象，指在竞争中一种产品或服务差异化的含义的联想的集合，即一种能被消费者感知的品牌差异化要素集合。

传统品牌形象传播以纸质媒介为主，如报纸、平面广告等。影视剧让广告"动"了起来，但品牌形象仍然通过平面的企业标志和名称表现。而随着互联网媒介的普及，品牌形象数字化设计有了实现的可能，其包括媒介属性、传播环境、受众心理三大维度。

### （一）媒介属性

数字化时代下，数字媒体成为人们日常生活的一部分，但传统媒体仍然存在。企业在传播品牌形象时，要对色彩和展现方式的要素更高，不仅要有创新，还要保持一致性。

企业需要综合考虑各传播媒介特点，来推广品牌形象。像不少品牌在B站（哔哩哔哩）设置账号，根据B站二次元、动漫、个性化特征打造一个既符合企业形象又符合b站形象的IP。

（二）传播环境

媒介数字化为企业数字化转型营造良好传播环境。在这里，品牌形象应当更多体现多维性、交互性、表现性等。它不仅是简单的平面符号，而是立体的、有声的、有情感的。像英特尔公司的广告将声音作为品牌形象，经过多次重复，消费者现在一听到这声音便能联想到"英特尔"

此外，不少品牌让虚拟代言人在设备中"活"了过来，消费者能在使用产品的过程中与虚拟代言人简单交互，以便感知品牌形象。虚拟代言人与交互技术的结合，让品牌形象宣传贯穿产品售前售后。

（三）受众心理

在数字化传播环境下，受众对品牌的刺激反应更加敏感。当代受众渴望个性表达，独立做出判断，希望与品牌直接沟通。因此，在传播的过程中，品牌形象能够提升受众的体验，鼓励受众主动参与到品牌形象的传播当中，让他们感觉自己是品牌的一部分。

像微博就是品牌形象塑造的重要媒介。品牌在微博中与粉丝互动、回复评论等行为，拉近了与受众的距离，让受众觉得自己被尊重和重视。在交互的过程中，企业应当注意沟通语气，树立积极的品牌形象。

总而言之，数字化转型为品牌形象设计带来机遇，也带来挑战。企业应当密切关注数字化时代最新动态与特点，打造成功的品牌。

## 四、创新消费体验，双向共赢

现如今，消费成为国民经济增长的主要驱动力，但居民消费仍受约束，促进消费市场发展，优化消费者体验是行业亟须解决的时代课题。在传统商业模式下，企业与消费者多是交易关系。随着数字化、智能化技术的广泛应用，催生了一批新产品、新业态和新模式，企业与消费者不再是单纯的交易关系，而是链接与服务关系。

数字化时代下，企业平台化发展，平台经营者通过技术和商业模式创新，通过数字化、全渠道方式与消费者建立起全面链接、双向共赢的关系。比如，零售行业依托数字化技术重构零售通道，帮助本地零售企业全面数字化，直接连接消费者，及时获取消费者反馈，根据消费者意见调整业务流程，不断提升服务水平，为消费者带来良好的体验。

新技术的应用和发展，在提升用户消费体验的同时，保护了消费者的消费安全。如在生鲜领域，数字化让产品实现全程可追溯，实时进行信息跟踪。产品质量得到了保障，消费者也能放心。

在超市购物中，消费者常常投诉标价与实际价格不符的问题，而利用电子价签系统能够有效解决这一问题。数字化标价方式能够及时精准表示产品价格，让消费者心中有数。

促进消费不能忽视任何一个群体。现阶段，我国老龄化问题突出。因此，消费模式在数字化、智能化的过程中，要考虑老年消费群体需求。"适老化"是各大企业数字化转型解亟需的问题。比如吗，一些线上购物平台针对不会打字的老年人群，提供语言检索功能，也降低老年人使用产品门槛。另外，部分平台会邀请老年人作为"买菜体验官"，收集他们的使用反馈，根据老年人的具体需要提供产品。

### 五、Nike 的数字化转型之路

在过去的几年里，Nike 从传统的运动品牌向贩卖运动风尚的高科技服务企业转变，这是 Nike 在数字时代对互联网新兴企业发起的挑战宣言。在企业发展过程中，技术优势固然重要，但视野才是关键，Nike 用互联网的眼光审视自身，最终一跃成为贩卖运动风尚的服务类企业。

近些年，Nike 陆续推出 SNKRS App、同名微信小程序等数字产品，以便直接、高效接触自身的核心用户群，打造数字化生态，并积极推动新零售模式的产生，促进零售模式的数字化转型。最近新推出的 Nike App，很可能成为 Nike 实现数字化转型的核心节点。

在购买衣服、鞋子等服饰的同时，通过 Nike App 浏览 Nike 的相关资讯，定制专属的 Nike By You 服务。不久后，Nike 也会与其他软件进行链接，将旗下多个应用的用户数据全部整合在 Nike App 中。

Nike 走在运动品牌的前沿，就企业的数字转型进行了部署。Nike App 也帮助 Nike 建立了 1 对 1 的深度会员制度，使 Nike 与各类健康服务商建立以便为用户提供更好、更快、更个性化的服务体验。

这种数字战略是 Nike 品牌战略的一部分，它背后的数字运动部门与产品研发、推广营销等重要部门级别相同，具有极高的战略地位。在数字运动部门成立之前，上述项目的运营都是由营销部门中的数字营销团队负责。这种架构调整说充分运动数字化在 Nike 的战略地位。

Nike 将可穿戴的智能硬件与 NikeApp 相连，搭建了新型的营销渠道，可以借助这一平台进行交流和分享使用体验，不仅能够增强品牌忠诚度，还扩大了潜在用户群体。在全国各大市场，近一半用户在购买 Nike 跑鞋后，还有购买其他的产品。

Nike 目标群体是有敏锐市场潮流的用户。这些用户的喜好正发生深刻变化，若是 Nike 无法与之建立符合世界特征的新型连接，则容易被用户抛弃。对此，Nike 迅速开启数字化转型，并通过这一方式与目标用户之间建立起密切的联系，与他们同呼吸、共命运。

尽管这些技术项目的启动都是 Nike 实现数字化起点，企业终极目标在于完成数字化系统与流程建设工作，实现固有资产与数字化文化结合，在此基础上与市场上快速响应的企业进行竞争。

# 第四节　数字化转型配套措施

随着企业数字化转型的推进，一批又一批精通数字技术的人才涌现，他们对把企业的期望期待值更高，除了灵活性，还要有更高的报酬和良好的工作环境，且有尊重个人想法和价值观的引领。这说明，企业领导人员应当合理转变自己行使权力、管理员工的方式，以推动企业的数字化转型。

## 一、愿景、使命、核心价值观

对于企业而言，愿景是理想保护、发展方向；使命是责任，通往愿景的途径；核心价值观是基于共同的愿景和使命，对未来所持思维方式和观念。在数字化转型过程中，重塑企业使命、愿景、核心价值观，企业能够明晰数字化转型蓝图、责任和实施方式，确保转型的顺利。

（一）明晰数字化转型愿景

愿景是企业未来发展目标，指引企业向前。缺少数字化转型愿景，就可能陷入转型的误区。对此，企业有以下两种应对方式。

1. 站在未来看现在

在新一轮科技革命浪潮下，新型数字技术正深刻改变着企业生产方式、管理方式。可以预见，在不远的未来，数字技术将彻底颠覆企业生存环境和运营体系。对此，企业应着眼未来发展形态，制定数字化转型愿景。

2. 立足现在看未来

数字化转型并非一朝一夕就能完成，企业需要在结合自身实际的情况下，根据自身的资源优势，在顺应行业发展趋势和数字化进程中，确定一个相对准确的数字化转型愿景。

（二）确立数字化转型的使命

使命是企业较长时间内需要达到的一种状态。确立企业数字化转型的使命能够形成时间紧迫感，推动企业各部门反思自己的责任和任务，这可以从内外两个视角入手。

1. 内部视角

企业内部数字化转型使命，在于企业依托数字技术解决内部问题，打造独特的数字化管理体系。如将整合的数据作为决策依据等。

2. 外部视角

仔细分析客户、供应商、服务商等在数字化转型中的问题。通过掌握这方面的数字化转型需求，建立起数据互通、开放共享、灵活交互的生态体系，提高管理效率。

（三）树立数字化转型的核心价值观

数字化转型以核心价值观为行动指南，正确的价值观是确立科学转型思路的保障，激励企业积极行动，从而收获积极成果。否则，企业的数字化转型会走向误区，给企业带来难以估量的损失。想要树立正确的数字化转型价值观，具体思路如下。

1. 技术向善

技术并无好坏之分，但技术改造的业务可能对人造成伤害。互联网、大数据、AI技术的广泛应用，高科技产品逐渐成为人们日常生活的一部分。对此，企业应当有高度的社会和道德责任感。

2. 以客户为中心

企业的长远发展，离不开客户的支持，这是企业数字化转型的出发点和落脚点。树立以客户为中心的价值观，让企业关注客户需求和体验，在此基础上落实转型工作。

3. 承担社会责任

企业是社会的一部分。在数字经济时代，企业、社会、客户、公共服务边界逐渐被打破，成为社会活动重要主体。所以，企业在数字化转型的过程中，应当肩负起应有的社会责任，接受社会监督。

## 二、领导力：管理者能够创新

一位优秀的企业家，富有创新意识，敢于打破陈规。对于数字化转型的企业来说，创新能力更加关键。一名优异的管理者，一般具备质疑、观察、试验、建立人脉和联想等能力，这五项技能构成"创新者DNA"。

质疑让管理者突破现状，分析可能性；观察让管理者探索客户、供应商和其他公司的行为细节，构建新的商业模式；试验让管理者不断尝试的新经验，构筑新世界；建立人脉让管理者结识不同的人，获取完全不用的视角。这些新想法的聚合，实现了创新的驱动。

（一）质疑能力

质疑能力，提出问题的能力，一个好的问题能够迸发许多灵感。质疑能力为解决问题提供新的思路，引导管理者发现新的可能性，这往往是创新的突破口所在。

（二）观察能力

对于一家企业的管理者来说，应当善于从多个角度观察事物，对常见的现象仔细审视，提出独特的商业创意。印度企业家拉坦·塔塔在看到一家四口挤在一辆摩托车上，便下定决心"生产全世界最便宜的汽车"。经过多年的研发，他带领团队通过模块化生产方式生产出售价仅2500美元的汽车Nano，颠覆了印度的汽车市场。

（三）试验能力

创新能力强的管理者敢于积极尝试新的想法，有将全世界作为实验室的魄力，通过实践获取真理。

亚马逊创始人贝佐斯将试验作为一项公司制度，他曾说过，"我鼓励员工钻牛角尖，进行试验。若是将流程分散化，能够进行大量低成本试验，这意味着公司将得到更多创新。"

（四）建立人脉的能力

一般的管理者搭建人脉在于获取资源、推销公司；而创新型管理者则会主动结交各领域专家。

RIM创始人迈克尔·拉扎里迪斯发明黑莓手机的灵感源自一次会议的发言人描述为可口可乐设计无线数据系统，以便自动售货机发出补货信号，拉扎里迪斯便想到将无线技术与计算机整合起来。

（五）联想能力

联想能力，指将看似无关的问题关联起来的能力，这是创新者的核心能力。文艺复兴时期，意大利美第奇家族将不同领域的人才聚集在一起，涌现了许多新的创新，这便是所谓的"美第奇效应"。

苹果公司创始人乔布斯便是一位拥有强大联想能力的天才。事实上，iPad便是通过"联想"生产出来的产品。首先是一个大容量随身听iPod，然后加上多点触控技术成为iPod touch，赋予iPod touch通信功能便成为iPhone，将iPod touch变大便成为iPad。

创新思维能力的提升，需要在实践中不断发展和强化。对于企业管理者来说，就是要不断理解、强化"创新者DNA"，努力提升自己的创新能力，进而帮助企业找到正确的转型之路。

# 第五章　数字化转型技术基础

互联网与其他产业的深度融合，为各行各业的发展注入了新的活力，众多传统产业焕发新动力。越来越多的企业依托大数据，AI 技术、云计算、物联网等数字化技术，不断挖掘企业内部沉淀的数据，推动业务场景的发展和业务模式的创新。

## 第一节　数字化转型与大数据

在数字经济迅速发展大背景下，加上政府多项政策的推动，大数据技术迎来发展黄金期。对于企业而言，应当系统进行大数据布局和应用，促进企业业务流程的网络化、智能化，依托大数据平台打破发展瓶颈期。事实证明，大数据技术最终会在各领域沉淀为场景化产品。本节就大数据商业价值、大数据的应用及数据仓库与立体数据模型的应用进行分析。

### 一、大数据商业价值

2016 年，谷歌旗下公司戴维斯·哈萨比斯领衔的团队开发的 AlphaGo 与世界围棋冠军李世石在韩国首尔展开"人机大战"，引起世界各国围棋爱好者及科技行业人士的广泛关注，最终比分是 AlphaGo4-1 大胜名将李世石。这个结果并不令人惊讶。

AlphaGo 的胜利，毫无疑问是神经网络的胜利，这背后体现的是大数据的胜利。AlphaGo 在 3500 万个棋谱中不断学习，有着极强的学习能力，它有大数据的支持，战胜精力有限的人类便不足为奇了。

现如今，大数据时代已然来临，逐渐被应用于社会各行各业。对大数据商业价值进行分析，能够提高数据收集的针对性，精准定位客户需求，为客户提供个性化服务，创造更多的经济和社会价值。

（一）精准划分用户群体

大数据的应用，大幅降低了用户数据分析成本，方便了企业根据用户消费习惯、消费水平对用户群体进行划分，针对不同的群体采取不同服务方式。对用户群体的深层次分析，能够增强用户黏性，提高用户忠诚度的同时，培养潜在的用户群体。

（二）个性化推荐

企业通过大数据收集用户信息后，接着通过智能分析算法为用户提供个性化推荐。像购物软件的商品推荐。音乐软件的歌曲推荐等都应用这一原理。了解用户偏好后，方便企业进行商业化延伸，实现对广告的精准投放，这大大节省了营销成本，提高了投入产出比。

（三）模拟真实环境

有了海量用户数据后，企业通过对产品使用效果、用户需求进行数据化处理，借助数据模拟真实环境，有利于满足用户更深层次的需要。像天津地铁 APP 通过实景模式方式预测站内客流量，为用户提供车站客流热力图，制定出行计划提供依据。

（四）加强部门之间的联系

即便是同一个用户的数据，由于不同部门需要的数据有所差异，分析结果也可能不同。而随着数据共享程度的提高，不仅能提高数据利用效率及挖掘深度，也能增强各部门的联系，提高整个产业链运作效率。

作为一种新型生产要素，用户数据是企业宝贵的经济资产，现在的创新、价值都源于用户数据。如果能抓好大数据的商业价值，则有利于把握时代脉搏，实现传统产业的转型升级。

## 二、企业对大数据的应用

互联网技术的成熟和广泛应用，提升了企业在数据收集、整合、处理、储存等方面的能力，拓宽了大数据应用范围。但是，考虑到企业发展层次各异，相应的科技发展水平存在差距，导致诸多企业面临数据来源不统一，数据互通难以实现，数据安全得不到保障等问题。

想要充分发挥大数据价值，促进企业的数字化转型，推动大数据在企业内部的深层次应用，可以从以下几方面入手。

（一）建立数据共享体系

企业在了解现有数据流通规则的基础上，围绕各部门业务需求，建构更加规范、更为实用的数据流通规则，综合运用大数据技术，增强企业的创新能力。比如，梳理和分析企业各项业务，绘制各部门内部及各部门数据流通情况图，建立健全数据共享体系，打破企业内部数据壁垒。

（二）推进基础设施建设

依托大数据技术数据采集优势，加快重点领域基础设施建设，扩大数据采集范围，提升被采集数据质量。推动大数据中心建设，为行业提供数据支撑，为大数据技术的应用夯实基础。

（三）推进数据共享

企业应当利用好大数据中心的纽带作用，以大数据为中心搭建数据共享平台，建立大数据分级规范，明确各企业之间的责任和权利，实现各种信息数据在企业间的共享。

（四）培育数据人才

在大数据浪潮下，企业正面临前所未有的机遇和挑战，为了实现长远发展，加强相关培训工作，打造一支能力突出、素质高的富有创新意识的团队是有必要的，以更好地应对瞬息万变的市场环境。比如，对在职员工进行技能培训，提高员工数据应用能力。

（五）完善数据安全体系

完善数据安全保障体系是企业应用大数据技术的关键一环，加强数据安全防护，以免信息泄露，给企业带来难以估量的损失。比如，围绕企业业务特点，制定相应的数据安全标准，建立反馈机制和惩罚措施，对数据安全问题进行严格把关，建立健全数据安全体系。另外，加快数据安全防护技术研发工作，确保数据共享的安全性。

从总体上看，大数据的应用，在优化资源配置、提高产品质量、降低生产成本，满足用户个性化需求等方面具有重要意义。企业有必要认识并发挥大数据价值，以此增强企业核心竞争力。

## 三、数据仓库与立体数据模型

通过建立立体的数据模型，搭建数据仓库，便于更好实现数据储存与管理工作，提高企业决策的科学性与可行性。以下是几种典型的数据模型，企业需要根据实际业务状况进行选择。

（一）关系模型

关系模型，指在梳理业务环节之间的关系后建立的模型。这一模型的构建应当从企业角度入手，将企业主体进行抽象化处理，而非将具体业务流程与执行实体的关系抽象化。一般来说，关系模型的适用情况多是企业会对数据的质量存在一致性。

（二）维度模型

维度模型将业务分为事实表与维度表，根据这种结构建构立体的数据模型。通常情况下，维度模型将事实表放在中心位置，维度表围绕在事实表的四周，如图 5-1 所示。

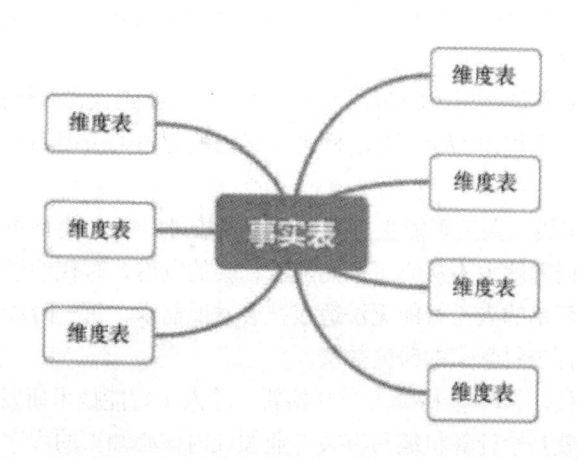

图 5-1　维度模型示意图

维度模型对各个维度都进行了充分预处理，包括整理、统计、排序等。分布部门内的小规模数据往往具有绝对性能优势，原因在于经过预处理后，数据仓库的数据分析能力将提升到一个新的台阶。另外，在维度划分恰当的情形下，维度模型在数据传递效率方面有明显优势，访问效率较高。对此，企业应当充分收集用户反馈，在此基础上对模型结构加以调整。

（三）Data Vault 模型

Data Vault 模型的建构，需要追踪数据来源，这使得每个数据集都会承载数据来源、装载时间等基础属性，以作为计算其他数据的依据。该模型保留了操作型系统的所有数据，且无需验证或清洗。Data Vault 模型适用于构建数据仓库的底层，有利于提升业务场景的复杂程度。

数据仓库与立体数据模型是大数据重要应用方式，建立数据模型是设计数据仓库重要一环，企业需要结合自身发展实际合理选择。

# 第二节 数字化转型与人工智能

大数据、云计算、物联网等新一轮科技革命的开展，为促进人工智能技术升级奠定技术基础。本节介绍人工智能的发展阶段与分类，企业利用人工智能技术实现转型、制定战略等内容。

## 一、人工智能发展阶段与分类

人工智能发展史，可以总结为"一波三折，命运多舛"，其发展轨迹业外人士鲜有知晓。在大部分人眼里，人工智能的"蹿红"是媒体大力宣传的结果，是商业化的产物。实则不然，人工智能的迅速发展，从根本上来看，归结于其自身的内在发展规律。

距今为止，人工智能发展 60 余年，在这段时期，有过辉煌，也有过低估，其发展可谓三起三落。

"人工智能"并不是新出现的名词，早在 20 世纪 50 年代，计算机专家约翰·麦卡锡便在一次会议上提出"人工智能"概念，这也被业内人士视为人工智能正式诞生的标志。

20 世纪 50 年代，人工智能主打方向是逻辑推理，但主要解决的是有关逻辑类问题，生活类问题就力不从心了。而随着社会的发展，时代的进步，事物发展愈发复杂，一些简单的人工智能无法适应社会发展需求。第一阶段人工智能走向没落，但并没有打击科学家的研究热情。

到了八十年代，卡内基·梅隆大学开始新一轮人工智能技术研发，主攻方式是专业知识，具体就是给计算机编写有关专业领域内核心知识的程序，让计算机像专家一样思考。起初，这一尝试十分成功，但不到十年，Apple 和 IBM 公司生产的台式 PC 超越拥有"专业知识"程序的通用计算机，挤占了它们的产品市场。加上人工智能研发成本逐年增加，其发展再次陷入凛冬。

2006年至今则是人工智能发展史的第三个春天，主攻方向是机器学习。而谷歌研发的AlphaGO先后战胜围棋名将李世石、柯洁等人，人工智能迎来新的发展高峰。这一阶段，智能机器自主学习能力大大提高，更具有智能化特征。社会各界，包括政府机构都对人工智能发展予以高度重视，再次将目光聚焦于人工智能的发展。

新世纪是人工智能时代。作为最重要的技术资源，人工智能技术逐渐成为人们生活一部分，极大改善了人们生活方式。"人工智能"提出者麦卡锡将其定义为"创造智能机器的科学和工程"，这个概念随着社会的发展不断延伸，如今已成为计算机科学的一项分支技术，并逐渐将尝试范围延伸到那些高度依赖人类智能的复杂任务。

人工智能发展阶段分为专用型和通用型两个阶段。

专用型人工智能是初级阶段。在这一阶段，人工智能并不具备人类的思考能力，仅仅是用于执行系统内部预设的简单任务。像语音助手Siri、搜索引擎Alexa都属于专用型。事实上，当前全球整体科技水平仍处于初级阶段，基于科技制造出的智能体都是专用型人工智能。

通用型人工智能是高级阶段。这一阶段的人工智能被赋予人类思考和决策能力。当下通用型人工智能尚处于开发阶段，并未出现公开的通用型人工智能实例，但这种状况必然不会持续太久。

有不少科学家认为人工智能那个将继续发展，届时将出现超越人类的超级人工智能，甚至威胁人类的存在。霍金曾说，"人工智能的完全发展可能意味着人类的终结……人类受限于缓慢的生物进化过程，无法参与竞争，最终将被完全的人工智能取代。"

## 二、5G与人工智能结合

随着新一代信息技术的发展，不少技术都逐渐与人工智能结合。像5G技术与人工智能的结合，能够最大限度释放经济价值，二者相辅相成，相互促进，具体从以下几个方面叙述。

（一）5G促进人工智能的发展

5G具有容量大、速度快、延迟低等特点，让智能设备的大规模使用有了实现的可能性。从低延迟来看，延迟指信号从发送到接收的时间，时间越短，对智能设备越有利。比如，一套延迟低的智能医疗设备，可以降低手术风险，从而保障患者生命安全。

（二）5G+人工智能=多样化场景

5G与人工智能的结合，丰富了应用场景。在未来，会洗衣做饭的机器人、准点接送孩子的无人校车可能出现。

依托5G技术，人工智能逐渐被广泛应用于人们各种生活场景。像公园的智能清扫车、图书馆的人工智能流动车等。另外，像矿区、灾区的危险作业，也出现了人工智能的身影。

（三）智能设备的数据处理

国际相关机构 Statista 提供的数据显示，预计 2035 年，智能设备产生的数据量将超过 2100ZB。这么庞大的数据量的处理，需要充分利用 5G 技术。通过 5G，智能设备间的数据传输、处理将更加快捷。

（四）5G 的瓶颈

5G 人工智能有了一定的发展，但也存在一系列问题。一方面，在 5G 中，智能设备基本是相互连接，这导致攻击者很容易造成混乱；另一方面，5G 推出后，智能设备的交易量将大幅增加，但目前去中心化和去中心化的基础设备难以承载这般增幅。

对于 5G 与人工智能的结合，应当从发展和立体的角度思考，以便充分发挥二者价值。另外，在正确架构指引下，边缘计算、虚拟现实等也将发挥作用，深刻改变人们工作和生活。

人类的每一次进步都伴随工业的飞跃式前进，而工业的飞跃式前进则是在新技术推动下产生。人工智能凭借内置数据结构进行自我升级，对促进行业发展，推动人类文明进步有重大意义。

## 三、人工智能在数字化转型的应用

大数据、云计算、物联网等新一轮信息技术的发展和应用，让人工智能进步都有突破性进展。现如今，人工智能已成为数字化转型核心引擎，得到了社会各界极大的重视，被广泛应用与行业各个领域和场景。

（一）零售行业

人工智能涵括机器学习、图像识别、自动推理等技术，便于计算机迅速识别产品信息，以实现产品分拣、装配等环节的生产自动化。另外，人脸识别技术能够帮助零售行业纪录如姓名、购买产品、滞留市场等用户信息，从而提高用户转换率，吸引顾客再次消费。

（二）交通行业

交通行业以物联网为技术基础，利用传感配件、云端系统建构智能交通体系，人工智能分析道路基础情况、车流量等信息，以便智能监控道路情况，既能减轻交通管理人员的工作负担，也能提升道路的通行能力。

（三）教育行业

随着语音识别、文字处理等技术的完善，计算机能自主收集、分析、整合各种信息，越来越多的学校大规模进行计算机阅卷。课外教育机构将纠正发音、在线答疑等工作交由人工智能完成，有效弥补了教师资源分布不均、补习费高昂等问题。与此同时，智能设备的普及化，为学生提供了舒适的学习环境，提高了学习效率。

（四）物流行业

在物流行业中，配送、装卸流程最为繁杂，而人工智能技术能将货物数据进行智能分析，自动生成资源配置最优方案，打造灵活多变的动态运输网络，大幅提升货物的运输效率。

数字技术的成熟和广泛应用，让越来越多企业意识到业务智能化带来的好处，对数字化转型的积极意义。将来，人工智能将与互联网一样融入各行各业，实现各行业服务体系、价值体系的创新，带动整个行业的可持续发展，促进经济的提质增效。

### 四、智能时代下企业战略制定

作为数字技术的产物，人工智能同样汇聚数字技术的综合影响力，在科技领域中的热度居高不下，引领着新时代科技潮流。在智能化时代，企业想要在激烈市场竞争中掌握主动权，为企业的可持续发展注入活力，必须制定科学的人工智能战略，具体如下。

（一）树立创新型思维

企业数字化转型，是一个系统的过程，需要在不断探索中迭代升级。一次成功的科学实验，背后往往是无数次的失败，数字化转型的过程不可能一帆风顺，也会陷入误区，这就需要不断利用最新数据验证猜想。对此，企业管理人员应当树立创新型思维，制定更具有指导性、可操作性的发展目标，制定相应的职能战略。

（二）建立数据团队

人工智能战略的监督和管理工作，需要专业数据团队完成，这就要求团队成员具备卓越的业务、技术或数据分析等才能，具有部署与维护管理系统的技术能力。唯有如此，制定的战略才具有科学性，即便在推进的过程中受阻，也能及时获得专业人员的指导。

（三）建立健全数据生态

人工智能战略的执行，依赖大量数据的支撑。这就需要构建一个健全的、实时获取高质量数据资源的生态程序。这就要在确保数据安全的基础上，通过多层次办法协调数据访问的灵活性，像引入语音、文字、图像等数据源，增强数据管理能力。

（四）制定严格的评判标准

从战略目标要求到开发模型的验证，其中的每一环节都要与数据团队达成一致。原因在于，新建人工智能模型会对传统质量标准产生变革，测试时的数据对生产实践并无指导作用，这就需要根据最新数据及时更新评判标准，确保评判的准确性。

（五）建立QA与交付模型

部署完成后，接下来就是将人工智能模式应用于信息技术实践，并持续进行迭代与调整。在这一过程，难以根据传统战略模式制定迭代计划，也难以精准预测数据更新间隔。因此，需要建立相应的质量保证和交付模型，遵循初始模型的开发方式，持续对人工智能进行维护。

总而言之，企业的数字化转型，需要充分利用人工智能技术，不断提高核心竞争力，从而抢占市场先机。

# 第三节 数字化转型与云计算

企业想要在激烈市场竞争中掌握主动权，自我革新是不二选择。云计算技术为企业提供灵活的数据资产，降低了企业运营成本，拓宽了业务范围，增加了营业收入，有利于缩短企业产品研发周期，转变业务模式，为企业数字化转型创造有利条件。

## 一、云计算有广阔发展空间

从本质上看，云计算是分布式计算，依托网络将庞大数据处理程序拆解成若干小程序，再将小程序分析结果反馈给用户。其技术核心在于虚拟化，与传统的虚拟化相比，二者在可扩展性、灵活性、灾难恢复、成本等多个方面存在明显的差别。

作为数字化转型基础技术之一，云计算在保持业务相关性的同时，提高了企业运营效率，业务量得到大幅增加。此外，云计算能够高效执行测试流程，保障企业内部数据的安全性，规避系统故障带来的损失，发展前景广阔。整体来看，云计算的发展表现在以下方面。

1. 互联网数据中心是云计算最基础应用方式之一

在数字经济大浪潮下，我国数据存量成井喷式增长。由于该业务利润十分透明，越来越多企业致力于数据中心建设。现阶段，像上海、深圳等发达地区数据中心市场趋于饱和，而像市郊、西部城区等电力成本相对较低的地区，仍存在广阔的市场。

2. 公有云格局基本定格

阿里巴巴、腾讯等互联网龙头企业对云计算的深入挖掘，逐渐形成公有云格局，但各行业的具体需求有所不同。像七牛云等企业为员工提供"行业云"服务的企业都呈现良好发展态势。针对不同行业提供计算能力、安全、流量等云计算服务，也是一个不错的机会。

3. 传统企业在数字化转型过程中往往要寻求外部的技术支持

出于数字化程度较低，传统企业往往会需求外部技术支持，但严格保密的数据并不能使用公有云进行计算或储存。此时，混合云和公有云便能满足企业需求。然而，各大互联网龙头企业还在致力于公有云市场的挖掘，导致私有云和混合云市场存在较大空白。

4. 打造提供企业服务的 PaaS 平台和 SaaS 平台

PaaS 平台和 SaaS 平台通过利用容器、服务器管理技术解决企业需求。而随着数据量井喷式增长，数据安全管理性值得被重视。将被动防御升级为主动防御，则利润的进一步增长有了更多的机会。

5. 大量行为数据被储存在云端

随着互联网技术的发展，个人与企业的行为储存为非结构化数据。数字时代下，筛选有效数据，对其进行分析整合也是重要发展方向。比如，通过行为数据预测流感暴发时间或企业发展黄金时段。

企业的数字化转型，要求打破传统运营模式，在业务、产品、服务等方面进行全面创新，有利于增强企业核心竞争力，以便在激烈市场竞争中立于不败之地。总之，云计算技术能够促使企业转型升级，引导企业业务模式的革新。在未来，将有更多企业业务在云端进行，云计算发展空间十分广阔。

## 二、数字化时代的业务必须上云

所谓企业的业务上云，指企业通过云计算技术实现自身业务与社会资源的链接。上云后的企业利用网络获取资源，大幅降低了企业运营成本，提高了运营效率。业务上云的常见类型如图 5-2 所示。

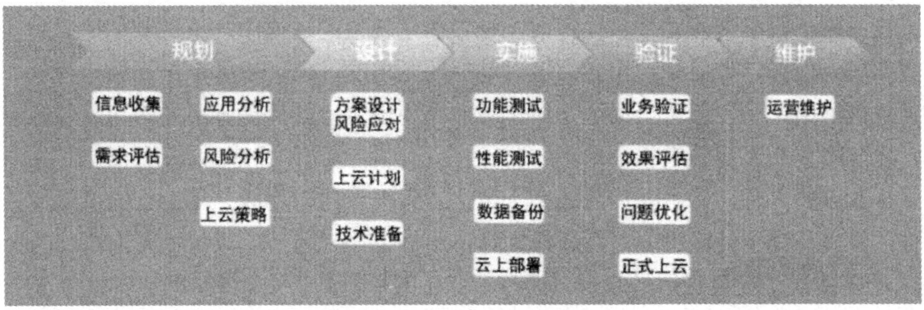

图 5-2　常见的上云类型

目前，大部分传统企业业务管理系统都未成功上云。但业务上云是企业实现数字化转型的不二选择，政府出台的一系列相关政策、网络化的数据平台和数字化转型核心驱动力云计算技术，都促使企业的业务上云。

（一）政府发布相关产业政策

2020年，国家发改委与中央网信办共同发布《关于推进"上云用数赋智"行动培育新经济发展实施方案》的通知，其中有多条有关"上云"的财税优惠政策，有利于发挥数字技术赋能作用。

（二）数据平台的逐渐互联网化

传统企业管理系统多用于增强企业管控能力或扩大信息获取渠道，各部门系统相互独立，彼此的数据并不共享。而现代企业管理系统更加强调用户体验，围绕用户个性化需求提供数字产品。

在新型管理系统下，企业将数据平台及前端用户案例互联网化，将遗留系统的硬件上传云端，以降低运行成本，提高管理效率。这是因为云计算承载被视为这类数据平台的先天特性。

### （三）云计算是数字化转型的核心驱动力

相比于传统技术，云计算具有多项数字技术特征，在数据处理能力、迭代升级速度、计算机性能优化等方面有着明显的优势。不少软件上为提高产品性能，将云计算作为产品主要技术架构，这能让企业将资本性开销转变为运营性开销，增强财务弹性，优化资本结构。

数字技术在带给我们便利的同时，随之而来的数据安全风险愈演愈烈，而储存数据多处于共享状态，云计算天然拥有风险防范机制。企业实现业务上云后，数据的安全性大大提高。

## 三、华为云入驻良品铺子一体化平台

良品铺子是一家集食品研发、加工、零售等服务于一体的零食品牌。2020年2月24日，良品铺子成功登陆A股，是我国首个实现A股上市的新零售企业，也是A股历史上首家"云上市"企业。截至2021年12月底，良品铺子开设线下门店2700家，线上渠道入口近百个，入选"新春零食礼包礼盒品牌线上发展排行榜单top10"。

良品铺子很早便开始数字化探索，在数字化转型的过程中，不可避免地遇到一些问题，例如，如何处理重大促销活动期间激增的订单，确保系统平稳运行；如何打破网络壁垒，打造全渠道一体化智能零售平台；如何提升市场对新品包容度，以应对复杂多变的零售市场。

华为云的入驻，标志着良品铺子一体化零售平台建构完成。华为云的扩展灵活性，让良品铺子能轻松应对百万级别订单交付工作。另外，以华为云为基础的PaaS服务实现了业务代码的复制，提升了良品铺子新品研发效率，将之前的3天缩短至3个小时。

良品铺子的"成功上云"，不仅能自如应对上述难题，还能精准定位市场需求，为用户带来极致的购物体验。良品铺子之所以选择华为云，看重的是华为云以客户为中心的服务理念和对客户需求快速响应和解决的能力。将SAP系统部署在华为云，能较好地满足未来业务快速发展的需要。

事实上，数字化转型并非一件容易的事。良品铺子一体化零售平台建构工作的轻松完成，很大部分在于获得了华为云的技术支持，这也算一条捷径。企业选择合适的云计算服务商，完成业务数据迁移后，在此基础上铺设数字化营销渠道，实现数字化转型。

# 第四节　数字化转型与物联网

放眼全球，不管是IBM早期提及的"智慧地球"，还是思科倡导的"万物互联"，实际上都是物联网的表现形式之一。随着社会的发展，物联网与人们日常生活愈发密切，像智能锁、蓝牙手环等。物联网是未来发展一大趋势，将深刻改变人们生产生活方式。

## 一、万物互联

约翰·奈斯比特在《大趋势》书中记录的大部分预言得到了《金融时报》的证实。对于这一结果，其本人表示："大家以为我预知的是未来，实则只不过是将现状记录下来，我这二十年所写的都是发生过的事情，所分析的是哪些事会长久影响社会。"

互联网技术成熟和广泛应用，物联网应运而生，万物互联的发展图景正在生成当中。依托互联网技术，信息传递成本大幅降低，人与人、人与物、物与物之间能够自由进行连接，万物互联似乎已经成为现实。

但事实上，一切才刚刚开始。首届世界互联网大会，软银集团创始人孙正义描绘了这么一幅未来蓝图："所有的事物通过物联网得以联系起来……到了2040年，所有的人和物都将通过移动设备联系起来，所有的数据储存在云终端，容量大且处理速度快。"这一蓝图无疑是具有吸引力的。事实也证明，互联网正以一个不可思议的速度朝着万物互联发展。届时，人们之间的联系更加密切，连接方式更加多元。

从人类生活角度看，万物互联促使了生活的智能化，同时激发着人们的想象力和创造力。人们在享受高品质生活时，也能做更好的决策。从企业角度看，万物互联能为企业提供更多有价值的信息，实现低成本的运营，为用户带来极致的体验。

在描绘万物互联市场前景时，思科曾在一篇报告中表示，预计到2023年，万物互联在全球范围下创造的价值高达19万亿美元；但目前尚未实现互联的实物高达99.4%，其还有很长一段路要走。

## 二、物联网平台的作用

物联网，即物物相连的互联网，依托射频识别、无线数据通信等技术，实现实物与互联网的连接。其中吗，射频识别能够让任何物品发起"交流沟通"，在电子标签储存着不少实用的信息；无线数据通信网络则将这些信息自动采集到中央信息系统进行识别，并实现交换和共享。

如今，物联网与先进制造技术的深度融合，在工业生产中应用广泛。比如，物联网技术接入车载智能系统，帮助汽车判断路况，进行自动驾驶；接入可穿戴设备，应用于医疗行业，将使用者身体状况实时上传至中心系统；接入温室大棚，对农作物生长情况实时监测，并进行智能浇水、施肥。

利用物联网技术，将人、事物、数据、流程进行整合，从而变革行业运行方式。在物联网助力下，经济活动个体完全对等，且各个节点能维护体系的稳定，不需要设置中心化的高权节点，这促进了全球化的经济共和，为世界各国经济发展带来前所未有的机遇。

经济共和为所有人提供平等经济权利。在依托物联网技术下的经济运行方式中，每一位个体的权利由预先设定好的共识机制或经签署的智能合约决定，促进了经济全球化，其具有以下意义。

1. 打破地域界限

经济共和不具有地缘性特征，不受地域限制。物联网技术让全球各地的人享有平等的经济权利。

2. 经济活动的频次多

不管是人力资本与资金资本的交换，还是资金资本与实物财富的交换，都属于经济活动表现形式范畴。人们为了生存和发展下去，必然从事各种经济活动，这些经济活动在万物互联下将更加频繁。

3. 经济运行效率更高

预先签署的智能合约，根据所有者意愿进行经济活动，能够全面提高经济运行的效率。

一个全球化、流动性的时代已然来临，物联网技术的出现，将革新人类创作经济活动方式，能够促进资源的优化配置，推动全球化的经济共和，这是万物互联最大优势所在。

### 三、基于传感器的物联网支付方案

物付宝是物联网实际应用的典型，它依托互联网和传感器技术，为用户提供一种从人到机器或从机器到机器的支付方案，让用户能够实时接入物联网设备，大幅提升支付速度。

物联网之父凯文·艾什顿认为，"物联网的价值不在数据采集，而在数据的共享。"物付宝在此基础上挖掘出物联网的真正价值——传感器数据。物付宝眼光之远可见一斑。

互联网时代下的海量的数据，使得采集和整理有效数据的难度递增，数据并没有被较好地利用起来，发挥不出应有的作用。在这样的背景下，能够进行数据共享和交易的全球数据市场很有必要，越来越多的企业致力于打造低成本、铺设便捷的传感器网络体系。那么既然数据由传感器提供，获取数据时能否将费用直接付给传感器呢？物付宝做到了这一点。

物付宝整合全球物联网数据，在此基础上建立一个去中心化支付系统，一经推出便广受好评。同时，物付宝还建立了一个物联网数据交易市场，以保障用户支付安全，提升了数据传输效率。

在万物互联时代，物付宝能够借助任意传感器进行数据交易，所有的设备都能通过传感器与互联网连接起来。比如，气象站通过传感器实时监测空气质量，将空气质量数据销售给有需要的主体。

现如今，物付宝整合力相关企业，试图制定一个与实际相符的产业标准，促进了物联网支付方案的优化，效果不错。

# 第五节 数字化转型与区块链

作为一项备受关注的前沿技术，区块链是对密码学原理、分布式储存、共识机制等基础互联网信息技术的整合，大大提高了用户价值交换效率。在数字经济大浪潮下，区块链的应用更加广泛，在推进企业数字化转型过程中有着积极的意义。

## 一、区块链的本质是分布式账本

当比特币在去中心化机构中运营和管理过程中，其运行保持稳定、无误的根本原因，在于区块链技术的保障。

区块链本质是"分布式账本"，具有成本低、过程高效透明、无中介参与、数据安全性高等特征。与TCP/IP等底层技术类似，随着社会的发展，区块链将被应用于更多的行业。在任意一个需求领域中，有了区块链技术，就意味着有技术变革的可能性。

对于一本账本而言，必须有唯一确定性内容，否则就没有参考意义，这使得记账成为一种中心化行为。在信息化时代下，中心化记账方式设计生活方方面面，但它也不可避免存在一定缺陷——一旦中心被篡改或被损害，将造成整个系统的瘫痪。如果说账本系统承载着整个货币体系，将面临中心控制者滥发货币导致通货膨胀的风险。

中心控制者的能力、参与者对中心控制者的信任、相应的监管法律和手段对中心化记账方式有着重要影响。那么，是否存在一种不依赖中心及第三方却依然可靠的记账系统呢？答案是肯定的。

从设计记账系统角度看，设计出的记账系统应当让所有参与方平等拥有记账和保存账本的能力，但各参与者接收的信息不同，所记录的财务数据也不同。数据一致是记账系统的根本要求，这也是其参考价值所在。

比特币开发者兼创始人中本聪（真实身份未知）构造的区块链系统，完美克服这一难题。信息时代下接入记账系统的每一台计算机都被视作一个节点，区块链根据各个节点，在算力竞赛中的表现为其分配记账权。比如，在比特币系统中，算力竞赛每十分钟进行一次，胜利者获得一次记账权利，即向区块链写入一个新区块的权利。这造成的结果就是，只有竞争的胜利者才能记账。记账完成后，区块链同其他节点进行信息同步，产生新的区块。

算力竞争如同买彩票，算力高的节点相当于一次购买多张彩票，只会相应提高中奖概率，并不一定中奖。奖品便是比特币，而奖励的过程则是比特币发行过程。根据中本聪的设想，每一轮竞争胜利并完成记账的节点，都会得到系统给予的一定数量的比特币奖励。而想要获得奖励，节点就需要不停计算。这一设计将货币发行与竞争记账机制完美结合起来，在引入竞争的同时也有效解决了去中心化货币系统发行的难题。

去中心化的记账系统能承载各种价值形式，还能记录诸如股权、版权等能用数字定义的资产。这表明，区块链相当于一个更复杂的交易逻辑，被广泛应用于各个领域。

## 二、借区块链打造信任

在互联网时代下，全世界人们的联系愈发密切，但也造成了一系列信任危机。另外，现存第三方中介组织的技术架构都是私密且中心化的，该模式无法从根本上解决互信及价值转移问题。而区块链技术能够通过去中心化数据库建构数据交互的信任体系，完美解决了这一问题。

事实上，区块链的真正价值不在于比特币，而是在信息不对称、未知环境下打造一个完善的信任生态体系。

计算机科学家莱斯利·兰伯特曾根据现实问题，提出"拜占庭将军问题"，即将军们如何在仅依靠信使传递信息且信使中有叛徒的情况下，制定出统一的进攻计划。

比如，现在有5名将军，每位将军提议的进攻时间未必相同，信使中的叛徒可能会同意多位将军的提议，导致信息处理成本大幅增加。

而引入区块链概念，这一问题便迎刃而解。区块链会引入"工作量证明"概念，在单位时间内，只有第一位完成规定"工作量"的将军才能发起进攻提议，每位将军在对上一位将军提议进行表决后，发表自己的提议，这就会大幅提升叛徒传递虚假信息的成本，从而建立相对完善的信任体系。

在现实应用中，区块链是多台计算机连接形成的共享网络，具有公开性、安全性和唯一性特点。使用者能查看节点上全部信息记录，但只能修改自己的节点。就算区块链部分阶段数据损害，但只有还存在一个节点保留相关数据，这些数据在重新建立连接后会同步给其他节点。

区块链技术打破了传统交互模式。现在的数据存储不再依赖中心节点，各节点间的交互也会形成交互记录，从而形成了一种"无须信任"的信任体系，那些因信任问题产生的难题就不复存在了。

## 三、区块链与供应链的"碰撞"

区块链技术最早被应用于金融领域，随着技术的成熟，逐渐与其他领域相融合，并与供应链之间产生"碰撞"。将区块链技术应用于供应链管理当中，能有效解决现存问题，衍生出供应链领域新模式。

传统供应链包含若干个环节，每一环节都会产生大量数据，产品生产商、经销商、零售商只能掌握其中一部分数据。一旦产品出现问题，是很难确定问题的症结源于哪一环节。另外，由于大部门产品没有流通数据标记，想要召回问题产品，耗费的时间和成本较多，对企业发展是不利的。

而在供应链管理采用区块链技术，上述问题便不复存在。区块链技术能采集、挖掘、分析、存储相关数据，以加强对供应链检测力度，便于实时监测各个环节，以最短的时间、最低的成本召回问题产品。

盒马鲜生是阿里巴巴旗下新零售平台，其中"日日鲜"系列的各种食品采用全程动态化追踪。扫描食品上的二维码，能够获取食品生产基地的照片，获得食品生产流程、生产商信用资质、食品检验报告等信息。

盒马鲜生采用二维码追溯、无线采集工具、共享工作流、区块链等技术确保食品安全，让消费的买得放心、吃得安心。目前，该平台已经实现食品供应链检测与区块链技术的整合，建立起一个可持续运营的食品安全管控体系，供应环节实现实时监控。

利用区块链技术，能够获取实时、精准行业透明度，降低行业风险，大大增加了相关企业的利润。

# 第六章　数字化转型行动路径

目前，企业面对的发展问题从是否进行数字化转型转变为如何在数字技术帮助下实现进一步发展。相当一部门企业依托数字技术为例，但不打分戏曲缺乏战争的行动路线，有无从下手之感。

对此，需要重新规划数字化转型行动路线图，结合自身的技术优势，加速企业数字化展发展程度。

## 第一节　数字化转型的必要性

数字化转型是时代发展潮流，不可逆转，对人类社会生产生活将产生深刻的影响。现阶段，我国正积极推动各项产业迈向数字化、智能化，企业数字化转型势不可挡。

### 一、供需共享差异化，消费持续升级

中国经济信息社联合螺洲老窖股份有限公司编制的《中国轻奢消费趋势指数》报告显示，随着我国居民可支配收入的增加，互联网技术的发展，我国消费呈现升级趋势，轻奢消费趋势上升明显，逐渐被更多消费者认可，具体表现在消费理念和消费行为方面。

1. 消费理念

消费者对产品品质和环保有了更高的要求，更加青睐健康、绿色、高品质产品。同时，消费者对有较强精神属性的产品产生需求，重视身心健康、家庭幸福感和娱乐享受。针对这一新型消费理念，各品牌商更追求提升产品服务，推出会员定制及小娱乐产品。

2. 消费行为

消费者更倾向于与高生活质量直接有关的产品，如汽车、家装、保健品等中高端产品需求，这类需求上升趋势明显。从人群分布看，30～45岁中等收入人群对轻奢产品的需求更旺盛，更重视个人健康、休闲享受、科技生活等，愿意为"品质""健康"买单。

消费者需求的新变化，倒逼企业产品向定制化、高质量方向发展，消费结构的升级提供了众多新机遇。由此可见，企业数字化转型关键，在于创造持续价值，与用户建立深层联系。

## 二、生态环境保护成为当务之急

作为新兴产品，我国环保产业仍存在不少问题，如环境治理技术存在壁垒、环境治理数字化能力弱、资源利用效率不高。部分企业鼠目寸光，为了攫取眼前利益，违反法律规定，偷排污染物质。而传统监管手段在治理这些问题时治标不治本。

此外，我国环保产业有着相对完善的基础设备，但彼此间的数据共享程度有待提高，不同企业间网络系统需要进一步打通。并且企业往往需要投入不菲的资金进行环境的保护和治理。对此，企业之间应当深化合作，推动数据系统的升级，不断增强自身的环保数字化能力。

工业互联网与生态环境保护的深度融合，有效弥补生态环境治理技术的缺陷，比如，大规模应用PM2.5云监测分析雾霾成因。在物联网的助力下，采集大气监测数据，利用云计算智能算法对大气污染源进行分析，为制定防治大气污染措施提供科学依据。

在污染防治、监测监控等领域应用大数据、5G、人工智能等信息技术，构建生态环境数字化管理体系。如打造区域生态环境信息数据库，实现不同地区的互通互联；打造环保产业互联网平台、大数据中心、环境监测与研发中心等新基建，提高环境治理的科学性。

充分发挥工业互联网特征，最大限度提高资源利用效率。如工业互联网的智能性能够为管理者实时提供环境资源消耗报告，优化环境资源管理；虚拟性帮助环保产业及产品去物质化，实现低消耗高产出；共享性则能变革环保产业及产品供需方式，提高商品和服务使用率。

## 三、思维转变：开放共享是主旋律

数字化时代下，开放共享是显著特征。在以往，传统企业的竞争是此消彼长的，占据的市场资源并不均衡。而数字时代能够为企业的合作伙伴、客户、消费者提供一个信息共享平台，让产业链上下游保持同步，促进协同发展，个体享有的机遇是平等的。

在开放共享的信息时代下，企业发展空间得到前所未有的扩大。在工业时代，竞争重点是谁能更好满足客户需求；数字化时代强调为客户创造需求，比的是企业与谁合作为客户带来更多价值。

以往经济企业的三个问题是：（1）想做什么（初心和梦想）；（2）能做什么（资源和能力）；（3）可做什么（产业条件）。数字化时代经营企业的三个问题含义有了新的变化：（1）想做什么（自我新定义）；（2）能做什么（与谁合作，链接何种资源）；（3）可做什么（资源如何跨界）。

企业的数字化转型，首先要调整战略，树立合作思维，尽可能链接更多资源，不断将"蛋糕"做大，以获取更多利润。

## 第二节 战略规划数字化转型

企业的升级转型，更多地依赖企业思维和速度，而不能仅仅依赖互联网技术。数字化转型也是如此，企业的数字化转型，应当结合自身实际，在此基础上制定科学的数字化战略。

### 一、制定企业数字化战略

在制定数字化战略之前，企业应当将三至五年内的战略规划加以梳理，明确战略执行具体步骤。以Z银行制定的数字化战略为例，其战略愿景及其具体实施路径，见表6-1。

**表6-1 Z银行数字化战略**

| 战略愿景 | 深度用户经营 | 丰富产品服务 | 推动产能提升 | 加速渠道转型 |
|---|---|---|---|---|
| 发展目标 | ·有效用户数<br>新客转化率提升20%<br>老客流失率降低20%<br>·价值用户数（>1000元）<br>·金卡以上用户数（>5万人）<br>·单客产品数 | ·AuM（资产管理规模）<br>·存款付息率<br>·贷款收益率提升30%<br>·信用卡发卡量增加10万张 | ·零售存款业务规模<br>·零售存款业务收入提升200%<br>·营销带动收入<br>·销售团队人均产能提升20% | ·线上用户覆盖率<br>新用户覆盖率<br>全量用户覆盖率<br>·用户端活跃用户比例<br>·移动收单带动零售存款业务增长<br>·客服中心营收入提升10% |
| 战略路径 | ·新客获取<br>批量获客<br>推荐计划<br>·新客转化.<br>新客营销活动体系<br>新客专属产品包<br>·存量用户提升<br>用户分层经营<br>战略客群经营<br>·流失用户挽回<br>流失用户定向优惠<br>大数据流失预警 | ·丰富负债产品<br>丰富创新存款产品<br>定期存款差异化定价<br>依托财富管理提升资金沉淀<br>·跨越式发展零售资产业务，提升资产业务收益率<br>丰富小微产品体系，深化用户经营<br>个人业务发展综合消费类信贷<br>·做大中收业务规模<br>做强财富管理加速扩张信用卡<br>差异化费率定价 | ·精细化、专业化<br>销售管理体系<br>军事化目标管理<br>自动化过程管理<br>精细化团队管理<br>·搭建营销体系，创新营销方式<br>打造营销管理体系<br>大数据用例驱动营销 | ·线下渠道优化<br>推进网点轻型化转型<br>渠道画像<br>渠道赋能<br>·线上渠道创新<br>迭代升级线上渠道，全面提升用户体验<br>用户服务中心职能转型<br>·线上线下一体化经营<br>线上精准定位高潜力用户<br>线下网点引流至线上虚拟店 |

1. 明确战略愿景

企业依托高速发展的数字化技术,调整现有的商业模式。在此之前,企业需要明确战略愿景,包括提升运营效率、增强客户黏性等方面,在此基础上细化发展目标和执行路径。

数据仓库、企业上云、万物互联等都是数字化变革的产物,但它们并未改变整个行业性质,只是改变了企业经营方式。传统企业以人工经营为主,数字化企业则能选择效果远超以往的商业模式。

2. 拆分战略目标

梳理完企业战略愿景后,接下来就是将愿景拆解为若干环节目标。比如,零售企业在制定下一阶段销售目标前,应当对本阶段销售情况复盘,围绕市场趋势、供应商变动等因素,再以月份、季度、部门为单位进行细分,在此基础上吗,明确各个阶段的销售目标。

3. 细化战略路径

将整体战略愿景划分为若干阶段性目标后,接着对目标实施路径、执行团队进行分析,以确保工作推进过程中的顺利。另外,综合考量团队员工结构及个人能力,使得实施路径更具有可操作性。

在战略推进过程中,企业利用数字技术能够促进现有业务模式的优化,通过数据仓库、企业上云等扩大业务规模,满足用户的深层次需求,制定科学有效的运营方案。

## 二、抓住数字化转型时机

如何进行数字化转型是多数企业在思考的课题。转型的过程中有诸多考虑因素,且实施成本较高,很多企业因为这点畏缩不前,不敢迈出第一步。事实上,企业数字化转型时间越早,可尝试的路径越多。这可以用剪刀差理论和马太效应加以论述。

1. 剪刀差理论

企业的数字化转型并非一朝一夕就能完成,且周期较长。在转型初期,数字化成本会高于人力成本,随着时间的推移,经过某个"拐点"后,数字化成本逐渐低于人力成本,企业数字化能力大幅增强,这就是所谓的"剪刀差理论"(见图6-1)。

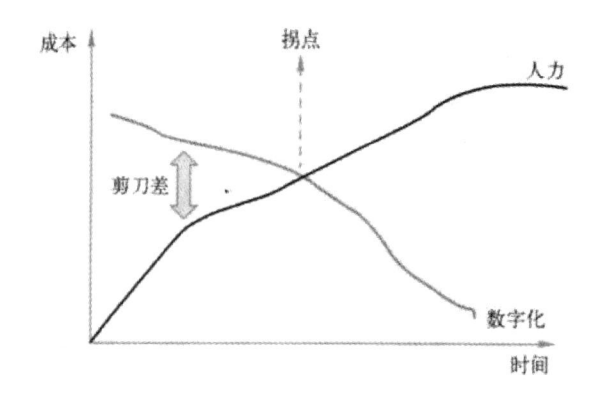

图 6-1　剪刀差理论

由此可见，企业数字化转型越早越好，唯有如此，企业才能更快享受数字化带来的好处。像苏宁的"数智管理云"便是在长达三十年的管理经验中，总结和探索出来的成果。

2. 马太效应

马太效应，反映一种强者愈强，弱者愈弱的现象。数字化时代下，数据与资本、技术等生产要素同等重要。数据规模优势将随着企业规模的扩大而愈发明显。如果企业早期便重视数据和采用数字化技术，其后期的数字化转型之路将会畅通无阻。

### 三、"从上到下"与"从点到面"一把抓

数字化转型并非一件易事，实践起来有相当的难度。当下很多企业在数字化转型过程中都或多或少存在能力不足、方式不对、体系不健全等问题。实际上，数字化转型是从上到下的一把手工程，也是从点到面的突破和革新，需要统筹起来综合考虑。

"从上到下"，说的是数字化转型不只是信息技术部门的事，而是企业各部门的联动工作。除技术应用，企业应当挖掘和培养数字化人才，树立新的思维理念，利用数据驱动运营。

"从点到面"指数字化转型应当有节奏地落地，先寻找突破点，实现技术突破，再将技术运用于各种业务场景（线）当中，最后建构系统的数字化运行体系（面）。

像华为全球技术服务部历时三年完成数字化转型，进行了一次数字化全球技术支持（Digital GTS）变革。首先，对业务痛点进行技术创新；其次，通过平台打通孤立系统；最后，通过统一的数智平台，链接多个业务场景，进行更大范围的智能化。

华为凭借统一的数字平台，在运营上率先数字化。现如今，华为正将自己在数字化转型的技术和经验对外输出，让运营商也实现数字化运营，从而促进整个行业协同发展。

**四、一味模仿互联网企业是不可取的**

部分企业热衷于投资新技术，在他们看来，只要升级硬件、更新系统就能迅速获得回报。但事实却是大部分企业无法依赖新技术来提升经营水平，其原因有二：其一，变革是一个循序渐进的过程，不能急于求成；其二，多数企业缺乏对数字化转型的思考，实践多毫无头绪。

管理者应当认识到，数字化转型不应是让企业锦上添花的项目。转型不能局限于某个部门，而应当是整个企业的公司，要贯穿整个组织和智职能，体现在战略、运营等各个环节。而大部分企业选择一味模仿互联网企业，试图从中寻找数字化转型的捷径。

这种忽视自身业务痛点的方式，往往会适得其反。盲目将资金用于互联网企业模式的改造中，直接影响主营业务的研发。

例如，某运动品牌一味开发电商平台，在多个线上渠道投入资金，希望实现销量逆转。但它忽视了自身主营业务存在的问题——品牌定位模糊、库存管理不善、产品缺乏新意。这就可能导致企业线上线下渠道混乱，大批分销商流失，迟早陷入绝境。

传统企业的数字化转型，并不意味着抛弃主营业务，一味跟风，需要从多层次角度考虑，在借助数字化技术升级已有业务的同时，增强投资能力，创造新业务，为企业发展注入活力。

对于传统重资产企业来说，应当往"轻"的方向走，比如投资价值更高的软件、设计和服务。与此同时，利用大数据、云计算等手段提高运营效率，促进资源优化配置，实现可持续发展。

像施耐德电气利用互联技术和物联网平台推出的智能化解决方案，既降低了成本，提高了生产效率，又进一步满足了医疗、乳制品等行业客户的用电需求，创造了更多价值。

**五、中国石化打造功能众多的易派客**

中国石化推出的电商平台易派客上线后，颠覆了传统物资装备部门职责定位，提高了采购部门服务标准，为企业型用户提供了更优质的服务，同时增加了利润，带动了经济发展。

易派客拓宽了中国石化现有服务领域，创造新的价值，这一定程度有利于挖掘和利用中国石化现有数据资产，实现数据资产的市场化。

易派客，是中国石化响应数字化时代新要求，从供应链需求与管理角度出发，以产业链为基础，在现有电子化采购系统基础上打造出来的一家电商平台。不仅提供采购、销售、金融等综合性服务，还为中国石化下属企业实现增效降本、保供提质。易派客建立在三大核心原则上。

（一）优中选精

在选品方面，易派客致力于成为全球最大工业品推荐平台，以各关联方的服务指数评价体系为依托,在世界范围下甄选最优工业品资源。目前,易派客从3万家供应商与上百万种工业品中,挑选出信誉好、技术强、服务优的126家供应商与近两千种工业品,品质有保障。

(二)互利共赢

在服务方面,易派客致力于打造全球最大工业品服务支持平台,全面扩展增值服务,推出实现贸易环节全覆盖的多项业务,性价比高,提供全流程、全方位、全天候的服务支持平台。这样一来,交易成本能够控制在一个合理范围下,交易的安全也有了保证。

(三)融通供需

在交易方面,易派客致力于打造全球最大工业品贸易平台,利用好中国石化拥有遍布世界各地的专业贸易团队优势,做用户的服务管家,为国际买家和供应商提供双向定制服务,满足各主体深层次的贸易需求,让供需双方各取所需,实现互利共赢。

在数字化大浪潮下,数字技术与社会经济的融合程度不断加深。在国家战略支撑下,数字技术与实体产业融合速度加快,新型电商业态正逐渐创造出新的经济增长点。

## 第三节　生态创新助力数字化转型

智能生态能帮助企业建立数字化转型优势,顺应数字时代发展趋势,是各个行业必须面对的时代课题。企业数字化转型,能通过打造开放平台的方式与合作伙伴共建新型业态来实现。

### 一、适合新时代的智能生态

近年来,企业想方设法提升自己的创新能力和智能化水平,提升核心竞争力。企业依托成熟的数字技术,进行技术创新,随着数字化企业日益增多,一种顺应新时代的智能生态逐渐形成。

智能生态能为企业创造更多利润。利用智能生态,企业能迅速学习各种前沿知识,还能借鉴其他企业实践经验,从而有效避免犯同类型的经营错误,规避风险。同时,智能生态让企业对自己有一个明确定位,降低了转型耗费的成本和时间。

智能生态的形成,并非一朝一夕就能完成的,也不是单靠一个行业就能实现的,它要求各行各业多角度、全方位进行协作。这样一来,就能在相对较短的时间内形成智能生态,实现共赢。

华商数据想方设法帮助中小企业乘上新时代列车,加快了智能生态的形成。我国企业绝大部分都是中小型,种类繁多,在数字化转型过程中有着截然不同的需求。华商数据通过对企业管理系统、销售平台、生产方案等业务模块加以整合,帮助企业进行内部管理，通过数据交互提高了企业各部门之间的协作能力，促使企业生态化发展。

依托数字技术，华商数据针对中小企业需求开发企业管理系统——华商云服，其产业生态图见图6-2。

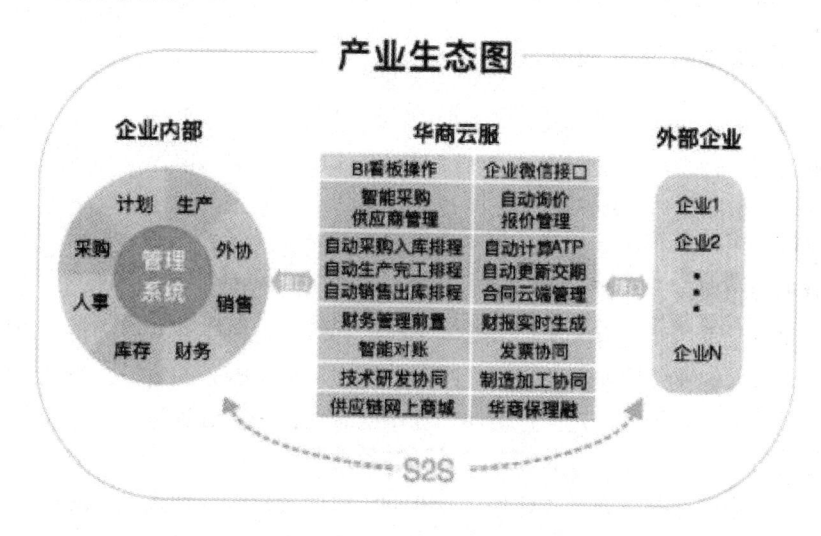

图6-2 华商云服产业生态图

华商云服系统集合生产、销售、财务、采购等诸多需求，冲破企业内外部壁垒，在解决中小企业技术落后、等待周期长、效果不明显等问题有积极作用，推动企业构建新型智能生态。

企业成功建立智能生态后，将会诞生一位经验丰富的引领者，帮助企业规避数字化转型中可能遇到的问题，推动企业管理水平的科学化、规范化，促进企业的可持续发展。

## 二、与合作伙伴共建生态

如果企业数字化转型速度过快，有可能导致业绩增长后继乏力，此时引入战略合作伙伴是有必要的，应当充分利用各种优势资源，共建智能生态，规避经营风险，推动合作双方的数字化转型。

轻住集团自成立以来在全国200多个城市建立3000多家酒店，是一家依靠科技驱动打造的数字化SaaS服务平台，集团创始人赵楠表示："集团与战略伙伴的合作不仅是一门生意，轻住集团将通过自身的品牌和运营优势与合作伙伴携手并进，共同发展。"

2021年，轻住集团先后与雷神科技、携住科技等多家企业达成战略伙伴关系，旨在为用户提供极致的智能化服务体验。合作将不同调性的品牌进行链接，拓宽了企业增值渠道，也让用户有了更多的选择空间。

引入战略伙伴后，轻住集团的运营管理水平有了明显提升，盈利水平大幅增长。随着合作的深化，轻住集团将充分发挥合作优势，携手合作方共同实现可持续发展。

合作伙伴在前方开路，让轻住集团以一个夸张的速度进行市场扩张，数字化转型程度进一步加深。由此可见，在企业数字化转型过程中，合作伙伴是一大助力，与合作伙伴共建智能生态能够带来更大的发展前景。

### 三、美年大健康打造开放平台

美年大健康是中国最大的大健康数据中心和最大流量入口平台。日前，该企业与阿里云展开合作，共建云计算平台，就健康体检、医学影像等核心数据展开了合作应用。借助阿里云顶尖的互联网技术，美年大健康旗下的企业数字化、智能化水平进一步提升。在未来，随着合作的深入，双方将联合打造最大的健康大数据开放平台和健康生态圈。

数字化时代下，政府有关医疗政策的出台，为医疗健康产业发展提供了前所未有的机遇。而健康体检和行业是整个产业的入口，肩负振兴的重担。用最低的成本创造最大的数据价值，是医疗健康产业中的企业提升核心竞争力，增加盈利能力的突破口。

美年大健康以专业、高品质体检广受欢迎，以健康检查为切入点，就疾病预防、健康保障等方面提供服务，以形成相对稳定的生态型商业闭环，通过健康大数据与互联网技术的融合，打造"健康银行"。

云战略是企业发展到一定程度的必然趋势。美年大健康在优势在于提供精准、连续、可靠的大健康数据，因此数据的挖掘和精细化管理成为美年大健康战略规划的关键一环，制定云战略是进一步发展的重点。

美年大健康围绕云平台的规划、建设、运维长远规划，通过打造全面、可扩展的影响云平台，同时加入人工智能技术辅助诊断功能，以满足影像业务需求。目前，美年大健康有多家门店成功接入影像云平台，这大大减轻了医生负担，节省大量医疗资源。同时，美年大健康采用流行病调查、健康白皮书等方式，将积累的医疗资源反哺社会，一定程度上弥补了我国公共医疗资源不足，推动我国公共卫生事业的发展。

随着合作的深化，美年大健康搭建的开放型数据平台转变为远程疾病防控中心。依托人工智能、云计算等数字技术，美年大健康完成了医学影像、生物信息等领域的战略规范，增强了产业生态系统的循环能力。

# 第四节　数字化能力的提升

随着发展的深入，资本市场潜在风险不断暴露，企业运行正面临巨大挑战。在这样的背景下，企业应当不断提高自身数字化水平，贯彻稳健经营发展理念，制定科学风险管控策略，把握好长期效益与短期收益之间的关系，促进可持续发展。

## 一、企业数字化能力的衡量

企业数字化转型是一个动态过程，此时需要评估企业当下转型程度，为下一阶段的转型做好准备。根据企业在数据获取、表达、储存等方面的能力，企业数字化能力分为 5 个等级，详见表 6-2。

表 6-2 数字化能力衡量模型

| 等级 | 数字化战略定位 | 数据化核心要素 ||||| 组织架构 |
|---|---|---|---|---|---|---|---|
| | | 获取 | 表达 | 存储 | 传输 | 交付 | |
| 1级 | 无数字化战略问题驱动或业务驱动意识，以解决组织内部协同问题为主 | 无数据获取意识，以解决机器替代人工问题为主 | 数据维度单一 | 关系型数据为主 | ETL批量数据同步 | 主流程自动化，定制报表 | 无独立数据部门，多在运维部设置DBA相关岗位 |
| 2级 | 数字化决策支持，通过数据支持管理人员决策 | 关注业务环节的数据收集 | 数据维度逐渐丰富 | 面向主体的数据库 | 实时数据接口 | 数字化决策、数据在线报表 | 设置数据分析师岗位，可能存在独立数据部门 |
| 3级 | 一切业务数据化、一切数据服务化 | 跨界数据应用、数据资产化 | 全领域数据融合，数据维度更丰富 | 大数据平台 | 批流结合 | 基于数据的量化运营 | 设置独立数据部门，开设数据分析师、算法工程师等职位 |
| 4级 | 数字化平台 | 数据与业务互通，数据快速增加 | 数据维度更完善 | 基于云的数据平台 | 一体化数据服务体系 | 数据平台化、智能化、自动化 | 设置数据管理有关岗位，设立独立数据资产运营部 |
| 5级 | 数字化开放生态 | 通过生态场景洞察和验证用户服务需求 | 基于数据的自主服务 | 基于云和边缘计算的数据平台 | 低延时云边协同 | 数据自驱动 | 设置首席增长官相关岗位，统一管理市场、数据和战略 |

企业数字化转型程度的加深，意味着互联网深入到管理的各个环节，数据驱动式业务体系将形成，企业运作效率大幅度提升。

衡量是管理的前提。了解数字化能力衡量指标，能够明确数字化建设中的重难点，在此基础上制定科学转型方案，进一步提高企业数字化转型水平，实现可持续发展。

## 二、数字化能力层次

从大型企业信息化发展现状看，结合企业组织结构、运营模式和业务特点，企业数字化能力分为赋能、优化、转型三个层次（图6-3）。下面以中国石化为例，详细介绍这三个层次。

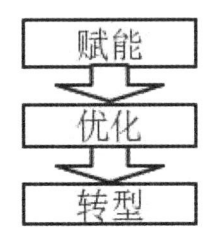

图 6-3　数字化能力层次

（一）赋能

第一个层次是对传统业务流程进行数字化赋能。中国石化搭建 ERP、智能管道、资金集中等数字化系统，优化管理模式，增强了业务管控能力，提升了运营效率。像智能管道系统让中国石化精准掌控 3 万余千米管道，全方位提升了集团巡检效率、防盗能力和指挥能力。在赋能层次，企业的业务流程、设备装置都逐渐数字化，这对企业数据计算能力有较高要求。赋能层次的企业业务将更加标准，组织架构更透明，各方面能力都有一个提升。

（二）优化

到了优化层次，企业能够利用大数据优化业务流程，降低运营成本，增强企业核心竞争力。中国石化通过数字技术构建炼化项目的优化系统，能根据供应商技术特点制定最佳原油采购方案，最大限度提高收益。此外，中国石化在炼化装置增加过程控制系统，以实现对生产的精准控制，提高投入产出比。优化层次的企业实现了数据资产化，能将数据积淀成数字资产，充分发挥数据的价值，推动业务流程的优化。

（三）转型

转型层次包括企业商业模式与运营模式的变革。在销售模式方面，在"石化e贸"正式上线后，中国石化传统的销售渠道转变为新型的平台销售。在运营模式方面，中国石化利用摄像头识别人员滞留情况，使巡检模式从定时巡检变为发现问题再巡检。

总的来看，赋能与优化层次的内核是对现有业务的优化和改造，转型层次则是跨越现有业务与领域，创造全新商业模式。这三个层次是层层递进的，也是相互交叠的，企业可以分步进行，也可以同步进行。到达转型层次后，企业便能与其他合作伙伴交换资源，进行业务合作。

### 三、打造数字化转型团队

数字化转型需要企业各部门之间的协作，是企业自上而下推动的结果。在转型的过程中，企业文化、团队规模、业务类型、行业趋势等都会对企业管理产生影响。数字化转型的实现，离不开一支优秀的转型团队，团队的打造可以从以下几个方面入手。

（一）董事会在数字化转型中的角色

数字经济的深入，推动着各行各业的发展，对企业的影响日益加深。如今，越来越多企业借助数字技术对自身产品和服务创新，以追求更高的经济效益，实现转型升级。而企业的数字化转型依赖企业组织结构的调整，其中董事会发挥重要作用。

一般来说，董事会采取梳理转型方案、设立监督组织、聘请数字化人才等措施来促进业务数据的整合、分析和利用，提升企业业务管理水平，以加快企业数字化转型进程。

1. 梳理转型方案

在企业组织架构中，董事会处于顶端，主要职责是制定企业战略。但企业数字化转型还要求企业持续跟进转型过程，根据执行情况调整转型方向。对此，董事会需要对转型整体方案加以树立，结合行业发展趋势和自身业务特点，明确转型战略目标和阶段目标。

2. 设立监督组织

考虑到不间断跟进转型过程耗费的时间和精力巨大，董事会可以设立专门的监督组织，以便实时了解转型过程及效果，为之后的战略制定提供参考。值得注意的是，董事会并不直接参与数字化转型的具体工作，而是从宏观上制定转型方案。这就需要选拔具有相当业务能力和调控能力的人才作为执行团队成员，以确保转型具体工作的落实。

3. 聘请数字化人才

数字化转型在引起传统行业业务和管理模式变革的同时，还冲击着董事会的组织架构。为了应对转型过程中的各种挑战，董事会需要聘请数字化人才，提高决策的科学性和可行性。培养和引入具有数字化建设经验的人才，有利于优化传统组织结构，构建有利于数字化业务执行的体系，由内而外地实现企业的数字化转型。

在数字计划转型过程中，董事会应结合企业业务特征明确转型目标，利用数字技术来实现业务水平的提高和产品的优化，借鉴行业领先者的成功转型经验，充分挖掘数字化转型的价值。

（二）CEO 促进数字化转型

现如今，越来越多企业追求数字化转型。在转型的过程中，不仅董事会发挥重要作用，企业的 CEO 也扮演重要角色，他能搭建数字化转型领导组织方式，以协调各方资源，从而加快转型进程。

在搭建的过程中，还要梳理团队职能。同时，CEO 不仅需要考虑企业战略规划，还有项目预算成本。现有的技术水平及当前经营模式，推动着数字化转型的进程。

搭建好数字化领导组织后，CEO 需要选择各项业务的核心负责人，共同搭建数字化组织架构，解决转型过程中遇到的各种困难。比如，与业务和技术相比，数据复杂性更高，核心负责人应当对此制定具体解决方案。

搭建数字化领导组织，深化了各部门之间的合作与交流，形成了一个信息共享和资源协作的平台，加快了转型进程。

（三）打造数字化人才库

数字化时代下，原本依靠人力解决的工作，有相应机器设备来完成，这表明企业对普通劳动力需求越来越小，更青睐综合素质高的人才。现如今，企业之间的竞争实际上也是人才软实力的竞争。对此，企业需要致力于打造数字化人才队伍，推动数字化的科学布局。具体措施如下（图 6-4）。

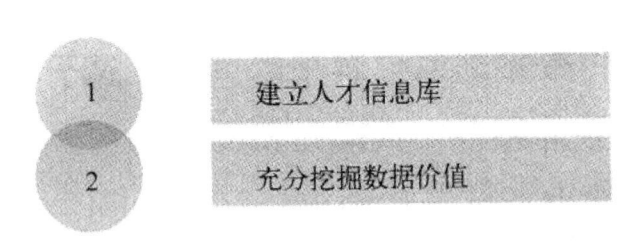

图 6-4　打造数字化人才库方法

1. 建立人才信息库

建立人才信息库，管理企业现有人才和储备人才，同时沉淀企业外部优质储备人才，为企业数字化转型奠定人才基础。

在建立人才信息库的过程中，对企业内外部简历资源进行整理，利用大数据、人工智能技术对简历进行分拣、解析，绘制所需岗位和人才画像，实现人才与岗位的最佳适配，筛选出与企业发展战略最适合的岗位候选人。人才信息库的构建，应当结合企业业务特点和实际情况探索。

2. 充分挖掘数据价值

信息时代下，企业应当充分利用大数据技术，挖掘人力资源数据价值，分析企业所需要的人才类型，提高人力决策的科学性。

在建立人才信息库的基础上，构建人才管理系统，并自动生成可视化图表，如团队绩效、招聘效能、招聘结果分析报告（图 6-5）等。

图 6-5　招聘结果分析报告

　　生成的可视化图表，能够帮助管理人员直观了解招聘指标间的关联性和发展趋势，提高储备人才质量。

　　数据在数字时代的地位愈发突出。打造数字化人才库是任何一个行业的关键环节，这对全方位推进企业数字化进程有积极的意义。

# 第七章 企业组织设计与市场营销的数字化转型

经济全球化趋势使得各国人民之间的联系变得更加紧密，尤其是数字经济发展带动下消费关系的变革。企业组织的商业环境跟随时局逐渐形成了与消费者强联系的用户思维。与此同时，借助数字经济时代的转型，市场营销管理模式开始进行长远规划，通过创新市场营销管理模式抓住企业组织设计数字化转型的机遇。本章内容将对企业组织设计数字化转型进行简要阐述。

## 第一节 数字经济时代下企业组织设计的数字化转型

### 一、企业营销设计在时局转变中的新要求

近年来，经济飞速发展的大时局刷新了企业营销环境的面貌，企业营销需要对组织资源结构优化配置问题进行创新设计。彼得道盖尔等学者划定了当前经济发展的营销环境变化十大走向，同时认为这一划定在某种程度上将对当前企业市场营销管理形成关键性影响。这些发展趋势主要表现以下五个方面。

（一）市场微型化

在市场经济发展形式中，人们消费能力和收入水平跟随经济发展进步向着更高阶层的提升，市场消费人群不再止步于对产品数量和产品质量的满足，他们开始向个性差异化的消费进行转变。因此，对于整个市场营销布局来说，原来整体单一化的产品供给模式将受到淘汰，市场目标的零差异性策略也将失效，产品的细分化布局对一定程度上对企业收益效果发挥也不明显。

（二）流行化

伴随市场供给产品的多样化以及消费者收入能力的提升，市场环境面临着产品供需不平衡的难题。消费者口味转变更加关注于产品流行程度，关注产品的时新性，对于传统市场忠实品牌的消费欲望有所削弱。因此，在企业组织活动中就出现了将产品打造成抽象概念以满足符合当代消费者心理的营销现象，这种供给方式在某种程度上能为企业带来一时的红利，但放在变幻无穷的消费市场局势中，这一举措显然不是长久之计。

（三）预期上升

在市场竞争中，企业与企业之间形成了不断提升产品质量和服务质量的良性循环过程，消费群体在企业间良性循环中享受了高品质的产品服务，在消费质量不断变化过程中，消费者对企业提供的产品形成了严格的选择标准。企业在市场服务的运行中变得愈加艰难，造成这一现象的因素并不是企业在提供产品和服务

的过程中削弱了运行标准，而是在市场竞争中，无法跟进同行企业产品和质量服务快速提升的效率以及促进产品售后服务效率和消费预期的误差所致。

（四）竞争加剧

各企业间伴随科技实力增强和市场信息高效更新已开启愈加激烈的竞争赛道，产品信息的公开透明化，削弱了企业行业间市场竞争的壁垒，企业产品在市场竞争赛道上更加畅通无阻。就此形式，企业在开展行业竞争时表现得具有艰难性，激烈的市场竞争在某种程度上降低了企业利润率。目前来看，企业在开启高效运行模式发展时一项重要工作任务，就是在增强产品主要业务的基础上与所关联上下游企业形成互通互惠的合作关系。

（五）商品大众化

庞大而复杂的市场环境促使企业商品个性化路线极易受到同行产品的模仿竞争，尤其是营利性产品能快速地在这种市场竞争中从个性化跌为普遍化，企业运行策略受到这种高效模仿竞争因素的影响，致使企业在进行新产品市场研发时对挖掘新顾客的难度加大，因此，企业展开了以消费者为核心基础之上稳定忠实客户源，在提升自我产品价值服务的同时挖掘潜在新客户，以高品质服务与目标客户建立长久稳定的合作关系。除此之外，市场激烈竞争中的产品日趋普遍化现象，使得企业发展模式不仅仅局限于投入高成本追求技术上的突破还更加侧重产品的微小变化和拓展，企业需在短暂的流行市场契机中找到尽快推广企业产品的方法。另一方面，在技术优化、经济全球化、以个性化服务优势的软性化、因制造商品牌作用的降低面出现的品牌"风化"及政治经济和社会变化带来新的制约等一系列营销环境变化的新趋势，企业的运行模式和市场战略布局在大环境的因素中发生变化。

这是因为某种程度上企业的运行效益是必须依靠整体市场营销环境的，面对市场新环境变化的挑战，大部分企业在组织运行中需要对战略方向进行多方面、多次数的整合重组，以实现以下两个目标。

第一，企业高利润的获取要通过创造个性化产品满足消费者主动消费。

第二，企业内部运行需发挥各部门协调机制，让全体部门营销工作运行树立以消费者为核心标准而进行创新性营销计划的改进。

## 二、数字经济时代营销组织设计的原则

巨大的市场竞争压力使得企业成长和转型变得逐渐艰难，就当前市场经济形势来看，要做到企业创新模式的转变和效益引擎的发展必须从企业营销这一环节着手。同时经济全球化的格局驱使企业面临更加复杂化的营销场域、资源产品市场分配、组织内部与消费者外部关系的关系处理。营销时代实现了从传统手工、低效、直觉、零星化向智能化、全时化、模板化、个体化的数据驱动的跨越。比如内容营销、顾客决策旅程、顾客体验管理、消费者画像、畸渠道接触点管理、预测营销、顾客身份管理等。面对营销时代的转型，企业组织在一定程度上需要面对营销流程的更新和大体量数据的剧增。总体来说，以上的营销时代变化在某

种程度上都对营销变革造成了影响，营销组织设计需在结合环境变化的前提下遵循以下原则。

（一）敏捷灵活

近五年来，跟随社交网络与新媒体技术的进步发展，商业营销模式开始走向实时化营销，企业与顾客在便利性网络中形成多渠道的即时沟通，在新兴营销模式中企业需迅速对营销接触界面和营销大量内容进行创新性布局。同时面对企业数字营销转型还要迫切思考怎样破除固有组织边界的"客户互动"和"内容营销"。

1. 集中

企业营销内容获取是在不同部门的共同协调工作下完成的，因此集中营销内容所涉及的内容范围涵盖较为广泛，根据不同部门的内容获取（产品、研发品牌、设计等）、内容规划、多媒体技术形态、内容制作等，完成企业营销内容制作的完整流程。某种意义上来讲，这种内容中心设计与媒体出版公司流程相似。

2. 分布

数字媒体在处理决策发行流程时往往采用地域分布多样性的手段，将决策销售的工作任务交给各个地区的采购部门。数字媒体的渠道分布地域的多样性将形成较强的本土化趋势，因此在进行发行推广时不宜采取集中化措施，而是根据地域特点进行分工合作达到协调共赢。例如宝洁公司案例，他们把媒体渠道购买工作分配给采购部，采购部又将具备行业经验的人员分成一个工作小组进行任务制定。

与此同时，为应对数字营销实时化数据更新的难题，大部分企业逐渐开始向混合型组织模式转型。如联合利华、GE、红牛等企业。

（二）流程优化

数字经济时代让企业对产品销售环节的把控有了更严谨化的要求，企业要找到在整个市场定位中客户群体的需求新动向，以此进行制定相关的营销策划。

这里再通过某全球性LED照明企业销售案例进行举证分析，过去绝大多数市场对LED照明产品都比较倾向于节能的板块供给，主要的目标客户群是各行业企业和建筑商。该企业则对LED节能照明的营销推广多采用地区分配的方式，通过各地区代理商将产品推销给客户人群，而制造商公司则安排直销团队对标大客户和复杂工程，但近年来这一完美的产品营销分配工序在数字经济的冲击下迎来了挑战。具体表现在：过去企业客户群体只是被动性接收制造产品带来的研发成果，而现在的客户群却能清晰地了解自己需要什么，甚至已经有了自己预想的产品成果，这就意味着，制造商对客户的干预影响在降低，且价格竞争升温。

在这一真实案例中，企业制造商面对这一预期征兆启动了一个关于客户如何购买LED的市场研究，这个过程包括制造商团体深入客户群的研讨、实地考察等活动。由此，回归近年来照明产品的供需现象，当前的LED照明产品已经不再局限于节能作用，还需要在此基础上改进出灯光效果设计和灯光氛围营造等。对此，制造商采取了以下几个解决措施。

第一，产品研发专业技术人员加入产品研讨过程，观察产品研发是否具备市场竞争优势，为产品和技术提出指导性建议，将技术和产品最大限度进行融合设计。

第二，品牌制造商有针对性地对LED艺术设计和品牌营销效果进行组织研究，通过发表LED艺术设计、品牌形象等一系列白皮书，通过品牌引流的方式将白皮书推广给用户同时获取资源客户的名片。

第三，制造商开启分配讨论组谈话活动，并邀请相关设计师协作设计出不同灯光效果模型。

第四，对于产生兴趣的目标客户群，企业组织在进行营销活动时有耐心地宣传产品，并对这一推广过程做出整理分析。

第五，对产品"效果、使用、经济、效果"进行组合归纳形成白皮书，将系列白皮书打包给不同的目标人群。

第六，销售流程的把控，尽可能抓住展示组织策划方案和产品价格预估的机会。

通过LED案例举证，我们大概领悟到在当下复杂的市场竞争环境中，企业面对的不仅仅只是同行竞争，还有与目标客户群需求的竞争，而多样性的变化趋势在给予企业压力的同时也让企业找到营销新契机。营销组织需要着重关注以下三大关键性营销流程。

1. 客户洞察流程

企业组织部门要想得到最全面性的客户信息资源，就需要开拓客户洞察这一流程。深入客户洞察流程研究就是整合目标群体的角色、心理活动及购买行为和收集营销战略和营销活动的信息。而这一流程的规划在某种程度上需要企业进行部门和职能的协作调整，要求各部门之间发挥最大优势进行能力资源的优化配置，部门人员之间还需具有较高水平的数据分析能力。与传统的获取客户信息渠道相比，当前企业在客户信息数据的获取渠道和方式上有了多样性的转变，其中包括移动客户端、线上电子商务平台、社交媒体等。客户数据分析获取形式的多样化涌现对企业内部营销人员来说又是一个全新的能力挑战，企业组织需要指派专业性的数据分析营销人员。具有前瞻意识的企业已经根据客户洞察流程的趋势设立了专业的商业数据分析团队。由此可以看出，企业要发挥客户洞察流程的环节优势需要遵循两个重要性的前提条件。

条件一，新技能，企业内部需要组织一个具备数据工程和商业智能分析的团队。

条件二，新营销组织结构，必须打破部门和职能设置，无缝地分享和整合多层次数据及信息。

2. 客户沉浸流程

客户沉浸流程主要是在客户洞察流程之上通过对客户信息的观察和分析建立品牌忠实客户群。在品牌沉浸式的决策和体验中，顾客能够获取到极大的参与度和满足感。这一流程制定首先是唤醒顾客的需求意识，进一步完成对产品的比较、体验和分享的过程。其次就是企业通过客户洞察流程观察客户习惯和兴趣开展个性化的营销战略。比如内容营销、人员营销、线上线下促销、市场活动等，这些营销活动的目的包括以下两方面。

第一，帮助客户找准自身对产品的需求定位，实现高效的决策流程。

第二，企业鼓励采用多形式的营销活动吸引客户进入产品研发和购买流程并致力打造忠实客户群。

企业要实现以上两个目的总体来说需关注组织部门之间的分工协作，通过采取加强各部门沟通协调机制和创新内部绩效考核监督等措施。

3. 关键客户管理流程

企业营销对关键客户流程的拓展，主要是对忠实客户的服务，为建立高品质的供求关系和效益对关键客户制定个性化的营销管理流程。企业要做到产品服务的差异化最首要的出发点就是在选择企业最佳客户的基础上对不同级别客户进行资源和渠道针对性地分配管理。企业要在营销市场中获取效益，需要担起识别产品商机、分析客户价值、平衡供需关系等任务。在这一流程中，企业对客户进行高效分级之后，将对负责各个级别的负责人通过线上和线下形式进行个人资源和信息的集中，再借助社交媒体的优势针对不同负责人分配差异性的营销内容。这些内容的展示既可以是线上的电子视频演示、电子邮箱等也可以是线下组织活动和研讨会。它们将借助营销自动化分发平台传递给各个负责人，同时做好后续的内容反馈和产品售后工作。

以上的各个流程对企业获取高效益成就具有重要意义，当然这些流程的运转最关键的是非营销部门的参与研讨。由此来看，企业要规划新营销组织时，必须做到以下几点。

（1）分清CMO所扮演的战略角色，划定CMO的管理界限。

（2）创新组织汇报流程体系。

（3）建立各部门的协同领导组织，如流程委员会。

（4）对员工绩效考核进行优化改革，以产品市场客户的满意程度和销售绩效作为工资重要组成部分。

（三）绩效最优

大数据和社交媒体的驱动转变了企业营销活动的中心，由成本向利润的中心转移，在一定程度上拓展了企业营销视野。随着企业产品营销流程的疏通，企业要借此机遇在营销核心基础上创造更加丰厚的产品利润，维持销售收入稳中求进的发展态势。在具体实践中，企业营销最重要的一步就是抓住客户的流行需求和商业市场机遇，获取高质量的客户群，让客户在享受产品服务中找到双向价值，以此使客户对品牌建立高度信任感，实现产品销售利润的提升。

传统的企业营销战略中往往缺乏数据集中处理意识和全方位的用户意识，对企业营销决策和数据的把控大部分布局在零碎化的品牌单元、渠道部门和区域机构营销中，因此企业的营销实践不能完全进行客户洞察流程，无法使客户对品牌产生依赖心理，从而导致产品的销售份额降低。而当下的企业营销战略已经逐步走向了智能化平台和集中客户群的新模式，这就需要企业组织在进行产品的数据统计和分析时把零碎化的产品信息聚集在中心平台上处理，通过这样的方式以便于各个品牌收集和研究产品的市场数据资源。

1. 平台工具

营销自动化系统和客户数据仓库共同构成数字营销基础设施平台，其发挥的重要作用就是引导企业完成"穿透式客户身份管理"和"大规模定制化营销"的工作任务。在企业营销过程中，把握产品服务差异化就是合理进行"穿透式客户身份管理"，它的具体实施过程就是以全方位、多渠道的形式将目标客户的身份特征和购买习惯收集起来再针对不同的客户群制定差异化的营销策略。

2. 潜在客户挖掘工具

在企业组织营销中除了处理关键用户的维系工作，还有实现对产品潜在客户的挖掘工作，明确潜在客户的具体构成和结构布局，收集各个分级负责人的信息资源。

3. 商机发掘和优化工具

企业为进行客户资源的分类整理，大部分采用对企业忠实客户群进行平台数据研究的方式，这一工具可以在一定程度上预判现有客户群对产品的销售兴趣和购买能力，依次进行客户分类管理，明确各个阶梯客户的顺序排列。

4. 客户洞察分析工具

企业在进行客户行为观察的实践活动时往往采取这一工具，它可以协助企业管理和剖析客户的消费特征、消费目的、购买时间、购买路径等一系列消费心理和行为，从而优化企业营销战略，使客户享受优质服务。

5. 个性内容定制工具

通过客户洞察流程的分析，企业可以采取大体量的定制化沟通内容（视频、白皮书、研究报告、邮件和网络研讨会）。

6. 互动管理工具

企业管理和传递1：1的定制化内容给目标客户并实时互动。

7. 一站式营销管理中心工具

企业组织运行可以将整个营销专业活动和企业营销综合目标统一起来，形成一个中心整体，方便企业营销战略在定量实时的管理中进行。

## 三、数字经济时代的数字化组织设计

（一）组织结构的数字化转型步骤

1. 确定组织的数字化目标

从数字经济时代的总体发展形势来看，企业内部高层管理和组织团队需重视企业产品的数字化转型，借助未来数字经济的驱动力开展相关研讨会议，使各部门之间在组织数字化发展方向和发展策略上达成共识。以此围绕组织的数字化发展将面对的机遇和挑战进行主题讨论，具体问题的展开如下。

第一，就当前情况来看，企业各部门组织之间的数字化管理模式是怎样的形式？

第二，就企业内部的管理来看，数字化运营在企业各部门之间是单独成立还是共同协作进行？

第三，为应对数字化改革形式，企业如何高效率地进行转变和回应

第四，目前企业进行数字化创新所面临的困难是什么？

第五，数字化媒介形式（网页、电子邮件、社交媒体、移动端）在同行竞争中的表现。

2. 创建专门的数字化创新项目团队

为应对组织内部数字化改革，企业还可以在现有组织框架中创建专业的数字化创新项目团队，专业团队为组织数字化改革提供发展方向的规划，同时形成条理框架后直接向组织的高层管理进行汇报和建议工作。

3. 成立数字化专家小组

企业成立数字化专家小组，在某种程度上与数字化创新项目团队是共通的。公司要逐步实现数字化转型的升级就需要数字化专家小组发挥管理组织数字化基层建设和响应运营端需求的作用。作为公司基层运营规划的重要团队，数字化专家小组同时还起到对公司整体运营边界管理和部门业绩指标考核的作用。为推进数字化工具在组织内部的快速普及和运用，配合组织进行数字化资源整合的目标，小组还承担着分配专业成员进行业务传授的重心任务。

4. 对相应职能进行整合

在组织的某一专业领域中，企业可以采取线上和线下的协同模式进行职能整合，通过多种媒介渠道解决问题，以达到企业与客户之间形成长期稳定的关系，并且企业可以根据不同时间的运营状况组建相对应的营销框架。

5. 进行分布式领导

为加快企业内部数字化改革的进程，具有先导意识的组织开启了分布式领导模式，企业内部将掌握数字化知识和技能的成员逐一分配给各个中心业务部门，由数字化专业人员负责数字化创新项目重要节点的指导工作，而分配给各个中心业务部门的数字化技能成员则负责跟进部分数字化项目的实施。

（二）数字化组织设计存在的具体问题

1. 数字化工作什么时候独立运行，什么时候又该嵌入组织其他部分中运行

随着数字化改革的顺利推进，组织在进行数字化运行中往往出现很多双面影响，企业所面对的形式就是在具体开展数字化工作时对产品的研发、销售和技术流程之间的界限逐渐变得不够清晰明确，数字化组织运行放置各个流程之间都具有说服力，无法明确判断数字化工作最能发挥效果的位置。

数字化工作的运行机制是独立还是融合，两者虽然并没有矛盾冲突性但在具体决策上往往使组织陷入权衡。电子商务在数字化工作中最难把控合适的运行机制。当它作为市场营销的一部分，但在销售渠道上不具备优势时，往往就会选择以数字营销团队的形式存在，或者过渡于其他职能中。当它作为组织的重要收入来源时，又往往以单独的运行机制存在。

2. 是否应该将数字工作当作一项组织职能来进行管理

在进行数字化工作战略布局时，与传统的组织战略不同，组织领导往往无法明确进行数字职能位置的安排。

数字化工作通常情况下不具备系统化流程，但与普遍性的工作招聘一致，企业各个组织的部门领导开启对数字化领域人才的招聘，新员工通过后期锻炼进一步加深对数字化工作的管理，以高效的数字成果协调项目专业研究人员进行资源优化配置，确保部门组织的各个成员之间在处理数字化项目的过程中形成工作默契。为了方便收集零碎化的数字信息、布置组织间相关工作以及提升数字技术能力，企业还需在此基础上建立一个专职部门对数字化工作进行集中化处理。

3. 对于不同变化的数字空间应如何进行管理

与传统组织部门小组的管理不同，数字能力在具体实践中可以独立运行。随着组织数字能力在不断提升，客户对数字化能力的要求也变得更加严谨。截至目前，启用数字化战略最具有成效性的举措依然是开展数字化职能的独立运行，这一举措也受到了普遍性的认同，但从发展的角度来看，这一普遍性认同不具有持久性。

就当前形势分析，数字化能力与其他组织职能具有差异性，同时对组织各个方面的涉及具有渗透性，其中包括用户界面、营销洞察力、产品开发、销售、技术以及信息技术等。因此，组织各个部门应该保持紧密有序的合作关系，以便于组织在进行项目管理时能迅速突破数字化技术瓶颈。各部门之间的职能融合形成了新的组织团队，这个团队的构成人员既可以是数字化职能钻研人员也可以是各个部门抽调的人员。对于后期的人员调配还需要关注客户需求变化和企业数字能力的掌握程度。

4. 数字化劳动力的特征是什么

目前，数字劳动力所发挥的特征优势依然显著，组织高层领导在招聘数字化技术人才和员工数字化技能培训中提炼出优秀数字化员工的特征，尽管在时代发展进程中，他们身上所掌握的数字化技能和思维方式会逐渐走向大众化。

与深层系统相比较，传统意义上产品技术和营销推广的知识更加容易掌握和实践，而深层系统的复杂性在于它需要分析所有资源和数字化设备彼此之间所发挥职能的方式，以此提出优化和整合策略。为进行专业领域拓展，艾迪欧设计公司（全球著名设计公司）在企业内部组建了"T"型人才，其中 T 的竖代表着技术人才对专业领域技能和知识所做的深层次付出，而横则代表技术人才对项目熟悉的广度。

尽管在形成这样的思维意识对组织任一职能的发挥都具有意义，但由于数字职能比较其他职能具有独立性，这一思维意识对数字职能的影响更加深刻。伴随数字化发展进程的加快，数字化工作运行的注意力由原本的信息发送和交易转变成更加关注如何向用户提供真实的数字化体验的问题，同时突出了资源优化的必要性。数字化劳动力不仅仅局限于对自身技能和知识的提升，更需要与他人达成合作共识。

5. 怎样确保一个集成技术平台

数据中心处理系统的升级使企业对市场数据的监督和分析变得更具便利性，虽然运营数据的收集工作并不困难，但对所收集数据做到透彻性了解并能将其转变成指导性战略却很罕见。对于大部分企业来说，数据只是中心业务中较为具体的服务或产品的副产品。其数据系统只作为项目运行方向的参考性资料，对组织的运行来说数据分析所发挥的作用并不明显。在组织中如果参考了不同的数据分析，即使采用相同的思维理解，组织领导也会借助投资和绩效得出相反的结论

企业要最大程度上利用数据优势来实现提升自身产业效益的目标，需转变数据在企业中的角色定位，将数据放置核心产业引起组织内部的重视。律商联讯风险处理部门的前天围绕着三个细分市场展开：保险、金融服务和政府。这些前台主要集中在产品管理、市场营销和销售上。

在组织业务中，内容运营提供的功能是购买和管理业务单元所需数据。例如，一个数据集可能是一个地区的人名和电话号码。从操作平台来讲，数据内容管控是企业内部的主核，就如同一个大型的"原料加工厂"。也被称为高性能计算云的专有平台。企业内部要得到顺利进展脱离不了平台有效运营，同时在运营中改造升级所带来的持续投资。企业员工为了得到顾客的认可度寻求降低风险的最佳效果，大多数通过平台数据大联结同时挖掘"智能决策"分析算法的方式提升。

6. 发现和开发数字化人才的正确途径是什么

通过相关调查表明，在数字化发展的过程中最不利发展的因素来自无法寻找到掌握数字化技能的员工。数据分析和技能掌控的双重考核要求员工能做到掌握营销和计算机学科的数据技能，这些条件也让人才的选拔变得艰难。数字管理者同时认为劳动力市场其他的稀缺技能包括社交媒体、内容营销、搜索引擎优化、网站的设计以及移动营销和移动商务。

更值得一提的是，在数百个数字管理者相关调查中发现，企业办公位置的选择也对引进数据分析人才具有一定影响，哪怕数字技术的发挥方式依然以虚拟化为主，但大部分拥有数字技能的人才还是会选择与相同爱好的人工作相处在一起，另外在办公位置选择上更加倾向于城市市中心。

麻省理工学院曾在对数字领袖的调查中发现，绝大多数管理者通常采取招录新数据员工的方式替补现有员工离职。除此之外，企业还关注到能力较为高深的内部员工可以释放出旺盛的精力与供应商进行协作，通过自身对行业的热情替代在数字化领域中经验的缺失。然而，对于企业来讲，内部员工特征所发挥的功能还有：企业管理者要实现加快数字化改革的转变，通过对接内部员工管理者的数据业务单元，鼓励各部门分工协作，比额外招聘流量较高的数字领袖更加靠谱。因为在某个方面来看，得到内部员工持续熟悉和操作组织业务，组织的整体风貌才能在这个过程中转变提升。

## 四、数字经济时代的数字化变革框架

数字经济时代的数字化变革框架包括三部分，具体如图4-1所示。

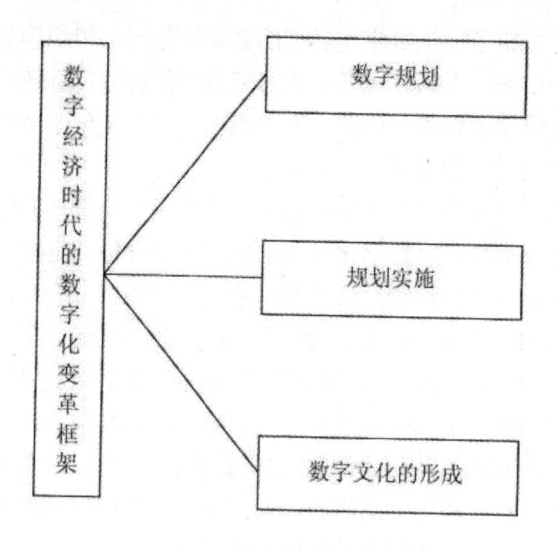

图 4-1　数字经济时代的数字化变革框架

（一）数字规划

数字规划主要包括以下几方面内容（图 4-2）。

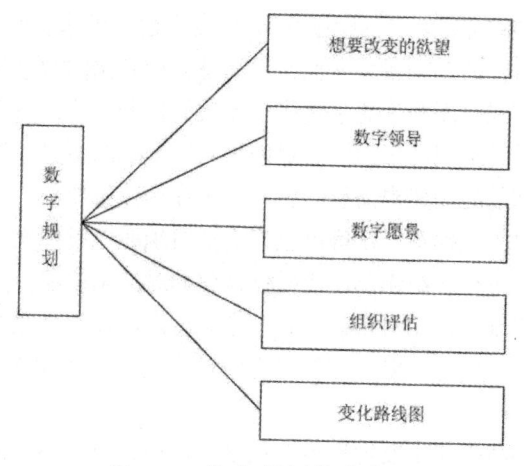

图 4-2　数字规划的内容

1. 想要改变的欲望

数字转换框架的实施首先需要个人在主观上树立积极心态同时结合客观所施压力。应对当前数字经济发展大局，企业全体组织需要进行适应性转变，同时员工必须与组织同心发展，为企业大局适应性转变不断提升个人数字技能。当然企业高层领导者也需要践行这一发展理念，以包容性的心态进行优先排序，将这一理念持续贯彻进行至组织运营的各个层面中去。在未来发展中，同行开启数字竞争的趋势不可避免，而欲望转变在此形式发展中象征了组织数字化转型的基石，尽管如此，也存在一些组织和领导人不愿意接受改变的现象，但从根本上来看，企业内部要想不被形式发展所抛弃，就不得不在观念上接受改变。

2. 数字领导

从整体形式上分析了组织数字化转型的必要性之后，组织中如果出现了少部分领导者支持这一转变还不够，想要尽快实现数字化转型目标还需企业重视相关部门重要人员进行辨别和培养。以此实现组织上下对数字化改革达成共识，借助数字化优势实现自我能力的提升。

在企业数字化改革支持者中大部分都是处于组织中层管理的领导人员，他们自身明确数字化改革局势，对数字化媒体也拥有深层分析和见解，因此在通常情况下，组织要实现数字化目标转型可以通过中层管理的上下传导，以达到高层领导人与重要技术员工的共识。在大多数情况下，企业中接受数字化转变的领导人会组建数字化思维中心，通过成员间的讨论找到适应数字化发展的最佳路径。

因此，整个组织的数字领袖以及非正式的数字化思维中心，应该被正式地组织并聚集在一起，创建组织共同认可的"数字委员会"。并且这个委员会的组成必须集合企业重要业务单元和职能部门的代表，包括人力资源、法律和合规部门、IT 等部门。当然，要将数字委员会的作用发挥极致，还需高层管理者吸取委员会建议并支持数字变革发展。

3. 数字愿景

就当前组织结构和政策的基础形势来看，组织变革需具备吸引力，在数字委员会的召开中，主要围绕单一目标进行回答"为了适应迅速发展的数字世界，我们的组织未来是什么样的？"因此，我们也需清楚在最开始的数字化组织变革中不应采取这样的思考方式。而开启数字化愿景模式的目的主要是以组织核心精神为基础，最大可能地激发组织各部门成员对未来数字变革的愿景，提高工作积极性。当然，组织职能部门的构建也需重新整合，关注企业重要部门的职能发挥，更值得一提的是企业组织规模在一定程度上也会对组织职能发挥产生影响，要取得更高效的职能成就需进行各组织部门规模化调整同时注重职能分配的集中化，当然这一想法的具体实施过程相对来说具有一定难度。所以，企业要实现数字化变革还需发挥数字愿景的优势，以数字领导为中点构建一个具备核心动力的数字化组织团队。

数字领导在实践操作中要把握数字化发展规律、及时整合，使数字愿景以通俗化的方式传达给高层管理者。数字愿景在组织运行中不是一个能轻易达到理想化的过程，实现数字愿景的最佳效果要拥有长远目标和包容意识，耐心接受和处理数字愿景在组织初期存在的弊端现象。总体来说，数字愿景是为了组织全体成员树立目标感，实现意志共识，在进行数字化变革中以数字愿景制造与理想化之间的差距，激发各部门之间竞争动力，积累组织数字化变革经验。

4. 组织评估

组织中如果出现了某一变革愿景并且这一愿景还在数字领袖引导下进入正轨的现象，组织最高管理层就会采取应急措施通过发起转变遏制这一现象。通常情况下，组织中某一部门首先提出变革提议还会与其他部门产生意见矛盾，更有可能与组织内部既定规则和流程相冲突。因此，我们建议通过清晰化、合理化的方式推进数字变革在组织中的运行，而这一阶段过程就需组织思考和回答以下这些问题：

就当前形势，与数字化愿景相比较，组织在职能领域发挥中处于什么样位置？

第二，与员工行为准则相比较，目前组织内部员工在进行数字化变革中表现如何？

第三，组织内部结构和战略问题还需要做出什么样的转变？

第四，组织针对不同时期的数字变革需做出哪些目标改进？

以上所罗列问题要得到实际性的反馈，建议企业掌握组织各部门以及员工之间的总体能力水平。而对大规模企业来说更有利的因素是企业能获得个别伙伴公司的分析支持，为组织提供外部意见。组织评估要从以下三个关键领域中展开。

第一，内部组织结构和流程。

第二，数字渠道的外部表现。

第三，数字知识、认知和行为方面的人力资本能力。

大部分情况下，企业较难意识到组织评估所带来的好处，从而错过较好的发展机遇。通过以上分析我们回答了"组织在不清楚自身发展形势的前提下如何达到数字愿景目标？"的问题，并为企业数字化变革提供了导向。除此之外，数字委员会在这一系列分析中吸取了很多具有价值的资源数据和意见报告，从而实现组织对数字愿景的维持及意见统一

5. 变化路线图

组织评估阶段所积累分析资源是数字领袖及组织各部门开启数字愿景讨论的前提条件。企业在进行数字愿景管理时应该保持其条理性，针对组织所处的形式进行特点分析及预期走向判断，以清晰化的组织流程打消各部门成员间对数字愿景的疑虑。在数字委员会的商讨中分析了组织目前的形势及目标走向等问题，针对问题的分析结果合成清晰的变革路线图。

变革路线图的制定面向组织各个阶层，由于涉及面较广的因素，路线图的设计当以公司目前形势出发，将数字愿景作为组织奋斗目标。而这一具体过程更需要我们投入相当长的时间成本，变革路线图依据目前组织的状态、规模和结构进行调适。

从出发点至目标点的顺利完成还需组织进行阶段性规划，让组织各部门清晰了解各阶段需完成的工作进度。另外组织可以对各阶段的工作进行总结和记录，将分析结果组成小型路线图，使得各部门成员在路线规划中明确自身责任定位。与此同时，为保证组织上下数字愿景的统一性，我们还需注重各部门组织变革路线的交流。

（二）规划实施

规划实施的内容主要包括以下几方面（4-3）。

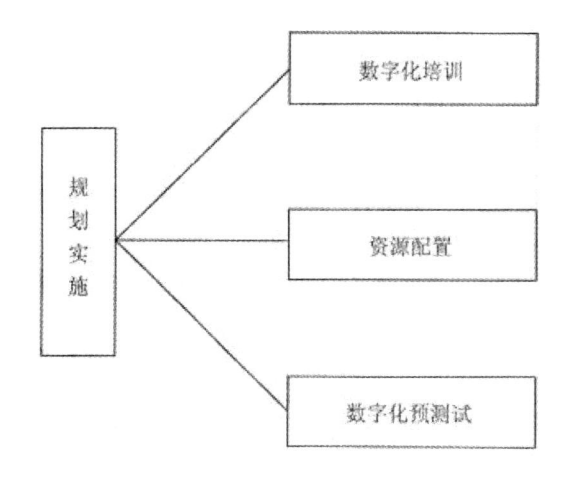

图 4-3 规划实施的内容

1. 数字化培训

为加快数字变革的进程，最大程度上激发各组织部门数字变革的潜力，组织需加强各部门成员数字能力教育的提升，制定较为个性化、目标化的数字教程。另外还需通过组织评估对各部门实施数字变革进行积极和消极因素的分析。组织评估所提供的分析将成为企业数字培训及人才引进的前提依据。当然，数字培训除了内部组织之外还可以联合外部资源（高校资源、机构培训资源）协调进行。以强生公司为例，该公司的三阶段数字化教程包括以下几方面。

（1）1.0网络课程。该课程实行内容简洁化，提高投资成本，最大限度地让组织成员接受这一课程教育。

（2）2.0的网络课程。该课程落实各个数字化路径的直观性、集中化、四天制的实际操作课程。

（3）3.0课程。该课程深入具体的数字化渠道和策略，以此来帮助强生公司培育数字领袖和专家。

组织分布三阶段课程实施其出发点在于针对不同水准成员进行个性化课程教学，并为组织中有意向提高自身数字化能力的成员提供优质平台。

组织成员在接受阶段课程的教育培训后，应该在课程中找到数字化变革的积极因素，结合学习笔记进行实际数字化项目的分析，对项目具体实施提供战略方向的指引。数字活动的创新可以在这样的项目转变流程中得到可操作性建议。

在数字化转变流程中，数字化课程提供的教育成果具有深刻影响。企业要意识到数字化变革初期进行数字化课程培训的重要性，从某种程度来说，企业需通过数字化课程教育使组织各成员认识数字化变革的积极作用，并致力在组织中培养出数字领袖。

2. 资源配置

组织在实行数字变革的过程中还需注重组织资源配置的问题，当企业为倾力实现数字愿景各阶段发展时，进行组织资源配置也是数字化变革不可或缺的部分。

在实施数字化愿景的过程中，应该对项目支出做出预估统计，并有条理性地罗列出各组织成员之间进行数字化工作的时间安排。数字化目标的实现过程中，组织还需进行合理的时间调配，分配较为充裕的时间避免组织成员出现工作时间上的冲突。

在资源配置的组织流程中，数字愿景依旧是企业管理者优先顾及的因素，公司需保证各部门成员在正常事务运营之外有充裕的时间和成本进行组织数字改革的工作。为确保组织职能在正常秩序下的有效运行，企业管理者向部门主管和数字委员会授予特权。数字委员会在组织数字变革的过程中发挥了职能纽带作用，将企业管理者与各组织的关系紧密联系在一起。另外为保持组织在数字改革中意见同步、减少矛盾冲突，数字委员会还组织了周期会议的召开，会议由各部门管理者代表就近期的数字改革工作进程进行发言，这一过程大大提升了数字改革的工作效率。当然，这一措施还会带来组织内部数字改革工作进程的不均衡发展。企业管理者要做好责任宣传工作，让发放特权的组织部门树立责任意识，当组织出现数字化工作未落实的情况，特权部门能做迅速找到问题所在并能有效遏制不利因素的发展。

3. 数字化测试

企业在进行数字改革的过程中，应该保持其总体工作运行的乐观性，通过数字化测试激发各部门成员的工作动力，数字化变革的改进计划通过线上社交平台发放给各组织成员。数字化改革要真正适应形势和组织结构的变更就需走进实际的销售运营中去。企业借助新型数字化媒体打通多元化数字改革渠道，同时把这一多元化的渠道当成预测分析目标，将预测分析目标所得出来的结论在组织内部公开。组织内部应该对数字改革工作中所取得的成就保持热情和动力。另外这种数字化预测对大型企业而言更具影响力，企业做出各部门所获得工作效益数据的统计，并将投资回报结果形成案例以此促进各部门进行学习讨论。

约翰·科特整理出的变革八部曲，其中"取得短期内的胜利"是变革第六步。在持续性变革研究中这一理论具有重要指导意义。即使就目前形势来看企业借助数字化获得了相对应的成就，但从总体上分析某些潜在的数字化职能还未完全得到施展。无论数字化转变速度较慢的原因是由于管理者故步自封还是组织对预测风险不确定性的顾虑，都在一定程度上反映了数字改革创新工作并不是一个简单的实现过程，当然通过数字改革数据显示，组织在短期内获得胜利在某种程度上更容易取得各组织成员的信任。

对于部门其他组织而言，这种短期胜利将会形成一个借鉴范本，为那些有兴趣尝试数字转变的部门提供动力源，同时各部门在互相学习中找到发展差距，促进数字化战略的在积极氛围中实施。

（三）数字文化的形成

数字文化形成的内容包括以下几方面（图4-4）。

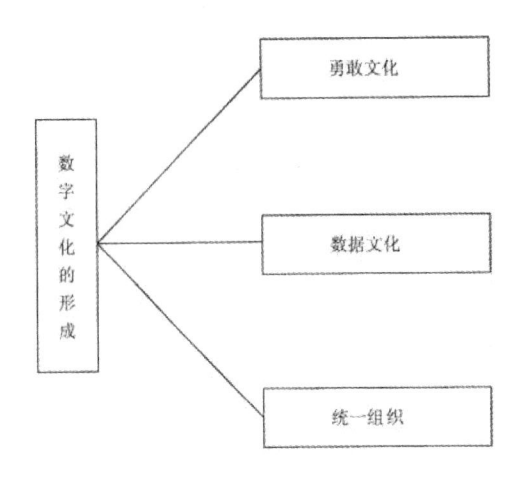

图 4-4 数字文化的形成

### 1. 勇敢文化

在组织文化体系中，勇敢文化是驱动组织发展的前进动力，企业在发展这一文化体系时要求管理者对组织理念、薪资分配、人才招聘以及运营法则四个版块进行分析和理解。同时企业管理阶层借助讨论研究将这一文化体系形成组织渗透，这一文化渗透将为企业发展奠定基础同时为组织职能分配提供了依据，也使企业在进行数字改革的过程中获得了强大的精神指引。

就企业人力资源招聘工作进行举例分析，为满足组织实现数字化转变、努力践行勇敢文化体系的目标，就需要在招聘中对面试者进行数字技能和精神品质的估量，面试者也可以根据企业目标进行能力适配。另外，企业还需注重通过合理的薪资分配保持部门成员工作与数字化改革目标的一致性。

如果奖金只是以完成预定收入、利润和盈余为前提，那么管理者就会认为那些无法产生当期收益的风险会损害自己的年终奖金。而恰恰相反的是，组织应该根据各部门成员对数字愿景的整体情况进行分析，鼓励成员积极冒险，并同时调整冒险奖罚之间的限度。在这一点上，来自管理层和人力资源部的信息也应该保持一致。

由于缺乏创新预知风险的判断和相应政策的支持，大部分合规部门无法大胆地顺应创新数字化战略趋势，因此合规部门与法律就形成了创新发展的阻碍力，在某种程度上来看，这些部门及法律效应形成的屏障对组织进行数字化战略运营有着合规化的管理，但往往在出现市场营销人员和工程师提高数字化进程的自由度时，法律和合规部门就会采取管控措施改变创新方向。

实际上数字化渠道的影响具有特殊性，然而大部分公司在进行数字战略布局中依然尝试将组织发展目标与数字化改革措施进行相互融合，并没有花费心思去探讨数字化渠道。在当前数字化改革形式中，法律和合规部门将必须参与数字委员会组织的活动会议。并要求他们在不妨碍创新发展政策的前提下，紧随数字化改革的进程。而要真正落实创新发展，还要求组织进行数字化平台规章的制定，并在不断实践中进行修正和更新。值得企业关注的是，要快速达到整体数字转化的目标需要组织构建一个内部数字化的管理计划。

2. 数据文化

由于数字化改革的趋势导向，企业把数据作为成果分析的主要依据，同时将投资回报作为评估公司数字化工作效益的重要指向标，这一措施使得公司在数字世界中有更好的生存机会。但在具体决策上通过数据进行管理的方式应该不仅仅局限于组织营销人员中，数据管理所整合出的资源库应该形成体系化融入企业文化的构建活动中，以发挥其指引组织做出正确决策的作用。

当然，销售团队应该借助数据分析不断进行产品销售活动的升级，供应链和生产部门也可以通过数据提高物流和生产效率。公司其他各个部门都可以借助数据分析进行相应的决策工作。通过对数据管理进行整合收纳，为组织各个部门的工作交流提供了便利。我们还可以从组织整体利益的角度出发，考虑发展一个专门收集和分析数据的部门团队。数据依赖型文化通俗来讲就是各组织成员在进行工作决策时往往会首先关注数据运营状况，这一行为说明了在进行决策判断时，组织成员并不只是简单地进行分辨，而是基于一个具体化数据而做出的行为。这也在一定程度上阻止了不符合实际猜测想法的实践。在未来发展形势中数据分析对部门决策的所发挥作用越来越明显，无论是大型企业还是初创公司都能借助数据技术进行市场份额占领。

3. 统一组织

企业致力于发展数字化改革时，就会不可避免地进行组织数字化转变，在未来形式中，组织数字化改革最佳发展状态就是将数字化能力均匀分布在整个组织中。组织成员还可以针对数字化形式发展状况做出能力调整，找到适应性的数字化竞争模式。与此同时，各组织部门应该保持工作的协调统一，提高彼此之间的工作效率，有秩序地完成组织共同目标，当然这也是数字化组织工作运行最理想的状态。事实上，每种组织结构都会产生削弱组织灵活性的组织壁垒，并且协同工作的各团队及部门在能力和理解力方面也存在差异。但是为完成组织目标，各组织成员之间应该保持合作共赢的关系，将组织这个整体的发展作为工作重心。与此同时，组织高层管理者应该采取相关措施来推动组织统一，致力于实现组织数字化愿景。树立组织整体意识，可以为组织进行目标实践提供精神导向，各组织达成共识也更加提高了工作效率的完成。

为拉近组织各部门的关系，使彼此形成依赖最有效的方式就是召开强制性跨职能团队会议。例如，从产品研发部、营销部、销售部和监督部门选取代表，每周或每两周召开一次虚拟（或面对面）会议。组织选取的代表就近期数字化工作中出现的有利和不利现象进行问题和原因分析，为深化落实这一理念，我们建议大型组织要在每个职能部门中明确"跨职能员工"的概念。

对于跨职能员工的要求就是这类员工应该深入了解组织结构分布，并熟悉多个部门工作内容，具备较为深厚的工作经验，他们在具体实践中至少经营两个部门的业务工作，并对各部门发展状况进行整合分析后直接向组织管理者进行工作反馈。组建一个较为优秀的跨职能团队有助于加强各部门之间的联系，削弱职能差异带来的阻碍，加快组织共同目标的实现。无论数字化改革操作方针如何改变，在组织中保持各部门形成高度一致的奋斗目标是维持数字化改革顺利进行不可或缺的因素。

# 第二节　数字经济时代下市场营销管理

## 一、数字经济时代下的市场营销目标管理

（一）目标管理理论在市场营销中的应用

20世纪60年代，美国管理学家彼得·F·德鲁克通过对福特汽车破产危机的案例进行分析，提出了目标管理理论。在目标管理理论中，他建议加强组织经营者的责任意识，通过相关规定对经营者的职能做出约束管理，使经营者在正确渠道中进行目标管理。德鲁克提出，在进行目标管理工作中，应该保持企业目标和成员目标的一致性。

一方面注重目标的导向性原则，就是组织成员能够具备较强的分辨意识，能对企业目标与自身发展目标做出合理性判断，同时在判断结果中找到自己应该担负的责任，为实现与企业的共同目标而奋斗。另一方面注重组织成员在工作中的自我调控。依据得鲁克理论，在组织目标管理过程中应该鼓励各部门成员积极参与目标制定，只有成员站在共同发展的角度，才能充分认识到个体目标和组织目标存在的一致性，从而实现自我的控制和约束。

1. 市场营销目标管理的重要性

企业要在市场竞争中保持自身独特优势，需对自身市场营销状况进行评估，通过评估分析找到企业精准化的发展路线。但发展精准化路线的前提条件就是明确市场营销目标，在目标指引的前提下开展相关的市场营销活动。当然市场营销目标制定应该是具备多元化思路的，规划市场营销向多种渠道发展，找准企业目标定位。

从当前形势来看，随着各国经济发展的迅速提升，各国之间形成了紧密的合作和竞争关系，但在各国企业激烈的市场竞争中，各企业的营销目标没有朝着多元化思路进展，而是更加注重取得较高的效益回馈。虽然这样的现象会为各企业带来可观的收益，但另一方面这种单一发展模式会让企业形成固定化思维，从而忽视在进行市场营销过程中做能获得的企业成长经验。由于这种固定化思维的影响，企业很难权衡企业权益和消费者权益之间的先后发展顺序，从而导致最终决策的失误。而为了尽量减少这种失误，企业在进行市场营销目标的制定时应该保持创新思维，站在发展大局的角度思考最适应企业发展市场营销模式，对可供企业运行的发展目标进行规划设计，并通过制定相关制度督促发展目标的实现。

2. 应用目标管理理论的优势

企业在进行市场营销目标制定时首要考虑的因素就是这个计划是否能得到落实以及这个计划是否具备评估价值。

一方面市场营销目标的制定为企业发展道路做出了指引,市场营销要获得高效的成果就需在正确目标中运行,另一方面市场营销目标是评判企业效益完成质量的标尺,企业根据目标进行自我工作进展状况的判断,并在这个过程中找到自身存在的特点和缺陷。除此之外,市场营销目标将作为企业管理者对绩效考察的重要依据,市场营销目标管理将对企业大局进行适度性分析,分析将强调结果和过程的统一,减少误差出现的概率。最后,营销目标管理优势还在于能提高企业对自我行为管理意识,避免陷入目标竞争的死循环。

3. 企业营销目标设立的内容

企业营销目标设立的内容包括以下几方面(图4-5)。

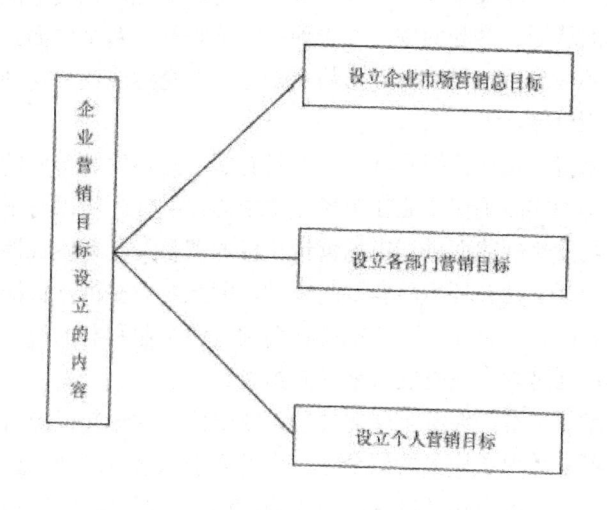

图 4-5 企业营销目标设立的内容

(1)设立企业市场营销总目标。企业为了找准自身经济发展路线和提升方向,有必要对市场营销目标进行规划设计。设立市场营销总目标,一方面对于企业自身效益提升有较大的帮助,另一方面可以在目标基础发展之上找到更加合适化目标。只有在清晰目标的指引下才能使企业朝着正确的方向发展。

(2)设立各个部门营销目标。由于企业的结构组成是具有层次性,企业中各个部门的职能发挥才使总体工作得到正常运行,所以企业在进行总体宏观的市场营销目标制定时要注重部门营销目标的树立,并且对目标的管理要遵循整体性原则和协调性原则。整体性原则是指企业在进行市场营销目标的设立时应该把握好总体和局部的关系,做到部门营销目标遵循企业营销目标。协调性原则就是企业在进行目标设定时注重与各部门保持沟通,一方面保持独特的行动目标,避免重复计划浪费资源精力,另一方面避免目标冲突而导致的集体利益亏损。

(3)设立个人营销目标。从整体和局部关系中分析,企业个人与企业之间有着密切的联系，计划市场营销目标，应该树立企业个体的目标意识。当然企业成员目标设定应该以企业总体发展为依据，做到个人目标和总体目标的统一。个人目标应该根据实际情况的差异性同时在总体目标的充分理解下制定，从企业营销目标设立内容可以看出，企业目标的设定具有层级化特征，总体目标与局部目标形成双向互动，在层级更替中将目标更加详细化，这一过程是目标管理的重要环节。

4. 目标管理理论应用中存在的问题

目标管理理论应用于企业具体指导实践是一个复杂性的过程，理论与实践的结合由于受到不确定性因素影响而往往会呈现出一些问题，企业管理者应该正视实践过程出现的问题以确保市场营销目的顺利实现。主观问题主要表现为企业市场营销总目标制定者和企业营销目标实施者之间的矛盾。

由于每个人身上所具备的工作经验、个人想法以及营销技能等主观差异，因此营销目标的制定无法顾及企业各个部门成员的实际情况，也没办法得到每一个成员对制定目标的认同。客观问题主要表现在经济和社会两个层面。经济层面是指，就当前市场环境分析，经济发展形势变幻无穷，企业应该在这种变化中迅速找到针对应的营销目标。

从某一方面来看，企业营销目标应该是具有适应时代发展特质的，只有跟随时代经济发展的脚步才能确保企业在市场竞争中的优越性。所以对于企业管理者来说借助市场环境变化规律而进行市场营销目标的调整是具有挑战性的。社会层面指的是，企业是基于社会环境而发展起来的，因此企业在进行目标管理制定时要注重承担起必要的社会责任。只有重视社会利益和企业利益的统一性，才能把握社会变化规律，同时为企业发展带来导向指引。

就我国目前形势来看，经济全球化发展，新媒体技术崛起以及对外开放政策的落实，市场环境中涌现了许多新型企业，市场竞争越来越激烈，企业要在这样充满机遇和挑战的大环境中找到自身发展优势，首先要做到自我竞争能力的提升。新媒体技术的崛起，网络科技发展趋势使传统企业迎来了转型压力。当前，已经出现了借助新兴媒介运营的营销模式，由于这种转变，企业管理者的营销理念也随之发生了变化。

市场营销目标管理正是基于目标管理理论发展起来的一种新型营销管理方法，而如何找到理论与实践的平衡性，解决目标管理理论指导市场营销实践过程中出现的难题，也是企业管理者的重要任务。

（二）降低成本

由于网络技术的不断发展，新兴媒介在市场营销中的运用，企业借助新媒体优势取得了相应的成本控制。数字经济时代下，企业借助网络进行营销模式的转变，与传统营销模式相比较，新型营销模式能够快速整合运营资源，同时达到优化组织结构的效果，从而相对较少企业成本的投入。

1. 降低营销及相关业务管理成本费用

互联网通过开放的统一标准连接各种类型的计算机，以此为基础实现计算机资源的信息的最大限度共享，通过互联网还可以进行远程信息交流和沟通。随着网络科技的不断成熟，为获得更高的利润回馈，大部分企业开始借助网络技术进行企业营销管理。利用新型媒介降低管理支出费用，如交通、通信、人工、财务等方面的费用，从而提高管理效率。这样低成本的运营管理，衍生出大部分网上创业者，而这个趋势对青年创业者来说是一个新的发展机遇

（1）降低人工费用。随着网络技术的不断成熟和普及，企业管理得到了发展创新，不同于以往企业营销管理，新型的网络营销管理折叠了复杂的运行工序，企业利用新型的网络营销管理既得到了工作上的便利性也同时节约了人工费用成本。例如，美国戴尔公司一开始的销售业务需要企业采取原始人工的方式进行，但网络科技的融入企业营销运营后，用户可以通过线上的方式进行商品筛选。

可以看出通过线上进行的商品买卖为戴尔公司节约了人力资源成本，同时为买卖双方都带来了便利，使得买卖双方更加高效地完成商品交易活动，戴尔公司采取线上交易所省下的一笔资金可为企业进行其他业务的发展。通过这一例子可以看出网络技术发展对企业带来的许多优势，网络技术应用于企业营销活动提高了企业整体效率，大大减少了不必要的支出，同时也削弱了传统人工运营带来的工作误差。

（2）降低交通和通信费用。对于大型企业来讲，跟随经济全球化趋势企业拓展业务所涉及的范围越来越广，在大范围的企业分布中要保持企业总部与地域分公司之间的业务联系，从传统人工走访方式来看企业要消耗大量的精力才能得到业务汇总，并且这个过程还需要有较大地域的跨越，其中必然需要支出大量衣食住行的支出。

互联网的发展和成熟，为企业进行业务交流带来了便利，企业可以通过多种媒介形式进行跨地域沟通，互联网在企业中的运行大大降低了跨地域交通费用，节约了人力和通信成本。

与此同时，对于中小型企业来说，网络科技的进步为它们带来了上升机遇，除了互联网带来的便利性之外，它们在业务拓展方面也得到了不必要费用开支的助力，企业可以将节约下来的成本费用进行业务拓展和升级。有一个实际例子，1995年，一个美国女孩在网上开了一家网上花店，这个花店的业务覆盖美国，而她需要的仅仅是一台可以上网的服务器和几个帮她邮寄商品的员工，因为只要服务器通过互联网发布产品信息并接收订单业务就达成了。之后这个女孩和美国联邦快递进行联网,花店在网上接到的订单信息经过处理后会直接转交给联邦快递，由它将鲜花直接从花棚送到订单的收货地，整个交易的过程都通过互联网完成。

（3）降低办公室租金。网络科技发展对企业运营除了能降低人工和交通费用之外，取得较大进步的是企业还可以节约场地费用，实现线上经营，无论是商业企业还是工业企业都可以实现无场地运营。例如，亚马逊书店开通了线上销售业务后，各个地域的消费群体都可以通过互联网实现图书购买活动，这种无场地运营方式使得亚马逊企业节省了不必要的资金支出。

当前出现的形式就是大部分企业为了节省办公场地费用，考虑交通便利性等

一系列因素而选择离开市中心，向城市郊区发展。就生产类企业来说，他们可以借助网络将企业生产产品进行分工配置，把相应业务转交给其他企业生产。例如，美国 Compaq 公司的电脑有 90% 都不是由该公司自行生产的，而是通过互联网将其产品生产发包给其他制造企业，Compaq 公司负责为制造企业提供技术、软件和品牌，商品经过检测出厂后直接发给用户。在某种程度上来说，网络技术的成熟和普及对企业生产带来了技术联合，企业生产实现了跨区域合作。

（4）降低企业财务费用。互联网融入企业管理，除了能节省运行成本之外，还实现了企业管理的数据化，企业管理数据化降低了企业员工聘用需求，从而减少了企业人员管理费用的投入和财务支出。利用这一互联网优势，大部分创业者实现了低成本高收益的产品营销，无论创业者的业务发展想法多么新奇，都可以在互联网的优势驱动下得到一定程度的发展。尽管企业还会面临某些创业风险，但总体上来看，创业者初期阶段的资金运行通畅，甚至不需要过多担心资金不足。

2. 降低销售成本费用

随着网络技术的成熟普及，大部分企业借助这一优势创新企业营销和管理模式，借助互联网进行的网络直销和网络促销等为企业节省了较大的成本投资。

（1）网络直销可以降低销售渠道费用。借助网络实现企业跨时间和跨空间的产品交流和业务拓展服务，利用低投资实现信息交流自由，提大大提高了企业工作效率。借助网络进行网络直销同时还为企业带来了产品业务在较大范围内的拓展，顺应经济全球化趋势，企业还有机会实现跨国业务发展。网络直销这样的营销形式对消费群体来说也实现了一大便利，消费者可以通过摆脱传统线下购买产品的方式，借助网络访问目标网站，实现线上产品挑选的自由度，实时化信息共享查询产品信息并自助订购产品。网络直销模式对比于传统的产品营销，其产品流通效率得到了高效改善，企业可以实现组织生产活动自由同时进行及时化产品配送服务，减少了不必要的销售成本投入。

（2）网络促销可以降低促销费用。新媒体相较于传统媒体来说，其突出性特征就是其交互性强，新媒体可以实现产品信息的实时化共享，在较为自由的时间和空间范围内进行信息沟通和交流。例如，网络广告比传统的电视广告所投入的成本更低，起到的效果更加明显，在广告输出过程中可以进行直接的买卖交易。

（三）满足消费者个性化需求

1. 数字经济时代下的市场营销是实现全程营销的理想工具

传统营销管理强调 4Ps 组合，也就是产品、价格、渠道和促销之间的有机结合；现代营销管理则追求 4Cs，也就是顾客、成本、方便和沟通之间的有效协调。无论营销管理模式的创新发展如何进行，企业在产品发展研究的过程中首要考虑的因素是关注消费群体的产品需求，提高消费者体验，只有从消费者角度进行产品规划设计，才能获得较高的收入回报。由于缺乏较为便利的产品信息沟通平台这一理念的实现过程并不容易，在实际的商品流通过程中，企业与消费者之间跨越了较大的鸿沟，消费者只能对既定产品提供反馈，对于产品研发阶段的借入并不突出。除此之外，企业开展产品研发的初步过程，由于缺乏资金支持，而无法对消费者的需求进行细致考量，只有通过企业内部管理人员及技术人员的合力研讨而进行产品研发。

网络技术的发展成熟使得这一难题得到了相应改善，消费者可以通过互联网参与到产品研发全过程，多产品提出实时化建议，互联网拉近了企业与消费者之间的距离，打通网络渠道为企业产品研发提供了保障，与此同时满足了消费者在产品设计过程中的成就感，通过各方面建议的改善为消费者提供个性化服务，使消费者不仅享受了优质服务而且还带来了产品参与的自我满足。

2. 数字经济时代下的市场营销是一种以消费者为导向的营销方式

消费者主导的营销模式是数字经济时代发展的个性化亮点，消费者借助互联网摆脱了时间和地域限制，根据自身需求在目标网站上自由地进行产品挑选，以实现较为满意的购物服务。这种新型营销模式让企业重新进行了营销战略定位，真正地考虑到消费者的购物需求。

基于互联网技术发展起来的设计、人工智能、遥感和遥控技术的不断发展和进步，企业创新发展逐渐满足于低成本投入进行多品种小批量生产的能力，在某种程度上这项能力助推了企业发展个性化营销模式。从实际情况来看，企业转换个性化营销模式要有大量信息的汇集，因此企业需企业投入大量资金掌控信息系统，对于产品后期的活动销售也需投入相应资金。数字经济时代的到来使得企业有了新思路，随着互联网技术的不断升级，企业采取数字化方式进行产品销售，使得产品在网站上的信息更加细致化、实时化，大大降低了产品信息发布所投入的资金，节省了企业后期对产品活动运营的经费。与此同时，企业将通过互联网进行消费者意见收集，通过用户反馈信息实行产品升级和改造计划，为用户提供个性化优质服务。

3. 数字经济时代下的市场营销能满足消费者对购物方便性的需求

目前由于经济发展速度的不断加快，人们的生活节奏在新时代发展中也随之发生了变化，生活节奏加快要求在短时间内做出高效决定，这样的现象在发达城市表现尤其明显。

就消费者对商品买卖选择来说，传统的购物过程中消费者愿意花时间进行商品选择、购买体验、付款结算等一系列活动过程，消费者整个买卖过程是在实体店铺中完成的，而这个过程所花费的时间也是根据消费者精力所确定的，除开商品的购买过程，包括消费者前往目的地、目的地停留等大大延长了整体购物时间，就整个消费过程，消费者需要耗费大量的时间和精力。而新时代社会中，人们的生活节奏加快，由于工作侵占了大量的休闲时间，消费者对商品购买的时间和精力控制有限，在个人休息时间他们希望进行有意义的活动，尽可能在有限的时间内达到身心愉悦的状态。随着数字经济时代的发展，网上购物潮流的兴起，绝大多数消费者选择了线上购物，从而减少了线下实体购物活动。

在某种意义上来讲，数字经济时代下的市场营销与传统市场营销的区别在于，数字经济时代下的市场营销更加关注娱乐，消费者通过线上购物活动进行同类产品的信息比对，在较短时间内做出购买决定，减少了不必要的时间和精力消耗。

与此同时，线上购物对消费者购买全过程负责，商家及时跟进售后服务，尽量提高用户对产品体验的满意度。

4. 数字经济时代下的市场营销能满足价格重视型消费者的需求

数字经济时代下企业运行中，企业通过互联网提供的优势大大降低了产品营销投资，比如产品的促销和流通费用，企业所节省的巨额资金也为消费者带来了影响，低成本投入将为产品售卖价格调整提供条件。与此同时，消费者可以最大限度地筛选出符合自身预期的产品，甚至通过网络直销与厂家进行直接的买卖活动，消费者可以运用有限资金收获高性价比的商品。

（四）提高顾客满意度与忠诚度

就当前的经济发展形势来看，企业想要在激烈的市场竞争中保持自身独特优势首要考虑的因素就是如何进行把握消费者需求，尽力打造消费者满意的产品服务是企业获得竞争优势的重要因素，这同时也是企业开展产品服务过程中迫切思考的问题。在数字经济时代下，企业可以通过以下几个方面提高顾客满意度和忠诚度。

1. 为顾客提供满意的订单执行服务

消费者在线上购买过程中非常关注企业是否收到了自己所下的订单，因此企业需在最短的时间内对用户所下的订单进行反馈。传统的商品购买流程中，用户大部分情况下采用电话的方式与企业销售方保持联系，企业还要进行多个部门的访问沟通才能为用户提供确切结果。这种传统商品购买流程对于买卖双方来说是大量时间和精力的消耗过程，而数字经济时代下，企业运用网络技术实现了产品信息的实时化公开，用户可以在一个公开的系统平台进行产品筛选。

就当前的快递公司举例，用户可以借助官方物流平台输入自己所购买商品的单号，对购买商品的物流信息进行实时化掌控，在物流地图上预估商品抵达时间。这种高度自由化的物流查询系统对企业和用户双方带来了积极影响，企业在一定程度上节约了客户服务费用，消费者也得到了较大程度的满足。

2. 提高顾客服务效率

企业借助网络进行产品信息公开，使得用户可以根据自身需求自由地进行产品信息筛选，也可以通过网络平台寻求帮助，大大提高了企业工作效率，企业客服部门所节约出来的资源可以帮助企业处理其他业务问题，这样更加提高了产品服务，使得消费者获得较为优质的产品体验。这一过程的实现还需关注的问题就是，企业需要采取限制性措施对产品信息进行管控，只有在授权范围内提供产品信息查询服务才能避免不必要的利益纠纷。

3. 提供顾客满意的产品和服务

在产品服务过程中，消费者的需求是多样化的，无论是产品还是服务每个人所做出定义也是具有差异化的，为了应对这一现象，企业需根据不同的消费群需求提供多样化产品服务，为了满足这一点企业首要对用户产品需求进行大致了解，借助网络进行用户个性化需求的研究，根据用户个性化需求的信息掌控进行产品的创新和升级，通过这样的过程满足用户的产品需求，从而提高用户对企业产品的认可度和忠诚度。

例如，美国最大的牛仔服装生产企业 VF 公司允许消费者通过公司的网站定制符合自己需求的牛仔裤，消费者在其网站上通过辅助设计软件 CAD 系统设计出符合自身期望的牛仔服式样，之后 VF 公司会按照消费者对自己设计的式样生产产品，保证产品满足消费者的特定需求。

4. 为顾客提供满意的售后服务

商品的购买过程除了产品研发和产品销售环节需要进行特别关注之外，产品的售后服务也需要花费相应的精力，大多数售后服务中往往出现用户对产品使用过程不明确的现象，特别是出售科技产品的企业。

当用户出现对产品使用不明确现象时，企业需及时提供售后服务，使用户所提出的问题得到快速解决。企业可以整合产品信息资料借助网络平台进行信息公开，用户可以在公开的网络系统平台进行产品信息查询，通过这样的方式尽可能地帮助用户解决基本的产品信息难题，而较为棘手的问题就需要交给企业专业的技术人员进行解决。

例如，戴尔公司在改进其售后服务时，将公司的一些软件驱动程序和技术资料上传到公司的网站上，用户可以借助网站所提供的信息解决自己所遇到的基本难题，当用户所面对的并不是基础难题时，企业就需要为用户对接专业人士来进行问题处理，通过这一过程大大节省了企业客服资源，用户也可以根据网站所提供的信息进行基本问题的解决，除此之外，企业所节省的售后资源将进行其他业务的拓展。

## 二、数字经济时代下市场营销的风险与控制

（一）数字经济时代下市场营销的风险类型

市场营销风险通常情况下是指市场主体在组织开展各种市场营销的过程中，由于受到各种不确定因素的影响，导致市场营销失败或市场营销目标没有实现的可能。这一过程所面对的不确切因素包括企业营销战略、市场环境、政策等。从发展的角度看，市场营销风险所带来的影响也并不全是负面效应，在及时发现风险因素和采取风险应急措施的情况下，市场风险对企业进行创新发展起积极效应。因此企业为了保持自身竞争优势，就需要对企业自身风险做出预估，将市场风险转变为创新发展的动力。参与市场营销活动的投资者、企业以及竞争者作为市场营销风险的主体应针对市场营销预估风险采取预防。

1. 数字经济时代下市场营销的风险类型

数字经济时代下的市场营销风险主要包括以下几种类型

（1）信用风险。信用风险主要包括来自买方的信用风险和来自卖方的信用风险。买方信用风险顾名思义就是购买者在采取线上网络购物的过程中采取一些不正当的手段对卖方的利益造成损害。比如，消费者个人购买交易活动中采取信用卡恶意透支以及假冒的手段骗取卖方提供的商品；企业采购故意延长付款时间将时间造成的损失推给卖方承担。

卖方信用风险是指卖方采取不正当、不合理的手段对买方消费活动造成利益损害。比如当卖方提交消费订单后，买方对提交的产品订单不及时处理或故意拖延，无法按时完成买卖交易，从而造成消费者利益的损害。

（2）信息风险。从我国当前的网络信息发展形势来看，近年来我国在网络基础设施建设方面日趋健全，在网络基础设施的不断完善下网络信息发展日渐成熟，但是在数字经济时代驱动下的市场环境中，市场营销变得更加多样化，这样就往往会出现网络基础设施建设与市场营销发展不平衡的现象，为了适应数字经济时代下的市场营销，网络信息发展还待有不断提升的空间。

当前市场环境中出现的一大现象就是市场营销对信息安全的防范意识不断加强，而在具体的市场运行中还是会出现一些不正当的交易行为，如假冒身份盗取个人信息、企业数据信息以及系统密码等。这些危机到公共信息安全的行为主要是网络研发出现的技术漏洞，这些技术层面的网络信息安全问题将对市场营销带来直接性的破坏。

目前我国网民基数不断扩大，对网络技术的要求也不断严格起来，但网络基础设施的建设无法适应性地赶超市场巨大的网络使用率，因此就出现了信息风险在数字经济时代下不受控的现象。

从技术层面来看，网络交易的信息风险主要有以下三项内容。

篡改数据。不法分子采取干扰措施侵入网络交易平台，未经正当授权随意进入他人系统，对系统数据进行更改、删除以及替换，对他人造成直接的利益损害。

冒名偷窃。不法分子冒名侵入系统，盗取他人计算机系统的重要数据和信息，如个人隐私、银行密码、商业机密等。

信息丢失。信息丢失即线路问题造成信息丢失、没有采取合适的安全措施导致信息丢失、在不同平台上进行操作导致信息丢失。

除了这些信息风险之外，还有一些网络硬核技术的发展，比如信息在通过计算机系统不断渗透的过程中，会进行复杂的流程。尽管目前情况来看，计算机技术在不断地成熟发展，但在信息安全技术层面还跟不上时代发展脚步。目前在网络信息传播过程中还存在安全系统干扰和破坏等现象，常见的信息干扰行为有计算机病毒、"黑客"非法侵入、线路窃听等。

（3）市场风险。随着网络科技的不断发展和成熟，网络在市场环境中的普及率不断提升，因此网络环境复杂现象也将导致市场环境的复杂化。

一方面网络在市场环境中的普及为市场带来了较大的发展机遇，但同时在庞大的网络环境中，企业无法对消费者的需求和爱好做出确定性预判。另一方面网络将带来巨大的竞争压力。除此之外，网络信息更替不断频繁，企业要保持产品在市场中竞争优势，就需要利用好网络技术进行产品的创新和升级，但这一过程的实现并不容易。

（4）法律风险。计算机网络技术发展是不断创新的，并且在市场环境推动下呈现出先进性、积极性。但网络技术在运用到市场营销的过程中却往往会出现法律效应表现较弱的现象，网络安全层面的发展没有法律条文的保障，因此在市场营销中就往往会出现较大的法律漏洞。

（5）制度风险。宏观经济管理制度是和数字经济时代下的市场营销风险有关的制度，其中最主要的是系统的法律制度和市场监管制度。要保证各企业在市场营销过程中有秩序、合法的经营就离不开必要的政策保障。

在市场活动中，企业扮演着主体角色，确保企业营销活动的稳定性、合法性是制定相关制度管控的重要目标，如果没有健全的制度保障，那么企业的市场营销活动将存在一片混乱的现象，由此引发出不必要的市场矛盾，更严重的就是连带制度风险带来的一系列潜在风险。

（6）管理风险。在商品交易的过程中要切实保障交易的安全性，而提高交易安全性的重中之重就是采取严格的管理措施。保障商品在流通过程中按时完成买卖交易，形成买方按时付款卖方按时提供货物。然而交易过程中的管理问题依然存在，要确保交易活动的顺利进行，就需建立交易管理制度，形成买卖方相互制约的管理制度体系。

企业管理制度首先要对企业内部进行制度约束和管理，尤其是企业内部员工素养的培训管理，对内部人员的安全意识、责任意识进行不断深化教育，避免出现企业内部员工采用非法行为盗取企业机密、信息篡改等违法现象。

另外一方面，企业内部还可以设定信息安全管理员，聘用专业技术人员保管企业数据信息，建立企业规范化运营标准，定期对计算机系统进行安全排查。尽管就目前企业发展来看，企业在运营中制定了相关制度防患于未然，但在很多安全技术管控方面还存有上升空间。

通过以上的风险分析，企业的市场营销在数字经济时代下的运营中是存在很多挑战的，无论风险来自客观因素还是主观因素，企业都需要树立全局意识，对处在复杂环境中的企业进行全方位的考察和分析，并能针对分析所得的预估风险采取相应的解决措施。

2. 数字经济时代下市场营销风险的成因

数字经济时代下市场营销风险的成因主要包括以下几方面内容。

（1）市场供求关系变化因素。在复杂的市场环境中，市场供求关系发展不平衡，供求双方一直在动态变化中交替发展。从某种程度上来看，供求关系发展影响企业市场营销，巨大起伏的变化还会导致一系列风险的诱发。常见的供求关系不平衡现象就是当某一潜在因素诱发消费者对某一产品的需求上升，产品的市场规模不断拓展延伸，在这一发展过程中，市场需求量也随之发生转变，从而造成市场营销风险。

比如说在新中国成立初期，人民对生活水平的期望盼就是解决基本的温饱问题，而随着经济的不断发展，人们开始转变对美好生活的期盼，对自身生活有较高的质量要求。由此就发生了供求关系的转变，企业在市场运营过程中要不断跟随发展而进行改革创新。

（2）科学技术变化因素。不断发展的科学技术为企业转型带来了机遇和挑战，发展创新成为企业发展的源动力。随着现代化通信技术的成熟和普及，企业在市场营销中还需思考如何在现代化通信技术的推动下实现企业现代化转型，另外要实现企业创新发展还需有相应的政策支持和保障。当然科学技术除了能为企业带来某些创新发展之外还同时使企业面临一些压力。

企业市场营销活动极易受到客观环境的影响，企业要及时采取创新措施来应对科学技术发展推动下激烈地市场竞争环境。在创新改革中，企业势必对营销组织结构、营销策略、人力资源管理等做出改变，因此就会引发企业组织结构面临不确定性营销风险的干扰。除此之外，由于网络环境的交互性强、开放度高等因素，企业获取的交叉信息资源往往出现信息呈现不均衡的问题，信息交错的不确定性也会对市场营销带来风险。

（3）市场经济形式因素。就当前市场经济形势来看，企业处在数字经济时代，企业跟随网络技术得到了适应性发展，但随着市场营销风险的多样化趋势，企业无法快速实现营销模式的转型和发展方向的判断。例如当前市场经济跟随科技发展逐渐形成了一个新的市场经济形式——知识型市场经济形式，知识型市场经济形式要求企业着重发展技术，在这种经济形式下也进一步促进了高科技产品的研发。

在经济发展推动下，各国经济发展形成了更加紧密的合作关系，我国市场经济发展趋势、市场需求以及经济政策呈现不断变化的发展态势。掌握市场运行规律，降低潜在因素所导致的市场营销风险。

（4）其他因素变化的影响。市场营销风险构成是多方面的，除了以上列举的因素之外，市场营销还受其他因素影响。例如企业所面临的外部环境变化，包括国际形势、政治经济发展形势、文化背景、政策法律等；企业自身内部因素，如企业管理机制、营销战略、人员管理模式等。

（一）数字经济时代下市场营销中的安全控制

1. 建立健全信用评估体系

无论是传统的市场交易活动还是现代化的市场交易活动，诚信在商品交易买卖过程中的地位尤其重要，企业市场营销活动要得到安全保障，就离不开信用评估系统的组建。需要从以下几个方面着手建立完善我国的信用评估体系。

第一，建立独立、公正的评级机构。

第二，建立科学的信用评级体系。

第三，政府应采取相应措施配合相关信用评级机构的工作。

2. 加强信息安全技术研究

数字经济时代的市场营销应该将信息安全放置重要地位，从国内发展形势来看，信息安全研究还存在上升空间，尤其是安全技术问题，要对设备、技术进行全方位的考量，而安全系统发展最核心的就是以下两个问题。

第一，与安全相关的技术和产品必须是由我国自主研发并生产的；

第二，关于信息安全技术的开发与采用以及国产信息安全产品的采购与装备，都应该纳入法制范围。

信息安全系统确保信息交流双方承认沟通内容，并能进行信息还原。针对"黑客"干扰采取多样化措施，其中包括防火墙、网络安全检测设备、访问设备、证书、浏览器软件、商业软件和安全工具包软件。

3. 完善国家宏观管理体制

保障企业有秩序地市场营销活动是政府的一大责任，在某种程度上来说，企业的运行受到国家宏观政策的影响。

第一，当前数字经济时代下的企业市场营销呈现多样化发展，企业需采取针对性措施来应对市场中预估的不同风险，除此之外还要加强安全宣传教育，使企业认识到自身风险并快速进行转变

第二，为确保企业营销活动在安全有序的环境中发展，应该采取相应的制度和法律约束

第三，政府应加强风险防控措施，确保企业在面对风险干扰时有相对应的解决办法。

4. 强化企业制度建设

企业风险防控除了必要的宏观政策之外，还需要进行内部制度的调整，建立健全企业制度有利于帮助企业减少风险干扰，以下是对企业制度建设的重点提要。

第一，加强人员管理制度建设，就是企业应该注重内部员工的职责分配，积极地开展相关教育培训指导会议加强员工信息安全保障意识。

第二，加强风险控制制度建设，对企业面临的不确切风险进行预估。

第三，加强监督制度建设，制定监督制度体系并严格执行。

5. 加强数字经济时代下的市场营销法治建设

为保障企业有秩序进行市场营销活动，政府应该加强法制建设。从我国目前形势来看，应该从以下几个方面加强数字经济时代下的市场营销法治建设：

第一，加强建立电子签名等方面的法律法规；

第二，加强对电子商务领域适用的行政许可模式研究；

第三，大力推进网上法庭、网上仲裁、网上律师等司法辅助机制的建立和发展。

第四，协调管理、技术、法律、标准和商业惯例之间的关系。

网上交易安全的法律保护问题主要涉及以下两个基本方面，一是网上交易也是一种商品交易，因此涉及网上交易的安全问题也应该获得民商法的保护；二是网上交易需要通过网络和计算机完成，所以网络和计算机本身的安全情况直接影响网上交易的安全情况。

从我国目前的安全法律保障情况来看，为了加强网络交易安全，专门制定了《网络交易管理办法》，以保障企业市场营销活动正常运行。但从长远发展角度来看，法律保护措施还需要进一步完善。

## 三、数字经济时代下市场营销的效果评价

（一）对网站建设专业性的评价

网站建设在目前的企业市场营销活动中占据重要地位，企业加强网站建设对

企业整体运营有着重要意义，在数字经济时代下，企业进行网站评价的主要内容包括：网站优化设计合理、网站内容和功能完整、网络服务具有有效性、网站具有可信度等。

1. 网站内容和功能评价

网站内容和功能评价主要指向网站基本信息是否完整化；网站信息是否达到实时化；网站信息是否全面化以及各方面网站性能等问题，除此之外还要对网站信息的安全性问题进行考量，避免网站出现信息泄漏等负面现象。

2. 企业网站优化设计评价

企业网站优化评价内容包括用户对网站使用感受的考察；网站基础组成结构的合理化；网络运行速；静态网页与动态网页的综合应用是否合理；网页设计META 标签的关键词和网站描述是否合理

3. 网站可信度评价

网站可信度评价主要是针对企业网站所提供的基本信息核实考察，向用户提供实时化的反馈，为用户提供安全、有效、可靠的平台系统。

4. 网站服务有效性评价

网站有效性评价主要包括：网站是否建立了帮助系统；是否有详尽的 FAQ；是否公布多个客户咨询渠道和方式，是否为会员提供通信功能；是否建立了会员社区。

综上所述，企业网站评价内容为了保证评价体系的完整性，对评价类别的分布比较广泛，企业在具体实践中可以针对不同情况对评价体系做出筛选甄别，选择最适合企业现状发展的评价体系，除此之外，企业还要注重网站优质化发展。

（二）对网站访问量指标的评价

企业在进行市场营销活动的过程中应该注重网站访问量的数据信息，网站访问量指标在数字经济时代下能帮助企业快速掌握自身收益成效，其作为重要参考信息在企业整合过程中能提供发展方向，同时也是作为企业评价体系的标准存在。即使获得用户访问只是数字经济时代下市场营销的中间环节，但最终用户访问量是作为企业评判最终效果的产生直接影响，所以网站访问指标在企业市场营销活动中是具备中间效果的。

根据网站流量统计报告可以得知网站访问量指标中最有价值的指标有以下几项。

1. 页面浏览数

页面浏览数是指在一定的统计周期内所有访问者浏览的页面数量。顾名思义就是在相同网站上同一访问者访问次数。通常情况下页面浏览数还因为网页信息差异化因素而存在信息不确切的现象。网页页面信息既可能是简约化的也可以是复杂化的，而这些具体呈现又取决于网页设计工作人员兴趣爱好的。例如，一篇6000 字的文章在新浪网站上只占一个网页，但在一些专业网站上可能占五个页面。

这样差异化现象使得页面浏览数存在不协调现象，因此这一评估标准只适应于同一网站的参考。

2. 独立访问者数量

独立访问者数量是指企业内网站定期考察固定用户周期访问次数。对固定用户的考察可以在某种程度上反映企业产品的曝光率，要实现对企业产品推广效果的全方位考量，就需要借助这一数据，只有当数据反映独立访问者次数越来越多的情况下才能证明企业推广效果越好，二者存在正相关的关系。

3. 每个访问者的页面浏览数

每个访问者的页面浏览数是指企业在某一段时间内一个用户浏览的网页数量。通常情况下，这一指标是作为企业考察用户对产品的感兴趣程度，这对企业挖掘潜在用户有重要的指导意义。

4. 具体文件页面的统计指标

通过网站访问量的统计，可以获得某些具体页面被访问和下载的信息。就是考察用户对新产品说明书的下载情况分析用户兴趣度，也帮助企业在数字经济时代下进行产品效果研究，并迅速针对产品反馈做出市场营销战略的转变，科学规划企业发展路线。例如，一家企业网站在 7 月开展了一次有奖竞赛活动，那么根据网站 7 月的访问量变化情况可以一定称苏珊看出本次活动取得的效果。

网站访问统计指标存在很多差异化，企业需根据实际情况进行数据考量，对于某些指标存在应该保持理性权衡和把握。

（一）对网站推广的评价

网站推广评价的主要相关指标有以下几项。

1. 注册用户数量

注册用户数量是企业网站推广评价的一个重要参考指标，在数字经济时代的发展过程中这一参考指标可以让企业熟悉自身在市场中的定位，同时借助这一指标进行潜在用户的挖掘。

2. 搜索引擎的收录和排名状况

搜索引擎的收录可以使用户快速定位企业产品信息，使得企业产品能在第一时间进入用户选项目标，同时还可以对产品效果进行评估。而排名状况的指标考核可以让企业与同行竞争企业进行对比，通过比对分析自身存在的差距，同时借鉴和学习竞争企业的优势和不足，在分析中不断进行自我完善。

3. 获得其他网站链接的数量

通常情况下，获得同行竞争企业的网站链接对企业自身的排名研究具有积极意义，网站链接数量可以反映企业市场营销活动中网站推广的效果。但这一考察因素并不能作为完全的信息考察指标。

（二）对数字经济时代下的市场营销活动反应率指标的评价

企业产品促销活动效果并不能单一借助网站访问量来衡量，在数字经济时代企业市场营销活动利用网站进行信息宣传，但在宣传过程中往往出现的一个弊端现象就是用户对网络广告感兴趣程度不高，但即使用户并没有点开网站广告宣传信息，系统也会将用户的浏览情况做出记录，因此对于网站浏览情况的判断不能将网站流量增加作为绝对性地参考物。这样的情况下，就需企业进行市场营销活动反应率指标的考察，常见的方式就是电子邮箱的送达率和回应率等。

（三）对市场营销竞争力的评价

1. 产品创新能力评价

随着经济快速增长和激烈地市场竞争趋势，消费者群体在多元化产品的市场环境中对目标产品的品质要求更加严格，因此就目前形势发展对企业而言需迫切思考怎样进行产品的创新升级。尽管产品创新的道路不能轻而易举地实现，但企业为了保留自身竞争优势，获取广大消费者的信赖和肯定，就必须长久地探讨创新道路。在企业新产品的研发中，企业应该结合具体的市场环境进行产品回报率的考察，参考各方面指标对产品的在市场中的发展状况进行预估，保障新产品顺利地在市场中流通销售。

2. 质量管理能力评价分析

通常情况下，一个企业生产产品的质量会直接影响到产品在市场营销活动中的认可度，注重质量管理是为企业打造最有效的名片。企业产品质量评估一般从产品合格率、性价比以及市场口碑等进行考量，借助考量标准形成的质量检测报告，企业需利用报告进行产品优缺点的筛选，同时对产品弊端进行及时改造和升级。

3. 销售管理能力评价分析

企业产品的销售流程是企业规划设计中最重要的组成部分，它对产品收益起到关键性影响，因此无论是传统企业还是现代企业都非常注重销售流程的设计。与传统的销售工作不同，数字经济时代下的市场销售内容表现更加多元，运行流程更加复杂，所以现代企业销售流程设计需要思考应该采取怎样的方式保证企业销售工作取得优异成果。企业销售管理应该保持全局观，借助评价指标进行全面性的销售工作考察，严格把控销售流程的合理性。

4. 其他评价指标分析

企业评价指标的分析直接关系到企业在市场竞争中是否有保留竞争优势的机会，企业发展取得胜利除了通过以上列举指标进行分析评估之外还有其他评价指标分析。其中品牌发展对企业而言就具有重要的意义，品牌象征着消费者对企业产品的肯定，是获取消费者信赖的关键性一步。另外，企业宣传也对产品收益效果产生直接影响，一个好的广告宣传将会让消费市场熟悉产品并对产品产生好奇心，从而逐渐提高产品知名度。企业进行品牌和宣传评测的流程可以为企业带来某些潜在因素的进步，获取独特的竞争优势。

企业进行评价指标的过程主要是让企业自身不断反思，提升自我价值，在市场营销的环境中与消费者达成默契，为消费者提供优质化服务，在同行企业竞争中形成独特优势。企业营销内容的考察也主要是为了解决用户提出的产品诉求，在具体考察中需对服务质量、营销工作人员培训时长、营销运行状况等进行全方位考量，以此落实企业营销工作的顺利完成。

# 第三节　数字经济时代下企业市场营销战略和趋势分析

随着数字化时代的到来，不少传统企业竞争优势不再，利润空间进一步压缩，与此同时，新的营销方式冲击着原有的营销模式，倒逼企业调整乃至颠覆营销战略。在这样的时代背景下，原先的市场标杆企业辉煌不再，面临巨大创新挑战，直接影响着自身的生存和发展。因此，研究数字经济时代下市场营销战略和趋势是必须的。

## 一、数字经济时代下企业市场营销战略升级

（一）营销的本质

1. 营销战略的定义

学界关于营销战略的定义尚未达成一致的意见，下面介绍几个具有代表性的观点。

麦肯锡认为，营销战略是企业选择价值、定义价值、传递价值等一系列活动的组合。

科特勒认为，营销战略包括机会识别、客户吸引与保留、品牌创造、营销管理等。对于一家公司而言，需要密切关注外部机会，深入挖掘客户价值，构建科学营销管理框架，并创建品牌。

美国市场营销协会认为，营销战略是企业在目标客户的细分、定位基础上提供的营销组合"4P"工作——营销市场细分、目标市场选择、市场定位、相关的价格、渠道、促销和产品，这是企业创造客户价值的战略性工作，也是一切工作开展的前提。

2.营销战略的本质

从企业与咨询实践角度看，营销战略的核心包括需求管理、建立差异化价值、建立持续交易的基础三方面内容。

（1）需求管理。它的核心在于作为"较少弹性"的企业对"复杂多变"的市场需求的不确定性进行的有效控制和引导。营销管理的职责在于刺激、创造、适应和影响消费者的需求，其中未被充分满足的需求（包括反需求）和一切需求之间的失衡状况就包含了市场机会。

世界500强宝洁公司自1837年成立以来，便专注于挖掘消费者最本质的需求，秉持精益求精的原则为全球消费者提供需要的日常生活用品。企业内部设立了消费者学习中心，再现了迷你超市、客厅、卧室等消费者真实的生活场景，吸引大量消费者的参观，让他们参与公众调研、测试，分析消费者的真实需求。这里还有试点工厂，专门生产供消费者测试的小批量产品，以便迅速得到消费者的反馈。在宝洁各类产品中，有着对消费者细致入微的关怀，这也是其发展百余年而不衰的秘诀所在。在需求的刺激下，产品的生产及其实现方式将有一个大致的方向。

（2）建立差异化价值。"生态位"是生态学中的一个概念，指"恰好被一个物种或亚物种所占据的最后分布单位"。生物想要生存下去，需要发生趋异性进化，在不同生态位上分布，即表现地与其他生物不一样。对于企业来说也是如此，企业想要在激烈的市场竞争中占据一席之地，形成差异化是关键，当具备良好的差异化优势时，生产的产品才能得到消费者的青睐，这种的营销策略无疑是成功的，反之不具备差异化的企业的营销策略是失败的。这是因为，一项正确的影响，往往能将消费者的目光转移到自家的产品和服务当中。

在整个竞争战略中，"差异化价值"处于核心的为位置。有这么一个与差异化有关的故事：生活在加拿大东北部拉布拉多半岛的靠狩猎谋生的印第安人，每天需要思考从哪个方向去寻找猎物，他们的解决方法是将"一块鹿骨放在火中炙烤，直至骨头出现裂缝，再请部落专家解读裂痕中包含的消息——裂痕的走向便是寻找猎物的方向。"这种方式在现代人眼中是不科学的，但神奇的是，印第安人总能凭借这个方法找到猎物，这一习俗也在部落中沿袭下来。有学者分析，他们的决策方式有一定的"科学"成分，背后体现的就是"差异化"。半岛上的其他部落精心规划、科学分析，造成"竞争河流"，那些科学分析过的地方猎物反而被狩猎完，而这群印第安人则依靠"差异化"生存了下来，这何尝不是市场营销中的差异化价值的体现。

（3）建立持续交易的基础。从战略角度看，营销能否持续的关键在于持续交易能否持续建立。20世纪80年代，苹果原本以产品本身来获取竞争优势，产品从硬件到软件大包大揽，这种小众的定位、封闭的系统最终让苹果一度陷入绝境。当乔布斯回归后，公司设计的iPod、iPhone、iPad打了一场漂亮的翻身仗，市值呈几何倍数增长。究其原因，企业在注重产品的性能，工业设计的美观等同时，做到了将系统开放，利用iTunes、App Store等渠道让消费者得以不断更新买来的产品。此时苹果不再是一部手机、一台PC那样简单，而成了一个服务终端。果粉成为iPhone社区的一员，有着相似的兴趣、爱好，买了iPhone的人将产生一种群体认同感、归属感。自此，苹果公司从一家极端品牌导向的企业成为与消费者建立关系的样本。从本质上来看，苹果公司成功的原因，在于建立了持续交易的营销策略。

曾经的手机巨头诺基亚，因走投无路，不得不将大部分业务和专利技术转售给另一互联网巨头微软，可谓经历了"自由落体式的坠落"。而苹果却能始终保持相当的竞争力。从二者营销模式来看，诺基亚做的是"客户"，是产品思维，一旦产品卖出去，与客户之间的联系便消失了；苹果做的是"用户"，推出的产品只是与消费者建立关系的接口，通过接口进入使用社区后，苹果"关系管理"营销逐渐发力，让消费者一直为苹果服务产品买单，这实际上是一种持续交易的营销策略。事实上，无论是传统时代还是数字化时代，营销的本质，实现可持续营销的核心仍然是需求管理、建立差异化价值、建立持续交易基础。

3. 成功数字营销战略的特征

对于传统企业来说，想要在数字经济时代成功实现数字化转型，制定科学有效的数字营销是关键。它赋予了营销组合新的内涵，具有信息交互、线上购物、网上广告、企业公关等功能，具有集成性、个性化、低成本、跨时空、交互式、拟人化、高效性等特点，为企业解决营销信息不对称、促销局限、广告效率低等问题提供了一个全新的思路，这也是数字经济时代下企业市场营销的一个重要发展趋势。

在数字经济时代，数字营销主要有两方面作用。一方面，实现融合与联结。从品牌传播的角度看，数字营销通过组合的方式进行全媒体传播，媒介渠道大大拓宽，采用"线上+线下"的形式来推出产品和服务。数字营销的新观念、新形式包围无时无刻不在影响着传统企业，它正以一种整合的姿态，推动着企业的转型、融合与联合。另一方面，收割和贡献，这体现在广告方面。随着数字营销技术的成熟各广泛应用，加上受众行为的数字化，传统广告迎来数字化转型。同时，数字营销行业产值不断积累，促进数字经济的发展、繁荣。

在传统营销战略转型阶段，有转型成功的企业，自然也有失败的企业。从工具层面看，虽然绝大多数企业运用了较为先进的数字化工具，但取得的效果却各不相同。这是因为，失败的企业在运用数字工具的过程中，忽视了营销的本质。一个成功的数字营销，包括以下几方面内容。

（1）连接。纵观互联网发展史，始终有一条若隐若现的主线贯穿其中，这条线就是"连接"。在连接的过程中，人们之间的联系越来越密切，速度也逐渐提高，广度、深度和丰满度越来越强。在进化的过程中，任何时候、任何地方、任何事情之间得以连接，突破了时空局限，反映人类整个生存状态，可见连接的无穷作用。

在互联网、数字化时代，"联合"是数字时代的本真。当"互联网+"时代下。数字经济有诸多特性。这表明连接是原定律，唯有如此，"免费的商业模式""社群""去中介化""粉丝经济"等才能相继出现。所谓新经济，指以互联网为基础，将所有事物连接在一起，并在此基础上创造性地提出新的业务模式和运营方式。

未来的互联网，将连接一切。这类企业的目标旨在尽可能多的创作连接点，搭建一个开放式平台，并在此基础上建立起一个更大的"生态链"。以腾讯为例，它在传统互联网时代，连接人与人、人与服务；到了移动互联网时代，它的连接融入了人与线下、线上与线下等因素，实现了更加复杂的连接，延长了自身的产业链条。

（2）消费者比特化。在数字经济时代下，消费者的一切消费行为都会被记录并跟踪。因此，企业在制定数字营销策略的过程中，需要想办法获取核心消费者的行为数据，实时关注相关数据的变化，来预测消费者消费偏好，满足消费者的个性化需求。在互联网技术的支持下，人们的行为能够通过数据的方式加以储存、描述和追踪，人们成了可以进行连接的数字，他们的身后是一条条个人信息形成的"尾巴"。大家点击网页、乘坐轨道交通、驾车穿过自动收费站、在银联商户上用手机支付等行为数据，都会被互联网企业通过各种渠道捕获到，这表明，这些企业掌握了我们的日常行为。

在未来，全球数据和内容将持续以倍数形式增加，企业的市场营销过程因收集、分析和决策大数据而透明化。在大数据时代下，企业将消费者比特化的关键，在于对他们的行为数据进行分析和跟踪。

（3）数据说话。数字的诞生、采集和应用是数字营销的核心。数据产生于真实的互动行动，包括用户属性数据、浏览数据、点击数据、交互数据等以及企业的广告投放数据、行为监测数据、效果反馈数据等。企业对这些数据进行捕捉，能够精准分析消费者需求，并根据真实情况来调整自身的营销策略，提高营销的效果。企业通过多维数据，分析行业发展现状，提高预测行业发展趋势的能力，将无形的数据转化为有形的价值。

数据说话，即通过数据进行运营决策。在数据积累、互通环节，数据化运营尚不迫切，一旦数据源建立起来，以用户为中心的跨屏互通后，智能型、可视化数据呈现显得尤为重要。总之，数据说话是跨越决策者和营销管理人员的主观判断建立的数字说话系统。

（4）参与。邀请消费者参与到企业营销策略中。在数据经济时代下，企业制定营销战略的依据是从消费者群体中捕捉的数据，因此，在企业营销过程中，消费者理应有一定的话语权，他们是不受企业管辖，却能保证企业正常运转、推动企业决策的外部员工。企业产品的设计、品牌推广、活动策划、渠道选择等都可以邀请消费者参与，为消费者带来归属感，这样生产的产品和服务能够迎合消费者个性化需求，为企业赢得竞争优势。

（5）动态改进。企业利用大数据技术获取消费者行为数据后，需要进行科学分析、整合，根据分析结构对营销策略进行适当调整。考虑到消费者数据更新频率快，所以企业的营销策略应当保持足够的灵活性，实施动态改进，确保与当下消费者行为一致。

（二）市场营销战略的升级

1. 营销的进化

（1）营销1.0。它是工业化时代也产品为中心的营销，以工业革命时期的生产技术开发为基础。营销1.0是将工厂生产的初级产品售卖给有支付能力的人，旨在满足大众市场的需求。在这种情形下，企业不断扩大规模，生产标准化产品，并不断降低生产成本，来赢得顾客的青睐。

（2）营销2.0。它是以消费者为导向的营销，核心在于企业通过信息技术向消费者诉求情感与形象。20世纪70年代，发达国家信息技术得到普及，消费者获取产品和服务信息的难度较低，能够"货比三家"。这一时期奉行"顾客即上帝"原则，企业眼中的市场是那些有思想和选择能力的聪明消费者，想获得顾客的支持，必须要求满足顾客特定需求。

（3）营销3.0。它是以合作性、文化性和精神性为核心的营销，具有价值驱动的特点，这一时期的营销同样致力于满足消费者需求，但它的营销理念上升到注重人类期望、价值和精神需求。营销3.0实现了情感营销与人类精神营销的结合，让消费者从内心接受产品和服务，提升了消费者的满意度。在这一时代，企业凭借差异化的价值观进行区分定位，这为企业在当时经济形势动荡背景下的生存与发展提供了一份保障。因此，3.0营销时代也被经济学家们视为"价值观驱动"的营销时代。

（4）营销4.0。这是实现进一步升级，创造自我价值的营销。随着科技的发展、社会的进步以及物质生活水平的大幅提升，人们的生理、安全、归宿、尊重等各个层次的需求更容易被满足，实现自我价值的诉求愈发渴望，这也是营销4.0面临时代课题。

移动互联网的普及，传播技术和平台更加丰富、多元，使得客户接触所需要的产品和服务更加简单，且能够实时间与自己有相同需求的人进行交流，这样一来，社交媒体、客户群体也就随之出现。在这样的背景下，企业的营销战略重心转移到让消费者积极活动、尊重消费者作为"主体"的价值观、邀请消费者参与到生产环节当中来。随着客户之间、客户与企业之间交流的深入，移动互联网、物联网带来"连接红利"，消费者行为、轨迹产生了大量行为数据，这些数据背后代表着无数与客户接触的连接点，这一现象被称为"消费者的比特化"。而营销4.0，则是在价值观、连接、大数据、社区、新一代分析技术下，了解各个连接点代表的需求，从而帮助客户实现自我价值。

2. 营销研究的升级

（1）行为跟踪。移动互联网的快速发展，智能手机、平板电脑的出现，极大改变了人们的日常生活方式。各大企业也在尝试通过移动设备收集用户行为数据，并利用大数据技术进行科学分析，从而分析消费者消费需求，实现精准营销。与传统调研方法相比，如今的市场调研不再局限于文本中的用户信息，还可以通过现代设备获取用户的实时行为数据。

（2）碎片化研究。传统的市场调研有一定时间周期，人力耗费较多。当调研涉及面不广时，可能出现信息的遗漏；当涉及面较大时，成本则较高且周期长。此外，企业往往无法做到根据不同消费者提供相应的调查问卷，难以细化调研条件；消费者对于企业的调查的参与性不高。而在数字经济时代，市场调研凭借发达的网络和大体量数据，利用智能化信息处理技术和较低的调研接入成本，就能获取更全面、更准确地行为数据，帮助企业更好地把握消费者行为和心理，调整营销策略，捕捉商机（图7-1）。

另外，企业还能通过主动投放网络问卷或在线上采集碎片回复的方式收集相关数据，让新产品在概念阶段就能通过互联网技术进行产品设计和模拟测试。邀请消费者参与产品研发，以便更好地迎合消费者需求。

```
传统市场调研方式 ——— 数字时代的变化
```

**挖掘社交媒体数据**
微博、微信等社交平台已成为新生代消费群体不可或缺的社交工具，因此针对社交平台的信息挖掘成为研究市场趋势的新手段。例如，通过微博评论可以统计、分析消费者对某种产品的兴趣及偏好。这种消费者主动披露的信息与传统访谈相比价值更高

**移动终端的实时性和动态信息**
随着4G网络及智能手机的普及，市场研究已经进入移动终端领域。大量手机App使实时采集消费者信息成为可能，移动信息分析在购买时段、产品渗透、重复购买率及营销效果评估等方面比传统调研更具优势

**零售终端信息采集系统信息收集**
企业可以利用各种移动终端来收集手机市场的数据。例如智能交通中收集到的车流信息、移动应用收集到的人流位置信息、零售领域收集到的销售信息。这些信息可以清楚地显示物流、人流和资金流的实际情况，为企业决策提供精准信息。

图 7-1　数字时代下的市场调研

（3）"一对多"的众包模式。在移动互联网时代，众包模式指在外包模式基础上利用互联网技术形成的一种新的企业合作模式（图 7-2）。外包一般是"一对一"，众多一般是"一对多"，即将个人或企业需求借助网络平台，依靠众人的力量和智慧完成某项作业。比如，企业向收集店铺门牌号、地址、联系方式等信息时，可以在互联网平台发布任务，给予信息提供者一定的任务奖励，能够以一个高效、低成本的方式获取全国上万家门店的渠道信息，并通过 GPS 定位功能，保证消息的真实性。众包模式的一个显著优点在于能不断进行更新，效率极高，且成本较低。

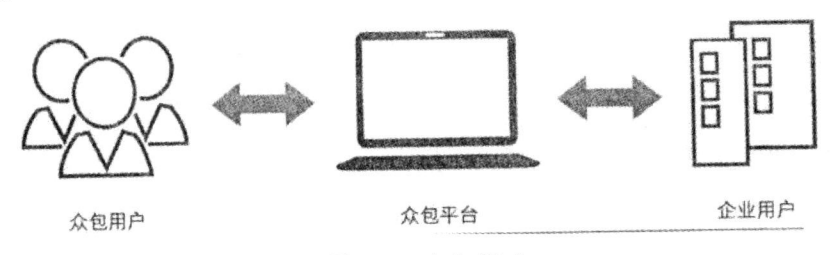

众包用户 ⇄ 众包平台 ⇄ 企业用户

图 7-2　众包模式

（4）泛数据分析。在传统市场调研中，不少营销咨询公司采用访谈形式收集信息，了解消费者对某项产品的感受；设置相应的标准，采用"短问卷"方式分析消费者品牌认知度；跟踪网站数据和点击进入率，以分析消费者习惯和需求。现如今，消费者更倾向于数字媒体和电子购物，仅凭传统的信息获取方式远跟不上信息的更新速度，收集到的信息很可能"过时"，这也会让企业因信息的把握不准而错过不少商机。

在新市场营销模式下，企业通过大数据技术采集消费者实时体验数据，并以此为依据制定相应的市场营销战略，并注意战略的灵活性。在市场分析的过程中，需要尽可能减少假设和猜想，确保信息的真实可靠，从而制定更符合消费者预期的营销目标。

数字技术的广泛应用，正改变着消费者信息收集方式，对营销决策活动产生重要的影响。现在的人们想要了解某款新产品时，往往会选择"百度"一下，或通

过微博、小红书等社交平台发布问题，阅读使用过这款产品的消费者发表的看法。用户体验的分享因为网络变得极为便利。用户在网络中交互的每一条信息都是一个与信息接触的点，其中很可能包含关键信息。营销机构通过实时监测这些回复、动作和反馈来调整自身的营销战术。企业利用这些信息建立一套预警系统，从而降低非不要的损失。以上数据就是日常生活中说的"大数据"，更准确地说是"泛数据"。

（5）神经营销学的应用。神经营销学数据神经消费行为学、神经营销策略和神经广告学范畴，根据神经学原理分析消费者行为和习惯，从而挖掘出其背后的推动力。通过核磁共振造影，研究者画出被试者脑部图，分析他们对某些特殊广告或产品的反应。反应的结果则作为广告与品牌推广的参考依据，以提高营销策略的准确性。

现如今，利用神经营销学预测消费倾向和趋势的方法尚不成熟，原因有二。其一，核磁共振成本过高，目前无法大规模用于研究；其二，有关大脑区域活动的研究尚不深入，未形成有效的评判体系。

（6）大数据文本抓取。互联网技术的成熟和广泛应用，为市场调研提供了丰富的数据收集渠道，如通过各大电商、媒体网站、微博、社区等网站页面抓取信息，并以此分析企业对网络舆情、广告投放效果等。对获取的数据中的文字进行语义分析，预测相应的趋势。

对于大多数网络数据抓取公司而言，汉语言文本的语义分析难度较大，尽管能收集到不少信息，但在整合、分析方面的效率不高。想要解决这一难题，可以利用大数据分析技术，它能够搜索和抓取网络中所有查得到的公开信息，并自动进行汉语言的分析，智能获取用户对某款产品的看法，从中挖掘有价值的信息，为企业的战略决策提供指导。

3. STP的升级

（1）市场细分。从目标消费者到消费者网络传统，市场营销专注于高潜力小部分转化，但在大数据技术应用下，这种情况得到扭转，营销者可以对目标进行更细的划分，通过网络、搜索。社会和移动端传统一样的信息，实现实时的信息交互。

在营销领域，市场细分是核心环节，围绕消费者的共同愿望和需求划分一个或多个小泽，通过最有可能的接触点和媒体渠道，设计和实现营销策略。它让企业更容易定位相关的产品和服务，在聚合潜在客户的同时，将产品在对的时间出售给需要的客户，这些有着共同需求的客户，可能会对类似营销活动产生影响。在数字营销下，该做法得到扩展，营销者收集信息的渠道更加多元，如搜索引擎、移动设备、社交媒体等，对营销目标群体进行重新定位。

与传统市场细分相比，数字市场细分强调消费者互动的网络联系和更微分的单元，构建一种全新的消费群体的共同利益和价值观。在数字技术的帮助下，被地理、文化割裂开的消费者聚集在了一起，通过沟通、分享和识别形成一种亲和力，增强了彼此的认同，并反作用于数字技术的发展。

由此可见，在"市场营销新常态"下的市场细分存在每一个目标群体的网络中，来吸引、激活有影响力的人，这些人通过各种渠道，将交互得到的信息传递给其他人。

（2）营销细分。市场细分的概念和划分标准经历了以下阶段：20世纪50年代的人口统计学特征、60年代区域人口统计学与行为特征、70~80年代的心理统计特征数据、90年代客户忠诚度与收益数据、现如今通过经济学数据的一对一用户画像。当下，精准营销乃至一对一营销凭借大数据挖掘和分析技术，有了实现的可能。根据细分模型与客户调研，可以对细分的客户进行精准化描述。（如图7-3所示）。

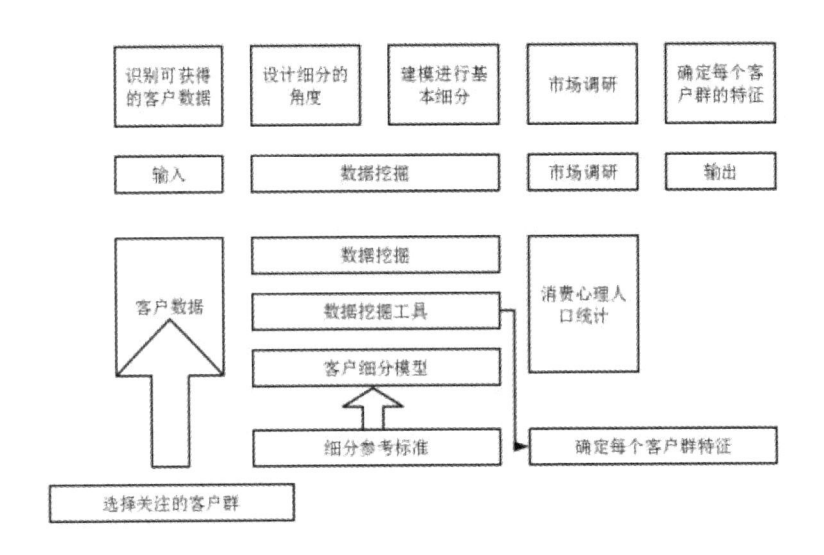

图 7-3　数字时代下的客户细分

①目标市场。随着现代社会的发展，各行各业、商业各个领域正发生颠覆式的分裂和解体，在传媒业碎片化，供给趋于无限可能的背景下，消费者的各项原始需求逐步得到满足，但派生性超细分需求逐渐显露出来。在多元化、部落化的社会中，目标市场的选择正悄然发生变化。比如，以小众消费者为目标市场的营销逐渐兴起。

②意见领袖。指在人际传播网络过程中，经常为他人提供信息，并施加影响的"活跃分子"，在大众传播中发挥中介或过滤作用。这些活跃分子将信息传递给受众，实现信息扩散的两级传播（即信息从企业到意见领袖再到公众）。在营销领域运用意见领袖，是因为他们拥有一定的社会话语权，能都对周边人产生影响，会为市场和品牌带来涟漪效应。

在传统营销活动中，营销人员选择目标市场，一般会将受众与购买者统一（也存在分离的情形，典型的如B2B制定的营销策略）。对于互联网环境中形成的"品牌声量"，要求对意见领袖进行妥善管理，必要的时候可以将这类群体纳入目标客户管理当中。

③目标客户的更迭、升级。技术采用周期由创新者、早期采用者、早期从众者、晚期从众者、落后者组成，分别对应不同形态的群体。在高科技产品市场研发时，由早期采用者主宰的早期市场向由实用主义者占支配地位的大批顾客占据的主流市场的过渡是最危险、但也是最关键的一点，这是各组成部分中最大的鸿沟。

掌握了新兴技术的企业，识别早期采用者群体并与之建立深度关系是战略的重点，有助于企业跨越"鸿沟"，这类群体一般是一个产品最早期使用者中最认同产品并希望产品得到更多人认同的用户群体，人数几人、几百、上千不等。但他们都有一个共同特点，热爱这款产品，使得产品得到不断的改进，树立起良好的口碑，实现产品由小众到大众的飞跃。从创业者角度看，目标客户的更迭、升级对产品、组织有重要意义。

（3）市场定位。①战略逻辑。帮助企业管理者和决策者了解定位，即知晓讨论的内容。从公司战略层面看，定位包括价值链定位、业务模式定位和品牌心智定位。

价值链定位。价值链，指企业在顶层资源配置的逻辑和取向，为企业参与哪些领域的竞争、分布和延伸价值链、资源的具体布局等方面提供帮助，具有重要的指导意义。

业务模式定位。业务模式定位的核心在于"是什么"问题。根据业务定位的区别，互联网时代下的企业有价值点型、价值链型、生态型、平台型等类型。其中，价值点企业将业务集中在价值链某个环节，多是中小型企业，但这类企业往往是某一细分市场领域的领头人，凭借高度创新和专业化精准定义细分市场，制造市场准入壁垒。价值链企业利用自建或并购等方式打通价值链上下游，对资源进行整合，来提高企业战略灵活性和核心竞争力。平台型企业在共享经济和平台经济思维下，构建资源平台，通过促进供求双方之间的交易来收取一定的手续费或赚取差价，提高了资源的利用效率。生态型企业围绕自身核心资源优势，进行投资参股，建立起生态经济。

品牌心智定位。指根据设计公司的产品和形象，在目标市场占据一个独特位置，进行区隔化，以增强产品在消费者中的好感，从而实现收益的一种定位理论。这有利于建立以顾客为基础的价值主张，为目标市场应当购买某一款产品提供决策依据。

②品类逻辑。从本质来看，定位需要上升到品类战略，即"品牌=品类+品牌名"。这一定位战略下的品类逻辑，指品牌通过有效差异化与区隔，开创新品类，成为某品类代言词，利用品牌与品类的捆绑创建品牌。关键在于以成为潜在客户心智中的品类代表为目标，来把握商业发展趋势、发展品类机会，推动品类的更迭、升级，最终创建出一个强大的品牌。

③连接逻辑。它是在数据经济时代下，构建品类并在市场取得成功后，可以更迭、延伸甚至可以建构生态圈的一种理论，是对传统时代定位理论的一次颠覆。在深潜垂直思维下，补充水平思维，从而增强企业营销的创造力，建立新的优势，

开拓新的市场空间。

4. 产品战略的升级

产品战略，指企业从全局上对所生产和经营的产品进行的谋划，这是实施经营战略的前提和基础，与市场战略之间存在密切的联系。企业想要获取最大的经济效益，赢得客户青睐，开拓更广的市场，依靠的主要是物美价廉、适销对路、具有竞争力的产品。毫不夸张地说，产品战略的正确与否，决定着企业的胜败兴衰。关于产品战略的升级，需要结合企业的实际发展阶段。

（1）循证主导与 MVP 模式。在数字经济时代下，产品开发洞察的营销技术的进步，让"循证"成为现实。

循证，表示某种方法能被循环证实，起初用于医学领域，后来延伸到市场各个领域。产品战略也可以进行循证。智慧营销在关键在于了解客户问题和需求，推出产品，并不断尝试、验证，这是一种精益创业思维，有助于企业深入挖掘客户需求，创造更优的产品。

从本质上看，精益创业思维注重市场测试而非细致的策划，关注客户的反馈而非自身的感觉，要求反复设计和改善，而非前期大而全的产品开发，强调 MVP（最小可行性产品）模式。

（2）"产品+社区"。移动互联网的普及，打破了社交的时空限制，社交红利时代已然到来。现如今，大量同质化、仅仅依靠升级推出的产品对消费者不再有那么强的吸引力，企业想要持续获利，必须通过产品开发社区，并构建社区，以增强用户黏性。传统营销产品在数字经济下已然超越产品本身，成为一个"产品+社区"的模式。产品依托大数据、物联网技术等，差异化维度增加，在跨界和想象力的拼接中聚合成强力的优势。

（3）产品服务化。在全球化背景下，共享经济市场规模不断扩张，几乎成倍数实现增长。狭义的共享经济，指以获取一定报酬为目的，将物品使用权暂时转移到陌生人的一种商业模式。它是对社会闲置资源的一种再利用，将熟人之间的共享关系推向陌生人的经济形式，包括"零"边际成本、商业化信任、社会化互联三大驱动要素。

共享经济的充分释放，以移动互联网技术为前提，这表现在以下几个方面。其一，全民移动化。要求服务提供者接入移动互联网，打开共享经济的前端供给；其二，移动支付的普及性，移动支付的全面应用为共享经济平台的便利性、中介性提供保障；其三，动态反馈机制的建构，共享经济平台为供需双方提供的相互评价机制、动态定价机制，促进共享经济的优化。作为移动互联网的产物，共享经济平台大大方便了供需双方的交易，在这个过程中，可以通过移动 LBS 应用、动态算法与定价等机制优化服务。

根据共享经济思维，不少商业领域拥有战略创新的机遇，其中可以共享的资源包括设备、空间、技能、品牌、信用、时间。

5. 品牌策略的升级

品牌策略，指有助于品牌积累的企业管理和市场营销方法，其核心在于品牌的维护和推广。因此，品牌策略的直接目的在于在客户心中刻下品牌的烙印。与传统的电视、报纸等品牌营销方式相比，数字经济时代下品牌营销方式更加丰富，大部分企业更青睐网络品牌营销。

（1）价值观导向。数字经济时代下的产品，必须有独特、鲜明的特点，才能吸引客户，更好地满足客户个性化需求。在传统消费时代中，客户更注重产品的功能需求，现如今，更强调产品的品牌价值观需求。这样一来，产品的特质由消费者决定，定制化产品大量涌入市场，对于相同功能的产品，消费者往往会选择与自身价值观相符的那款。在以往的营销过程中，企业营销围绕"价值"展开，以"选择、传递、交付价值"构建相应的体系。数字营销时代则强调魅力关系，围绕"营销价值观"展开。这是因为，对于消费者而言，价值观远比价值更有意义。

在市场营销领域，在"顾客即上帝"理念下，企业唯有创造更优质的服务，来打动客户的情感和精神，从而赢得他们的青睐和支持，在稳定现有客户的同时，吸引潜在客户。心理学研究表明，情感会引发行动，理智则引发推论。因此，想要增强客户对产品品牌的忠诚度，需要从情感和精神层面入手，最好的方法就是提供更优质的产品和服务。

（2）互动者与赋能者。以前的品牌是一项在严格控制下被培养和保护起来的资产。在制定品牌策略时，CEO（企业领导人）和CMO（市场总监）根据定义设计品牌，通过各种渠道将品牌价值传递给客户，这种传递是单向的。在以前，品牌会给予目标客户条件反射式的刺激，而数字时代的品牌改变了这一状况，这时的品牌并不视为一项资产杠杆，而是一种平台的合作——社会性品牌、粉丝、追随者联合制作为消费者带来良好体验的产品。社会品牌相当于一个互动平台或开放式生态系统，消费者在持续进化的过程中不断发挥作用，这样建立起来的实时反馈机制，让社会品牌更有效。

在移动互联网下，万物可"连"。一方面，品牌需要从说服者转变为促成者；另一方面，在连接各种服务后，网络从"touch points"变为"cash points"，这时的品牌要求更注重用户的整个购物流程，形成营销闭环。另外，移动互联网加速了"去中心化"趋势，营销渠道更灵活、多元，要求品牌具有更迅捷的决策和执行流程，满足消费者的个性化需求。

（3）内容与数据营销。在大数据时代，各种信息充斥人们日常生活，而受众接受且消化的信息是有限的，自上而下的传统信息传播方式对消费者的吸引力大不如前。对于移动互联网下的消费者而言，他们更倾向于讲故事的方式，这就要求企业做内容营销，将社交媒体热点与品牌信息结合在一起。因此，有必要建立"定位+联想群管理"模式。

定位理论源于一个核心假设：在工业化时代的信息爆炸、单向传播背景下，企业有必要给客户留下一个深刻的影响。假设传播中企业是主体，此时的定位策略在于利用单一化信息，不断进行重复，用时间函数在消费者心智中形成特殊的定位。

数字时代下的不少信息都源自于客户，或产生于特殊时间点与企业关联性不大的事件中。对于这些信息，有经营头脑的人会将这些信息纳入自己的传播、互动中，打造企业闪光点，来吸引更多客户。想要提升企业的"魅力值"，可以尝试进行即时的"联想群管理"。

数据营销驱动除了对内容进行改变外，也需要改变传播层，实现营销广告投放决策的经验驱动到算法驱动的转变。以往的广告投放决策重心在于预算分配和进程管理，多通过已有经验和单一的数据购入广告媒介。现如今，大数据技术进军广告领域，经验投放被机器学习和数据算法替代。营销人员建构模型，采用逻辑回归方式建模预测；通过机器学习优化和升级模型参数。DMP（数据管理平台）和DSP（数据信号处理）平台搭建后，只需输入需求和运算，系统便会自动进行程序化购买。然而，由于大数据程序化购买产业在我国兴起时间不长，购买质量存在一定问题，相关算法有待优化。

（4）打造"魅力"经济。在经济学中，有"市梦率"（市盈率达到较高水平）一词，企业之所以能够这么高的市盈率，说明自身拥有较大的人格吸附魅力，有庞大的粉丝基础，从而形成对公司有选择偏好的强力的客户资产。传统互联网企业的市值高低取决于客户资产，而数字社交下的时代，除了客户资产外，客户资产的质量（客户成为公司产品忠实粉丝、支持者、宣传者）更加重要，它能够清晰判断顾客群的影响力范围和顾客群基于支付意愿的价值总和。在数字经济时代下，"魅力"能够带来良好的经济效益。

公司品牌的"拟人化管理"是品牌规划中的一个关键环节，指将企业人格化，打造企业特质、塑造企业个性、划分企业阶层，对上述问题进行系统化设计，勾勒企业人格化特质，打造品牌魅力，增加客户的忠诚度。因此，在数字时代，打造品牌个性、形成魅力经济对企业更为重要，这反映了企业连接的节点的多寡和效率。

在企业品牌魅力管理中，CEO从幕后走到台前。事实上，数字企业形成魅力的关键在于CEO能否从组织内部走出去，与客户进行直接、有效的沟通。此时，CEO的个人魅力将融入到企业魅力当中。就像很多消费者对苹果手机趋之若鹜，更多的是对乔布斯个人魅力的信服。

对于企业来说，要在激烈的市场竞争中立足，关键在于找到自身的人格化魅力。最有效的方式是将企业视为一个"人"，赋予其个性、差异性，与外界保持持续的沟通。心理学研究发现，人类在历史发展过程中存在一种集体潜意识，它寄托着人类社会早期的崇拜和吸引的图景源泉，这有利于唤起人们内心深处的情感。像那些流传千百年的神话仍在当代社会发挥作用，根源在于它们反映了人类探寻生存意义的永恒道理。

与传统时代相比，数字经济时代魅力点的择取有了新的变化。传统时期的企业基本围绕"稳定""安乐"等指标渗透下的人格原型中发展魅力下发展魅力。数字时代下，这些人格原型缺乏"水平""鲜活"，不够富有"人情味"。在当今的颠覆式时代下，企业人格魅力转向"挑战""改变"，想要"妹力无穷"，必须同时接近这两个维度。

6. 客户服务策略的升级

电子商务依托移动互联网、物联网等新兴技术，得到蓬勃发展，网络营销市场竞争愈发激烈。在这样的背景下，越来越多的企业重视人的因素，强调以客户为中心，旨在满足客户的个性化需求。

（1）社会化客户关系管理（SCRM）。一个科学的 CRM（客户关系管理）系统，需要满足综合使用数字技术、自动化和同步销售营销、客户服务和技术支持等要求，而传统的 CRM 策略显然无法做到这一点。

CRM 强调企业管理神经中枢与未来客户的交互。作为一个营销组合的核心元素，CRM 有利于组织管理业务关系及其有关数据信息。它通过销售、营销和客户服务实现客户参与的生命周期和销售的转换。

与传统的 CRM 相比，数字经济时代下的 SCRM 处于起步阶段，二者之间的差异见图 7-4。

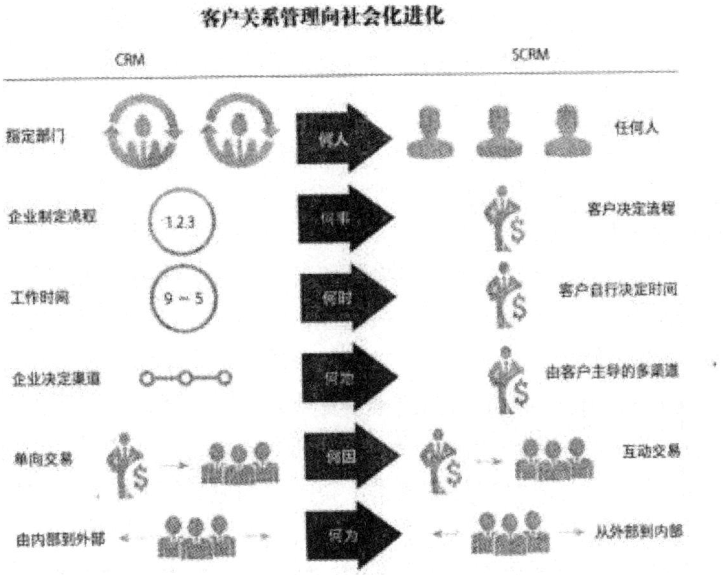

图 7-4 传统 CRM 与 SCRM 之间的差异

SCRM 是新的营销常态的重要组成部分，能够为消费者带来更好的消费体验，增加客户的忠诚度。

传统企业中的客户服务部仅是一个部门，主要职责在于处理客户问题。而 SCRM 强调客户服务，要求为客户提供优质服务，是关于期待、倾听、迅速响应客户需求的一种系统，关注的是"正在做对的事"和计划"做对的事"，以此来增强客户体验。

（2）全员工参与。在传统营销时代，客户服务接受的服务限于购买过程中的服务、售后电话客服服务以及定期、不定期的投递任务。企业设立与客户对接的客服专业人员，即便如此，企业和客户处理销售时接触得较多，之后的联系基本断开了。像设计、研发、营销部门不能与客户进行直接对接，对客户的需求把握不精准，出现各自为战的局面。

随着移动互联网的普及，社交媒体的日益丰富，传统客服人员有更多渠道和方式与客户接触，企业的全体员工都有机会参与到客户服务过程中。比如，企业技术研发部门通过社交媒体创建公众号或个人微博，充当技术领域的"意见领袖"角色，解答客户遇到的技术问题，还可以利用自身影响力发布与企业有关的微博，来扩大企业知名度。

全员工参与的营销模式有利于实现资源利用的最大化，让全体企业成员与客户进行对接，凝聚企业力量，使得发力点更加集中，更有力量从企业竞争防御角度看，这种让更多员工与企业接触的方式，使得服务更加立体，防御手段更全面、合理。

（3）以对话为核心的体验化管理。传统营销关注重心是以高效、低成本方式完成销售流程，而企业致力于用更好地产品来满足客户现有的需求。关注流程有利于实现这一目的，但同时会导致与客户缺少交流的问题。这样一来，企业往往解决的是已有的问题，忽视了那些得不到满足的需求。数字营销的重心从流程转移到客户的对话，企业如何与客户进行接触、建立联系、顺畅交流，进而了解未知的需求成为关键。

数字时代更加强调以消费者为中心，重视客户体验，这延伸到涵盖所有客户与供应商有关产品和服务的接触点。

（4）核心圈层与社群管理。传统客户分层管理可以分为高价值客户、潜力客户、大众客户、潜在客户四种类型，或者从年龄、收入、性别、社会阶层、文化程度、使用习惯、消费档次、地域、风俗习惯、民族、国家、对产品要素的与敏感度、使用周期等角度进行分类。对客户进行分层管理是根据一定指标对顾客价值进行归类，以便做出针对性的营销决策，更高效分配营销资源。然而，数字营销时代核心圈层管理的出现，让这一分类不再那么重要。

圈层，是对某一特定社会群体的概括，将具有相似经济条件、生活形态、艺术品位的群体之间建立联系，形成一个小圈子。正所谓"物以类聚，人以群分。"凭借移动互联网，有着相似属性的人之间的联系更加密切，彼此之间的交流更为频繁，有利于加速圈层的形成，使其更加丰富多样。而圈层管理，便是从诸多圈层中，选择与企业营销定位最接近的圈层，即核心圈层，在此基础上制定科学、有效的营销策略。

进行圈层管理的目的在于，其一，传递品牌信息和扩展客户面；其二，通过良好的口碑来提高品牌认知度，并使其趋于一致；其三，充当客户维系手段，保持客户的忠诚度。

对于数字企业而言，需要将原有的点交易上升至线和面效率，以一个有着良好使用体验的消费者为基点，逐渐对其周边消费者施加影响，从原有的"B-C"模式转变为"B-C-C"模式。

建立社群是进行圈层管理的关键，这有利于调动消费者的参与积极性，提高口碑。对此，企业以客户为核心，邀请客户参与到社区交流当中，引导消费者在社区发表意见、建言献策，以此作为企业调整营销策略的依据。

## 二、数字经济时代下企业市场营销具体战略

### （一）抢占移动互联网流量入口

互联网入口，指人们在使用互联网过程中经常用到的上网方式、上网设备、工具软件等。

企业想要充分挖掘和分析客户的需求，可以通过占据互联网入口的方式了解用户上网习惯、行为模式等数据，在此基础上制定科学的营销策略，为自身谋求更好的发展。

1. 占领入口意味着拥有用户

企业抢占某一领域入口后，意味着拥有该领域的所有用户，这批用户资源有着巨大的潜在价值，对各大企业来说有重要战略意义。

在有关互联网模式和话题中，入口往往是人们寻找信息、解决问题的一个重要手段。正如当年微软的 IE 占领电脑浏览器一般，如今"入口战争的火焰"延伸到移动互联网当中。

事实上，互联网入口很大程度决定着占用户总数最多的用户的浏览习惯，可以说，占领了入口就拥有了客户。

在移动互联网时代，入口经济就是网络经济，包括能为各种应用带来流量的站点和工具。因此，占领了移动互联网入口，就掌握了流量，从而拥有可观的用户和现金流。

2. 巨头们抢占移动互联网"入口"

在 PC 互联网时代，作为互联网入口的浏览器的重要性不言而喻，此时的"入口之争"也主要围绕浏览器进行。而在移动互联网时代，用户获取内容的行为和渠道有了深刻的变化，入口的争夺更加激烈，最突出的表现就是各种手机 APP 横空出世，直接动摇着浏览器的入口地位。尽管如此，入口这一商业逻辑仍然延续了下来，有关这一方面的争夺也必然随着环境的变化而愈发复杂。激烈。各大企业巨头都在不遗余力地争夺移动互联网的入口，有关"移动互联网入口之争"的竞争格局如表 7-1 所示。

表 7-1 企业巨头在"移动互联网入口之争"的竞争格局

| 巨头企业 | 智能终端 | 手机浏览器 | 手机操作系统 | 移动社交平台 | 手机应用商店 | 其他领域 |
|---|---|---|---|---|---|---|
| 腾讯网 | QQ物联、微信硬件、TOS+ | QQ浏览器 | 乐蛙、TencentOS | 手机QQ、微信 | 应用宝 | 腾讯手机管家、QQ通信录 |
| 百度 | 易手机 | 百度手机浏览器 | 百度云OS | 手机贴吧 | 百度手机助手 | 百度手机地图 |
| 阿里巴巴 | DVB+OTT智能终端 | UC浏览器 | 阿里YunOS系统 | 手机阿里旺旺、云聊 | PP助手 | 手机淘宝、手机支付宝 |

总而言之，在竞争愈发激烈的数字化时代，巨头企业、精明的创业者会抓住一切移动互联网入口，从中获取有关人们衣、食、住、行等方面的信息和数据，实现新的发展。

（二）制定品牌战略

随着社会的发展，传统打造品牌的手段显然无法满足移动互联网时代的需求，因此，数字化企业应当掌握数字经济时代品牌打造方式，紧跟时代步伐，充分认识到营销规则的变化，顺应社会发展趋势，从而在市场中占据一席之地。具体的品牌制定战略如下。

1. 品牌有无战略

一般而言，现代企业都有自己的品牌和商标，尽管这一定程度上增加了费用开销，但也有以下的益处。

（1）方便管理订货。

（2）便于企业细分市场。

（3）树立良好的企业形象。

（4）增强客户对品牌的忠诚度。

（5）注册商标让企业产品特色得到保护，以免被抄袭、模仿。

在市场竞争领域，品牌是一个企业强有力的手段。一种品牌的出现，往往有另一品牌与之呼应，从而形成一定的竞争关系，彼此抢占市场、相互抵制、相互制约。

20世纪70年代以来，越来越多的西方企业逐渐在某些消费品领域不再规定品牌名称和标志，且无需向政府注册登记，实行非品牌化，这类产品统称为"无牌产品"，即在超级市场上出售的无品牌、包装简易且价格实惠的普通产品。这种做法有利于节省包装和广告费用，以便降低价格，扩大销售。这是因为，无牌产品使用的原料质量不高，相关的包装、广告费用较低。

2. 品牌统分战略

（1）分类品牌。指对企业的各类产品分别进行命名，一个产品对应一种品牌。原因在于，企业往往会生产或销售多种类型的产品，实行分类品牌有效避免了产品混淆的情形。即使是生产或销售同一类产品的企业，为了区分产品的质量，往往也会选择不同的品牌名称。

（2）个别品牌。指企业各种不同产品分别使用不同的品牌，这样一来，当企业某种产品声誉受到影响时，整体的声誉受影响程度并不大，或者某种产品遭受重创，企业也不会因此一蹶不振。比如原先生产某种高档产品的企业，在后续发展过程中推出相对低档的产品，当低档产品使用个别品牌时，并不影响企业已有的品牌产品的声誉。

（3）统一品牌。指企业所有产品使用一个品牌名称，这样做有利于新产品介绍费用，还能借助已有的品牌影响力扩大销量。

（4）企业名称加个别品牌。指针对不同的产品，企业实行相应的品牌，并在产品品牌前冠以企业名称，促使新产品合法化，并享受企业信誉的保障。对于不同新产品使用不同的品牌名称,在保持自身特色的同时注入了新的元素,让产品更加吸引消费者。

3. 品牌使用者战略

一般而言,企业使用品牌有以下几种情形。其一,决定自己的品牌,包括企业品牌、生产者品牌、全国性品牌;其二,决定将产品大批量出售给中间商,由中间商以自己的品牌转售,包括中间商品牌、私人品牌、自有品牌;其三,有些产品用自己的品牌,有些用中间商品牌。

(1) 品牌战。这是企业品牌和中间商品牌在现代市场经济环境下进行的竞争,相比企业品牌而言,中间商品牌有着不小的优势。原因在于,零售商营业面积有限,企业想要将自己的品牌打进市场的难度较大,加上私人出售的商品多是大企业品牌,而中间商更注重私人品牌的质量问题,自然更吸引消费者,能够获得消费者的支持。与企业品牌相比,中间商品牌价格相对较低,为了迎合价格品牌的消费者,大零售商往往将自己的品牌陈列在商品醒目的位置,且妥善储备,尤其是通货膨胀时期。

(2) 使用中间商品牌的利弊。现如今,在品牌竞争中,不少中间商品牌成为一个重要因素,但中间商在使用自己品牌的过程中也不可避免地遇到一些问题。比如,中间商为了宣传自己的品牌,需要投入更多的广告费用;需要大批量订货,这就导致大量资金用于商品库存,有着不小的风险。然而,中间商能够较好地控制价格,在一定程度控制供应商;进货成本较低,销售价格偏低,竞争力强,利润空间大。因此。越来越多中间商注重打造自己的品牌,以便在激烈的市场竞争中发展下去。

(3) 品牌阶梯与品牌均势。移动互联网时代以前,品牌阶梯的观念一直存在消费者脑海中,消费者钟爱的品牌位于阶梯的最上层,随着偏好程度的降低,各品牌的阶层逐渐降低。然而,近年来,消费者品牌阶梯观念逐渐淡化,品牌均势观念萌芽。在大部分消费者看来,所有的品牌都是一样的,任何有待出售的品牌都可以被接受,他们更强调产品的质量、价格和价值等因素,这种消费观念扩展了品牌和产品线,致使不少产品呈现大同小异状况。降价各特价造就一批关注价格的新型消费者,对此,商店品牌不断改善产品质量和服务,致力于为消费者提供良好体验,这对制造商品牌而言是个不小的挑战。

4. 品牌更新战略

品牌更新,指品牌的内涵和表现形式,随企业营业环境和消费者需求的变化而变化,从而更好地适应社会经济发展需要。品牌是社会经济发展到一定阶段的产物,在复杂多变的市场经济背景下,人们的需求趋于多样化,因此,想要一劳永逸的品牌尽管是不现实的。想要赋予产品以新的生命力实现新的发展,企业必须努力设计出与时代需求相符的产品,这也是克服品牌老化,实现品牌自我发展的内在动力。

(1) 形象更新。这是一个品牌不断创新形象,以便适应消费者心理变化需求,在其行踪形成新的印象的过程。

随着物质生活水平的提高，人们的消费观念有了新的变化，对此，企业需要适当调整品牌战略，积极塑造新形象。例如，考虑到大家的环保意识普遍提高，无公害消费成为当代消费者选择商品、品牌的一个重要标准，此时企业可以采用避实就虚的方法，对产品形象进行重塑，将其设计成环保形象。同时，在开拓新市场的过程中设计适宜的形象，促进品牌的可持续发展。

（2）产品更新迭代。在品牌竞争过程中，科技是硬实力，是取得竞争优势的物质基础。因此，企业必须强调科技创新，注重产品的更新迭代，提供更优质的产品和服务。

（3）定位的修正或品牌在定位。随着社会的发展，消费观念的变动，产品和品牌的内涵和形式也需要进行相应的调整。从商业、经济和社会的角度来看，品牌是对其内涵和形式变化的认识和把握。因此，企业在建立品牌后，需要正确把握市场形势，不断修正自身的目标市场。例如，竞争者推出相应的品牌，这削减了另一方市场份额，转移了一批顾客的偏好；公司决定进入新的细分市场等。由此可见，企业需要根据时代特征、社会文化的变化不断进行品牌定位的修正或再定位。

在品牌定位修正或再定位的过程中，首先，考虑将品牌转移到另一细分市场需要的成本，如产品品质改变费、包装费、广告费等。通常而言，修正或再定位的跨度越大，耗费的成本越高；其次，考虑新定位后带来的收益，这受到以下因素的影响：某一目标市场的消费人数、消费者平均购买率、同一细分市场竞争者的数量和实力、品牌修正或再定位的代价。

（4）管理创新。企业的发展与品牌的成长息息相关，企业的繁荣兴盛必然带动品牌的成熟。从本质上看，品牌维系是企业管理的重要一环，这要求充分做好管理创新工作，需要围绕企业生存的核心内容，包括与品牌有关的观念创新、技术创新、制度创新、管理过程的创新等方面，唯有如此企业的品牌才能够得到长久的维系。

5. 品牌扩展战略

（1）品牌延伸战略。品牌延伸，指将一个现有品牌名称用到一个新类别的产品上，这是品牌实现无形资产转移和发展的重要手段，为企业的发展注入了新的活力。

①品牌延伸的优点。其一，加快新产品定位，确保新产品投资角色的科学性、便捷性。

其二，减少新产品市场风险。

其三，强化品牌效应，增加品牌的经济价值。

其四，增强核心品牌形象，提高整体品牌组合的投资效益。

②品牌延伸的缺陷。其一，一定程度损害原有品牌形象。当某类产品在市场取得优势后，该品牌将在消费者心中占据一定的价值地位，甚至成为某款产品的代表。若使用不当，该品牌的形象会有所损害。

其二，有悖消费心理。品牌的成功过程，是消费者对企业塑造的品牌的特定功能、质量等属性产生特定心理定位的过程。将该品牌运用到其他产品当中，与消费者消费心理不符。

其三，可能导致品牌认知、定位模糊。当某种品牌代表多种差异较大的产品时，会导致消费者对产品认知的不清晰。

其四，淡化品牌特性。当某个品牌在市场占据领导地位后，会在消费者心中产生特殊形象定位，消费者的注意力也集中在产品的功能、质量等方面。当企业用该品牌运用到新的产品或修正过的产品时，淡化了品牌的特性，让消费者晕头转向。

其五，株连效应。企业将强势品牌冠名到其他产品上，若产品之间的质量、档次差异较大，导致强势品牌产品与延伸品牌产品之间发生冲突，不仅影响延伸品牌产品，还给原强势品牌产品带来负面效应。

品牌延伸是战略决策的结果，因此，企业需要从生产、营销、财务、人力资源等多个角度进行综合分析。考虑到品牌延伸涉及一定的风险，存在一些弊端，企业在实施品牌延伸的过程中，需要把握全局，着眼长远利益，确保对品牌有一个完整清晰的认知。

（2）产品线扩展战略。产品线扩展，指企业现有使用同一品牌，在增加产品线产品时仍沿用原有的品牌。新产品多是对原产品的局部进行完善，如功能、包装、样式等。一般来说，厂家会在不同的商品包装注明不同的规格、功能特色或使用者。实施产品线扩展战略是多个因素影响的结果，如产能过剩；迎合消费者需求；抢占更多的市场份额等。

产品线扩展的优势在于：通常来说，新的产品的失败率高达80%，而扩展产品的失败率要远低于这一指标；满足不同细分市场的需求；完整的产品线能更好地防御竞争者的袭击。

产品线扩展的风险在于：致使品牌名称丧失一定意义；由于原品牌过于强大，导致产品线扩展的混乱，如果没有达到销售预期，获取的经济效益则较低，甚至少于开发和促销的成本；加大消费者区分产品的难度，出现同一产品线新老产品竞争的局面。

（3）合作品牌战略。这是两个或多个品牌在一个产品上联合起来的营销战略，以期望强化整体形象，增强消费者的购买意愿，主要有中间产品合作品牌、同一企业合作品牌、合资合作品牌形式。

（4）新品牌战略。一种为新产品设计新品牌的战略。当企业在推出新的产品时，如果原有品牌的名称不合适，就需要设计新的品牌。

（5）多品牌战略。一种在相同产品类别中引进多个品牌的战略，实施这一战略主要原因如下。

①培植市场的需要。在市场上，品牌数量纷杂多样，市场的开拓和发展仅依靠一种品牌是不现实的，而需要依赖竞争者的共同努力，多个品牌同时出现是市场快速发育的保障。

②企业有机会最大限度覆盖市场。市场环境的日益成熟，消费者需求的不断

精细化，一个品牌想要保持基本意义不变的同时满足多个目标的发展是不现实的，针对不同市场细分问题，企业应当创造多个品牌，这有利于避免中间商在控制某个品牌后来左右制造商的情形。

③突出和保护核心品牌。多品牌战略对于保护核心品牌形象有着积极的意义，确保品牌探索的科学性、有效性。随着新品牌的引进，其净市场贡献率呈现边际递减的趋势。当企业在同一产品线的品牌增多，各品牌之间的竞争势必加剧，这不可避免会出现彼此侵蚀的情形。品牌在推广的过程中需要相应的成本支撑，企业实时多品牌战略意味着无法将优先的资源分配给具有一定竞争优势的少数品牌，并且各品牌在形成的过程中耗费的宣传等费用是巨大的，这对于经济实力不强的企业是难以负担的。

## 三、数字经济时代下企业市场营销新趋势

（一）粉丝经济激发营销新动力

随着社交网络的兴起，对于企业而言，在市场营销的过程中，不仅要重视内容的创造和经营，还要重视社交网络中的人，争取让其成为"粉丝"中的一员，包括名义上的"粉丝"，与企业有关的、暂时没有关注企业但与企业关键字匹配、与企业业务场景对应的人，这部分人可能是粉丝，也可能不是粉丝。值得注意的是，企业在社交网络运营过程中，关键不在于关注粉丝，更重要的是那些社交联系"人"或社交"消费者"。

在移动互联网时代，企业进行网络社交的目的在于获取人们的信任，并建立和维护信任关系。当社交网络中交流的内容是真实的、有效的，参与进来仅能进行有限的影响却无法控制，其带来的后果是难以估量的。因此，企业要做的是学习如何在社交网络中对群体进行有效影响，这就需要未雨绸缪，在事件发生之前建立一个重要的、可防控的社交网络阵地，在这里听到更多客户和粉丝的声音。由此可见，企业开展市场营销的关键在于如何影响人群。由于企业并不能直接告诉社交网络中的人群怎么想怎么做，更不可能直接控制社交网络，此时就需要学会倾听社交网络、利用社交网络，从中吸取经验，在倾听、参与、衡量、跟踪的交互过程中，不断完善自己，这样一来就能了解到社交网络上的群体需要什么，懂得怎样去影响社交对话。

对于企业来说，社交网络是一种有效的营销工具。社交网络作为一个自然形成的，基于人群感兴趣的话题的交谈圈，企业试图通过权势、控制等手段来影响结果的想法是不现实的，必须真正了解社交网络的核心，采用"透明"的方式找到那些可以"产生影响力的人群"，引导这类人在社区中积极的讨论，对他们的对话持续进行完善。简言之，企业需要找到自己的达人和粉丝，让他们在社交圈，如朋友圈、微博等向更多人介绍和推荐自己的产品，这样一来，企业将从那些不挖掘社交网络的竞争对手中脱颖而出。因此，企业在社交网络中营销的重心在于对粉丝持续跟踪、互动，以加深他们的信任感。

社交网络的兴起，改变了人们原有的信息传播和获取方式，它能够以一个较

低的成本创建人们钟爱的、有价值的消息内容,让人们不只是通过出版物与作者、编辑沟通,让全球范围下的人们进行互动、交流成为现实。现如今,所有人都可以开通微博账号,或微信公众号,在上面发布文章或视频。同样,大家可以就文章或视频内容进行评论,对其风格和出版方向施加影响。这也是社交媒体内容革命带来的变化之一。

  作为一款即时通信应用,微信不仅方便了用户之间的实时交流,大家还能在朋友圈发布各种有价值的信息,进行信息的分享和传播。尽管微信这款移动社交更强调"一对一"的私密互动,但它具有朋友圈这一媒体属性的功能,方便了在强关系网络中传递内容,虽然传播数量不及微博等社交媒体,但信息的到达率和打开率极高。这正是社交网络时代下虚拟社会形态的表现,人们在社交平台上发布消息,彼此之间进行互动、交流。当企业能够将其精准运用到商业当中,将大大提升品牌的忠诚度。

  社交网络提供巨额用户流量,在这里,有大量受过高等教育、享有高薪的用户,各个领域的专家、学者。对于企业来说,这是一次机遇,这是推广产品、开拓市场的有力工具,也是与消费者之间建立起深厚信任关系的机会,有利于促进企业的转型升级。

  社交网络的核心是粉丝和内容,它是以个体为中心,由用户创造内容的平台,用户、内容缺一不可,这一点需要企业明确。企业的社交网络运营在于粉丝和内容的经营,内容包括定调性的资讯、基本面的商业、促销类活动、阻击类竞争对手等,粉丝是互动、分类和持续跟踪的对象,基于信任程度和社交管道进行可持续管理。

  在利用社交网络进行内容和粉丝营销的过程中,企业应当将各种网络资源整合起来,采用适当的方式来影响人群、聚合人群。这是因为内容创造、分享和利用的主体是人。从本质上看,企业对新媒体的利用是一个整合问题。部分开展整合营销多年的企业,社交网络对于它来说是与其他营销工具一样的新的渠道,此时企业需要将社交网络置于自身的业务策略和活动目标背景下,将目标客户转化为品牌的粉丝,并通过多种渠道进行有效整合。有关粉丝营销的主要途径,一般有以下几种。

  1. 基于粉丝开展口碑营销

  企业生产的产品是一个有机的生命体,它的设计和生产过程不是一成不变的,并没有所谓的绝对衡量标准来确定"正确"的产品,它是一个不断完善和更迭的过程。产品因需求而产生,随着消费者需求的变化而调整,因此,产品的真正主人是用户,运营者的职责在于围绕用户需求来创造和还原产品。一家优秀的企业,总能以用户为中心,关注用户的需求,即"想用户之所想,需用户之所需",这样创造的产品才能是被需要的,有价值的。对于用户而言,他们并不清楚自己想要的,而是针对产品的一些功能进行"抱怨",这恰恰是企业创新的源泉和灵感所在。事实上,一个产品的成长过程,也是粉丝的参与过程,运营者要做的是了解、倾听、洞察、实现和完善。乔布斯在任期间,并没有做过所谓的市场调查,而是强调用户的反馈，每向市场投放一款产品时，都会向用户发送调查网页，以此了解用户的真实需求。

在产品的成长过程中，粉丝发挥重要的作用，他们的参与和意见促使企业不断完善产品，推动企业产品走向大众市场。现如今，粉丝代表一种用户潮流，是参与化、尊重化和圈子化的用户集群。营销者想要拥有一批忠实的粉丝，不断扩大市场份额，需要准确理解所面对的消费群体，采取各种方式与这一群体建立长远的供求关系。

企业在开展粉丝营销过程中，首先要强调口碑营销，这最早依靠的是朋友之间的口耳相传。随着现代传媒的发展，社交网络的出现，口碑营销的成本更低，效果却更加显著。

成本低廉是口碑营销的一个突出特征。与高成本的媒体营销方式相比，企业开展口碑营销的成本可以忽略不计。一个成功的口碑营销，主要依靠相对完善的策略，通过以小博大的方式进行，不仅成本低，且获取的收益较其他营销方式更高。关于口碑营销，不少企业存在一个认知上的误区，在它们看来，制造优质商品，让消费者满意，树立良好口碑，在消费者之间口口相传就是所谓的口碑营销，事实上，这只是口碑营销的最低要求。作为一种营销形式，口碑营销包括一些市场营销战术和技巧，这又让部分企业认为口碑营销是制造噱头对产品进行炒作。这种认知显然是错误的。

综上所述，企业不能将口碑营销局限于营销战术，而需要将其上升到战略高度。在这个信息传播渠道多样、速度极快的当下，一个恶劣的口碑营销事件对于企业的打击是致命的，会对企业的形象造成一系列负面影响，甚至让企业从此一蹶不振。因此，企业应当将口碑营销纳入战略规划当中，以战略性思维方式和谨慎的态度来对待它，对此可以从以下几方面入手。

（1）注重利益的连接。人们对于与自身利益相关的问题会予以高度的关注，这也是企业着手口碑营销的一个重要方向。因此，企业需要将传播内容中的利益与目标受众联系起来。国外一家生产饼干的企业为进一步扩大市场份额，举办各种饼干优惠活动，被竞争对手指控其属于不正当竞争，当地的工商部分也介入调查。由于这次活动与消费者切身利益有关，受到大家的广泛关注，该企业发动广大消费者，博取他们的支持和同情。最后，活动虽然被叫停，但企业的知名度被打响，生意蒸蒸日上。

（2）善于借势。与传统营销方式相比，口碑营销的特点在于以小博大，往往以一个较低的成本就能收获较高的收益，因此，在开展的过程中企业要善于利用各种强大的势能，如利用自然规律、政策法规、突发事件等，甚至是竞争对手的势能。美国瑞克影音唱片公司因侵犯一家行业巨头著作权而被起诉，但唱片公司发现与行业巨头有牵连对自己的好处更大，由于借助各大媒体大肆宣扬这次"侵权"事件，在业界引起广泛关注，尽管最后唱片公司败诉被罚款，但它却被更多人熟知和了解，也因此一举成为美国知名公司。

美国高地地区生产的苹果味道甘甜、清脆，十分受消费者欢迎，但由于当地气候无常，不少苹果因为冰雹天气而面目全非，导致苹果价格一跌再跌，仍然无人问津。当地商人便对外大肆宣扬"正宗高低苹果都带有冰雹打过的疤痕，没有疤痕的定然不是正宗高地苹果"，人们知晓后，争相购买有疤痕的高地苹果，苹果销路大开。这是利用自然势能，将不利因素转化为有利因素一次成功的口碑营销方式。

（3）确保内容的新颖性。口碑营销因核心内容是可以"传染"受众，也被称为"病毒式营销"，病毒的威力，对营销传播效果有着直接的影响。在信息大爆炸的互联网时代，人们对广告和新闻的免疫力不断增强，想要吸引大众的目光，内容的新颖性是必不可少的。"海尔 CEO 张瑞敏，怒砸 76 台冰箱"事件，收获了一大批消费者的好感，最终让海尔成为世界 500 强。后来也有类似事件发生，但并没有得到较多关注，这是因为新奇、偶发、第一次发生的事件对大众更有吸引力。因此，企业在制造营销内容时，应当坚持新颖、奇特的原则，这样才能吸引大众的目光和引发大众讨论。

现如今，买赠式促销方式市场上基本的营销手段之一，其带来的效果也逐渐减弱。但这种促销形式刚刚出现时，却获得了惊人的成功。16 世纪，英国某个小镇盛产葡萄，导致葡萄价格即便很低，销量却依然上不去，一些果农甚至将葡萄废弃在果园。后来，一位庄园主从外地采购一批苹果，并采用"每购买 3kg 葡萄就能获赠 2 个苹果"的促销方式。当时，加上小镇并没有种植苹果的条件，加上运输困难，导致苹果价格昂贵，且有价无市。庄园主的活动让葡萄销量激增，这是早期的买赠式销售。经过多年的发展，消费者逐渐对买赠式促销方式习以为常，其带来的效果也远不如初。这也表明，新颖、奇特的促销方式也是开展口碑营销的重要举措之一。

企业开展社会化营销，通过各种现代来推广产品，旨在形成良好的口碑，在维护老客户的同时，挖掘新的客户。在粉丝经济时代，内容碎片化特征愈发明显，对此，企业需要对网络发布的内容实时更新，根据用户的评论定位用户需求，实行精准营销。

企业在借助传统媒体进行市场营销的过程中，往往会选择知名度高的媒体来推广、宣传产品和服务。而借助社交媒体进行市场营销，其重点在于"社交"，着眼点是引导用户对产品进行广泛的讨论。在社交媒体宣传的内容旨在引起更多用户的共鸣，在分享、转发的过程中产生更多内容，通过引起"社交"来提高产品知名度。

企业基于粉丝开展口碑营销的过程中，在内容生产环节应当对产品的性格特征进行定位，掌握各种有效的产品推广方式。比如，利用微博进行产品推广时做到发布内容的图文并茂、富有感染力，这样才能吸引用户的目光，用户觉得有用时便会自觉或不自觉对产品进行推广、宣传，这显然比企业自己宣传的效果要好得多。与铺天盖地的宣传相比，大众的口碑才是打开销路的关键，否则宣传得再天花乱坠，只要大众不买账，也是于事无补。

在口碑传播的过程中，社会化营销产生粉丝，粉丝促进社会化营销工具的升级,并使得信息进行二次传播。由此可见,在开展粉丝营销过程中,口碑营销是关键。

2. 利用微信开展粉丝营销

微信作为一个即时通信工具,其功能丰富多样,朋友圈、公众号等为企业进行粉丝营销提供了有效平台。现如今,不少用户会将日常发布到朋友圈当中,也会时不时在朋友圈分享自己喜欢的文章、视频等,这极大方便了企业了解用户需求、喜好等。

在微信营销中,企业更关注"微信营销运营如何提高粉丝数量"问题。2013年,微信官方推出微信5.0版本,微信菜单接口完全开放,用户直接申请就能使用,企业要做的就是通过微信营销尽可能收获更多的粉丝。

通过微信公众号,企业利用后台用户社区和园地控制实现消息的精准推动,像普通的公众账号仅能群发文字、图片和语音,而认证后的账号权限更高,不仅能推动单条图文信息,还包括专题信息。企业微信公众平台给予目标人群信赖和依赖,关键在于怎么去做,而微信营销运营以及微信时代下的粉丝营销,都有着相似的发展规律。

企业利用微信开展粉丝营销的流程如下,首先申请账号,借助获取认证,接下来通过微信公众号吸引人群关注,并与人群建立相应的联系。然而,想要做好微信营销,仅凭一个单薄的微信公众号是不够的,运营者可以基于公众平台进行一些诸如定制接口、微网站的开发,让公众平台独具特色,给粉丝提供良好的体验,以便收获更多人群的支持。

现如今,不少学校也将微信作为教育辅助手段,为学生提供丰富教学资源,以提高学生学习效率。比如,学生利用学校微信公众号进行在线翻译。像企业的微信账号都附有股票查询功能,一些美容院账号则提供查阅星座运势和皮肤指数等功能。与这些小功能相比,招商银行微信账号提供的余额查询功能方便用户对自己的预算进行合理调整,显得更加人性化。在内容方面,则以粉丝需求为主,根据粉丝的喜好推送内容,粉丝输入相应指令就能获取所需要的内容,如输入"联系方式",便能查阅准确的联系方式和地址。对于运营者而言,进行微信营销的目的在于增强目标受众对企业的依赖感,因此在营销的过程中要求主次分明,以确保各项工作的有序进行。

企业通过微信公众平台开展营销活动,不仅能增加老客户的忠诚度,还能挖掘潜在的新用户,进一步增强客户维护和开发效果。在这个过程中,企业需要明确是为了挽留老客户还是开发新客户,这是因为二者的侧重点的区别,会影响具体的营销举措。

企业在生产微信内容的过程中,要善于抓住客户的心理,吸引客户的目光,为客户提供一种身临其境之感,体会到内容的无穷韵味和情节的精彩纷呈。这是因为,健康向上、有营养的内容对用户更具有吸引力。企业在为新老客户推动新颖、奇特内容的过程中,要确保内容的引人入胜,能够调动用户的求知欲和好奇心。对此,企业微信账号需要生产更多生动鲜活、接地气的内容,让用户感到亲切、真实；同时强调内容的主题性和策略性，进行系统、有条理的推送。特殊行业的推送频率可以适当提高。

另外，企业在微信营销的过程中，应当重视活动的作用。当下，活动是最具人气的一种售卖方式，通过发表讨论话题、有奖竞答等方式，能够加快粉丝增长速度。一般来说，营销领域以赠送书籍为主，这种推广方式的效果并不明显，但一定程度增加了粉丝的活跃度。尤其是快销品和餐饮行业通过免费试吃、朋友圈、集赞等活动能够大大提升粉丝增长速度，对产品的推广和宣传是极为有利的。事实上，活动营销的关键在于符合受众需求，想要获取良好的口碑，前提在于收获人群效应。对此，企业在微信营销的过程中，同样可以通过一些活动提升在粉丝心中的分量。

不管是跟风营销也好，造势也罢，企业都需要将重心置于用户身上，通过微信公众平台开展营销活动时以吸引粉丝注意和目光为出发点。另外，在内容推广的过程中，企业可以采用位置签名和推销企业二维码等方面来实现。通过加大有关活动展示力度，利用好一切条件进行推广，确保活动的丰富多彩、形式的不拘一格，唯有如此，才可能吸引更多粉丝的目光。立体式推广是当下一种重要的操作方式，通过线上线下同步进行，与粉丝进行面对面的互动、交流，有利于增强粉丝的忠诚度。

现如今，微信营销成为各大企业常用的一种营销手段，企业通过微信营销，不断发现问题、分析问题、解决问题，为粉丝提供更优质的产品和服务。可以说，微信营销是企业抓住商机的重要平台，其前提在于合理发布、推送各种营销信息，以确保服务与营销的并行。在具体运营过程中，企业应当建立相应的客户数据库，进行数据分析，开展持续营销和口碑营销。同时，与粉丝保持积极的互动，进行精细化管理，不断更新和丰富企业客户数据，促使目标客户群的清晰化，进行科学、精准投放广告，以确保营销效果。这样一来，不仅能促使营销的良性循环，也能促使粉丝的分类趋于完善。

经过十年的发展，微信的功能有了极大的完善和丰富，其多样化价值正日益显露出来。为促使粉丝分类的多样化，企业不仅局限于性别和地域的分析，还需要进一步挖掘有助于营销的其他分类方式。

（二）网红经济激发营销新动力

1. 网红经济特征

（1）专业化。随着移动互联网的发展，一个全新的社会形态——网络虚拟社会逐渐形成，"吐槽"、另类、搞笑等成为这一虚拟空间的重要生产力，随之诞生了一批以此为卖点的"网红"，如papi酱、陈翔六点半等。这些网红凭借短视频"吐槽"在微博、抖音等平台收获大量粉丝，其根本原因在于"原创成为网红经济新势力"。作为中戏导演系毕业的网红，papi酱的每一部作品都经过团队严格策划、拍摄和剪辑，绝非简单拍几张照片"网罗"粉丝那般轻巧。市场的逐渐成熟，正冲击着仅凭"网红脸"的视频模式。随着网红经济的日益细分和差异化，优质的原创内容将越来越多。

（2）视频化。移动互联网技术的日益成熟，WiFi 覆盖范围越来越广，通过手机观看短视频成为人们日常生活的一部分，快手、皮皮虾、抖音等短视频媒介的问世，让短视频数量激增，且不断满足着人们各种社交化需求。在互联网时代下，自媒体将成为一种全新的内容形式。毋庸置疑，随着短视频时代的到来，优质的视频内容将得到更多人的认可，同时也会涌现越来越多 UGC（用户原创内容）产品。

（3）多元化。早期网红成名多存在偶然性，而近年的网络红人事件背后，更多的则是"网络推手"和"网络水军"的"努力"。自媒体的兴起，大众信息接收、传播呈现碎片化、微阅读等特点，"网红"凭借自身优势从事的项目趋于多元化、职业化：有在线直播美容化妆的微博主、烹饪美食的达人、点评娱乐事件和时事者等等，涉及范围极其广泛。将自制内容推送至各大媒体成为不少"网红"的日常工作。

自媒体的迅速发展，网红数量激增，所涉及的领域日益丰富，娱乐、美妆、知识科普、信息分享、美食、财经等等无所不包，这都为孕育新生代网络提供了肥沃的土壤。

（4）运营多元化。在移动互联网时代，想要充分发挥网络资源的作用，需要善于运用各种网络平台。通过互联网平台，所有人都能自由发表信息并进行分享、转发，一些商家甚至会对优质的视频内容进行奖励，以吸引更多用户在自己的平台发布内容。像 papi 酱在微博走红后，并没有局限在这一个平台，还在微信、今日头条、知乎、B 站、抖音等都创建了相应的账号，并发布视频，以便用户在任何社交平台都能看到自己的身影。在全平台渠道发布视频的网络红人并不多，火起来的就更少了。

现如今，多平台内容发布成为商业运营的一大趋势。随着网络平台的丰富多样，仅凭单一的媒体平台来获取受众的支持和用户是很难的。同样，再好的媒体资源，缺乏内容的支撑，点击量也上不去。因此，企业营销应当在确保内容质量的同时通过多个平台进行推送。

从运营的角度看，大部分"网红"不再是单枪匹马，而是采用公司化运营的方式，背后有团队的影子，papi 酱也是如此。网红自身有着不少的流量，但想要保证内容质量，进一步扩大在粉丝群的影响力，就需要从个体向团队公司的方向转变。

网红本身就是一项热门的 IP 资产，能够实现商业变现，但渠道十分有限。除了服装等行业，大部分行业的网红变现平台尚未真正建立。像优酷、土豆等视频网站尽管有多家自媒体，但都是通过目标受众浏览微信公众号、访问微店等一站式电商变现，网站本身并未从中获益。至于网红经济未来发展趋势，很大程度取决于各大网站在网红经济中的收益方式，这是确保正常运转的前提。现如今，网红经济收益方式呈现多元化特征，在运营的过程中除了提及淘宝店之外，还有代言、广告、影视剧等新的获益方式。

随着网红在社会上引起广泛关注，网红经济也受到资本方的日益重视。然而，由于网红的不确定性很强,粉丝对网红热情的保质期在快餐时代难以持久,这是资本方比较担心的一个方面。尽管如此,未来的文化、娱乐等行业都会迎来一个爆发期,其中网红经济将发挥重要作用。

2. 网红营销

(1)网红营销的核心。早在互联网门户时代,就出现了网红现象,但并没有明确提出"网红"概念。像论坛崛起的芙蓉姐姐,微博时代的凤姐到各大直播平台的电竞主播等,网红群体随着时代的发展而不断更迭。在2015年"淘宝网红经济研讨会"之后,网红实现了崛起,那些有着独特品位、丰富才艺的网红群体,凭借海量粉丝和强大的变现能力受到广泛关注。由此可见,当网红经过一定的开发培养后,其带来的商业价值是不容忽视的。

从本质上看,网红塑造的网络形象强调内容,并重视品牌的人格化塑造,注重加强影响力和信息传播能力,主要沿着"内容创造——传播——交易"这一主线来创造价值从而实现发展的。在当今的泛中心化时代,个体完全有机会借助互联网创造富有价值的内容,在社会上引起关注,价值创造过程也能在线上迅速实现。简言之,一位网红相当于一个自带用户流量、有着较强影响力的人格化品牌,蕴含巨大价值创造潜力,这也是内容创业崛起的表现。从细分的角度看,与明星、名人相比,网红有着独有的特征。

网红自带多元化、流量庞大的传播渠道。与网红相比,明星、名人的品牌和形象的影响力更强,但其传播渠道往往被各大新闻媒体控制;而网红利用的则是诸如微博、微信等有着庞大用户流量的多元传播渠道。随着内容传播方式的革新,人们心理需求的巨大变化,网红经济将迎来一个爆发式增长的时期,这里有着无数的机遇。

网红内容是可以塑造出人格化品牌的网生内容。网红创造的内容想要引起消费者的注意,得到广泛的传播,必须借助定制、改造的网络环境,而不是将线下的人或事简单地线上化。只有通过这种方式创造的网生内容才更具生命力,因此,网生内容一般呈现以下特征。

①内容要求塑造出清晰、明确的人格化品牌,要引起用户的情感共鸣,只有这样才能被更多的用户关注、传播。

②内容传播要求迎合传播载体、渠道发展趋势,根据实际环境选择最适合自己的平台、传播介质和相应的内容格式。

③内容要求满足线上传播、变现、再加工等需求,以吸引更多网民参与到价值创造中来,创造更大的价值。

网红传播效果取决于内容。尽管网红创造内容有一定规范,但要求较低、门槛不高,这也是草根能成为网红的一个重要因素。随着科学技术的进步,网红将不再局限于人类,像与李克强总理交流的小度机器人、微软推出的"微软小冰"等都是新生代"网红",深受大众喜爱。因此,只要能形成人格化品牌,持续创造被广大网民认可的内容,即便是现实中的普通人也有机会成为坐拥百万粉丝的"大网红"。

网红的形式各异，但并不存在层级的差异，网红的真正价值取决于自身的传播力和影响力，其中粉丝发挥着重要作用。传播力与渠道有着密切的联系，影响力决定着网生内容能否被认可、讨论、传播。一个深受网民喜爱的网红，他的传播力和影响力是毋庸置疑的。

（2）网红营销的思路。毫不夸张地说，网红是互联网的产物，网红经济助力市场的繁荣、社会经济的发展。从本质上看，网红经济取胜的关键在于内容，它在流量的争夺战中发挥日益重要的作用。现如今，网红的出现和崛起，冲击着传统电视媒体及其内容输出地位，经过进一步的发展，取代传统的明星也并非不可能。在这里要注意的是，不管是娱乐产业还是网红群体的发展，基本点都是内容生产。

与来自传统媒体的信息内容相比，来自网络平台的信息内容在生产方式、推广渠道上有着明显的差异，在最终的接收与消费及价值实现方式方面也有所区别，这不仅体现在传播媒介上，也反映在信息自身的传达方式中。随着移动互联网的进一步发展，改革的深入，网红经济的影响范围将更大广泛。在这样一个"内容为王"的时代，内容生产者将能充分发挥自身的优势，是一次可遇不可求的宝贵机遇。他们只需要持续生产优质内容，在保持风格一致的基础上，再经成熟的运营，成功就会随之而来。因此，在当下网红数量激增的背景下，网红发展的关键在内容，这需要注意以下几个事项。

①以格式为抓手。网红经济的发展和所创造的巨大商业价值，让越来越多的人认识到网红营销的重要性，吸引力不少人将一些成功的网红实例作为研究对象来探索网红的成功之道，比如在短视频平台走红的papi酱。不得不承认，格式的变革的确对内容的生产、营销和用户的消费行为会带来重要的影响，像传统博客升级为更精简的微博、《屌丝男士》让大鹏迅速蹿红、《万万没想到》捧红白客等。由此可见，以格式入手进行创新，能够挖掘流量背后的商业价值，同时将优质内容应用到新的格式当中，将实现更大范围的推广，吸引更多人的目光，产生更大的经济价值。

因此，在网红营销的过程中，强调格式创新的同时，也要明确自身的整体风格，通过研究目标群体的共性特点，选择满足用户需求的内容格式、传播渠道和营销方案，结合实际情形进行运营决策。

②明确内容的核心地位。内容仍然是网红营销的着眼点，它是由生产者创造的。团队的发展，往往取决于自身整体价值的高低，但这并不意味着团队化运作就能确保内容的质量，这是不少企业在网红营销中容易忽视的一点。事实上，推动网红发展的决定性因素，在于中心人物。

成为网红、进行网红营销并非易事。当核心人物发展潜力殆尽时，想要将其培养成集万千宠爱于一身的宠儿是不现实的。同样，在内容生产方面，若是生产者自身的能力欠缺，即便让再多人一起生产，质量也难以得到改善。因此，找出具有卓越生产能力与良好发展潜力的人，是进行网红营销的关键，再通过其他方面的支持，其创造潜能将得到最大限度地激发。

在生产、创造内容的过程中，应当着眼于内容的整体风格和特征。一款产品的风格、定位以及发展方向，往往取决于核心生产者的价值理念、对整体局势的把握。至于团队运营、具体操作步骤等因素，起到的作用则是进一步突出产品的特征。

③以形势为支点，顺势而为。在移动互联网时代下，内容传播渠道和传播方式更加多元，传统媒介对内容传播的局限被打破。在互联网的助力下，不同细分领域的用户对信息内容的多样化需求将得到更好地满足，信息内容实现全覆盖有了现实的可能性。在未来，将会有越来越多的内容产品，从原先的横向发展转变为在垂直细分领域的发展。现如今，90后年轻用户陆续成为社会主体，这类群体高度推崇亚文化，使得这种内容发展趋势愈发明显。在这样的大背景下，强调横向发展而诞生的现象级人物，如迈克尔·杰克逊、李小龙等将越来越少，而侧重垂直发展的网红群体将越来越多，势必成为社会的主流趋势。"罗辑思维"作为粉丝经济实践的代表，然而，随着粉丝规模的逐渐稳定，有关的热度也在不断递减。

3. 网红经济发展趋势

（1）网红观念持续更新。"网红"的概念是网红现象产生后被提出来的，而随着移动互联网的深入发展，有关网红经济的理念逐渐被更多的人关注和认可，成为新时代经济下的一个重要发展趋势。究其原因，人们的社会价值理念正在发生变动，在以消费为主导、物质生活水平得到极大提升的背景下，人们更注重自我价值的实现和追求消费的个性化。移动互联网技术的成熟、各大社交平台涌现，大大提升了信息交流、传播速度，降低了人们获取信息的成本，这些因素都是网红经济一步步成为社会现象的原因。

发展网红经济，对于调整我国传统产业结构和消费方式，促进经济发展方式的转型升级有着深远的意义。因此，从这个角度看，我国发展网红经济是必然的。同时，各种新媒介的产生和运用，为网红经济这一新经济发展模式实践提供了足够的便利。

（2）网红经济形式不断创新。现如今，我国正积极开展"互联网+"战略，作为互联网时代的产物——网红经济，对于促进我国传统产业结构重组、优化有着重要意义。在早期，作为一种新的经济理念和商业发展模式的网红经济形式体现在将海量粉丝变现方面。例如，在如火如荼的电商平台，商家将积攒的粉丝数变成实际的购买力，让粉丝变成资本。同样，网红经济通过各个领域的渗透，这一经济形式不再仅限于以生产商品来变现，还能通过服务等其他方式完成资本的变现。

随着网络技术的深入发展，主体间的协作在经济发展中发挥越来越重要的作用。网红经济也是在这种背景下诞生和兴起的，它的发展要求形式上进一步创新，以更好适应时代需要。

（3）网红经济规模持续扩大。现如今，网红经济市场规模高达千亿。在未来一段时间，整个行业将进一步扩张，电商平台的网红、电竞主播、移动视频等等，网红经济产业链趋于完善，规模极其庞大。

我国网红经济发展时间并不长，但发展速度迅猛，短短数年就取得了惊人的成就。随着人们个性化需求进一步增加、互联网平台的专业化，网红经济的规模有望持续扩大。

（4）网红经济内容更加丰富。科技的进步促进网红经济内容的丰富。网红经济本身有着庞大的数据支撑，借助云计算技术能够实现对数据的精准掌握，电商领域也正是在这一技术的助力下，实现了协同式的高效发展。以移动互联网为媒介平台，在物流、生产厂商、包装等行业的协作下，网红经济得到迅猛的发展。像在电商领域，网红经济内容不仅涉及产品的买卖，还提供产品售后服务。除此之外，商家可以根据客户的实际需求提供定制化产品，并附赠一些有关产品使用的信息和建议。

总之，在移动互联网普及的当下，网红经济的涉猎范围更加广泛，内容也愈发丰富、多样，在满足客户日常需求的同时，维护了客户资源，为消费者带来良好的购物体验，有利于维系老客户和挖掘潜在的新客户。毫不夸张地说，移动互联网助推网红经济的发展。

（5）网红经济增量不断扩大。在生产为主导的社会，由于资源的稀缺性，人们的多样化需求并不能得到较好的满足。而在消费为主导的当下，社会资源的极大充裕不仅满足了人们多方面需求，也满足着人们的个性化需求。发展网红经济的关键，在于利用有限的资源，通过满足用户的个性化需求，来提供增值服务，从而创造出更加地价值。

移动互联网时代下，人们可以通过网络展示自己，也能结合自己的专长来定制专属产品，赋予网红经济更大的活力。网红需要及时了解客户需求，并快速做出反应，生产出客户偏爱的内容和产品，通过满足客户的个性化需求，来不断扩大网红经济增量。

（6）网红经济范围不断拓展。科技的进步、社会的发展，人们的生产生活方式有了巨大的改变，传统的消费行为和思维方式正发生转变，在这样的背景下，网红经济应运而生。

网红经济发展初期，多集中于电商领域的价值创造，通过网络满足人们对产品的选择，从而节省时间和经济成本，范围相当有限。随着移动互联网的普及，通过手机获取信息和展示自我成为人们日常生活的一部分，这为网红经济的崛起创造便利条件。自此，网红经济范围慢慢超越原有的实物范围和电商领域，蔓延到知识、数据、应用等各个方面。

（7）网红经济价值持续增加。社会经济的持续发展，人们物质生活水平不断提升，需求逐渐呈现多元化、个性化特征，传统经济由于无法满足消费者个性化的需求而出现疲态。而依托移动互联网的网红经济在这方面有着得天独厚的优势，它通过各种社交平台能够进行资源的实时交流，为客户提供定制化服务，推动创新型和服务型经济的发展。

网红经济的兴起，是对传统价值理念和经济模式的颠覆，促进传统经济的重构、升级，适应了"大众创业、万众创新"的新型经济发展理念，为新时代开辟新的经济发展模式提供思路。

（8）网红经济发展技术不断优化。信息技术的成熟为网红经济发展奠定技术支持，互联网平台的多元化为其提供便利条件，在这样的助力下，网红经济迸发更大的发展潜能，创造更多的价值。大数据、云计算技术的应用，为内容生产者提供精确的网络访问数据，更好地了解用户消费行为和偏好，极大减少了工作量，同时提高了服务水平。

总之，移动互联网、大数据、云计算等新兴技术的成熟和广泛应用，为网红经济的发展注入更大的潜力，逐渐地，网红经济从一个单纯的社会现象蜕变为一个全新的经济发展模式。

（9）网红经济主体不断换位。在"大众创业，万众创新"的时代背景下，"互联网+"战略的深入推进，使得交易主体身份不再绝对，交易主体的融合成为商业活动的一个新的发展趋势，买家与卖家之间的界限和壁垒被打破。例如，用户在淘宝买衣服，此时是买家，当收到衣服后感觉不满意，再咸鱼转售，又成为卖家。借助便捷的移动互联网，用户能随时随地发布信息，公开自己的需求，从而更迅捷找到需要的商品；同时，将自己闲置的商品有偿出售。由此可见，在网红经济模式下，买家与卖家的身份在一定条件下能够进行转换，一个人可以是买家，也可以是卖家。

"互联网+"的经济发展模式使得"大众创业，万众创新"不再流于口号，而是使其成为现实。在网红经济时代，企业或商家想要在市场竞争中取得优势，仅凭产品和服务的创新是不够的，更关键的在于能够精准把握复杂的市场信息，定位用户的实际需求。

（10）网红社交不断扩大。归根结底，网红经济仍以客户为中心，这就需要时刻关注信息交流和消费者的需求、消费偏好，在此基础上为客户提供定制化产品。在移动互联网平台和智能终端技术的支持下，网红社交范围空前扩大，人们通过网络获取各种文字、图片和视频信息，促进了网络社交形式的多元化，拓宽了网红经济领域。

随着信息技术的革新，信息交流方式也在不断进步。在QQ刚起步的阶段，网络信息以文字交流为主；随着QQ的快速发展，图片信息实现了共享，社交的形式和内容得到了极大扩展。而在视频时代，人们能够直接通过视频或直播的形式了解真实的信息，信息交流和共享方式更加多元，

当下，网红经济发展呈现多平台化特征，除了社交通信领域，还延伸到网游、电商等平台。各种网络平台的兴起，为网红经济的发展提供了便利。在这样的时代背景下，单一平台的走红方式逐渐被淘汰，网红们想要进一步提升知名度，将流量进行变现，必须在结合自身优势的基础上，将作品上传到多个平台，以满足在信息获取方式中有着不同习惯的粉丝的需要。

# 第八章　企业数字业务安全风险防范

## 第一节　企业数字业务安全风险概述

### 一、企业数字业务安全风险定义

企业数字业务安全风险，指企业数字业务遭遇到有组织、有目的的薅羊毛、刷单、炒信、数据爬取、账户盗用、窃取信息、骗贷、养卡套现等欺诈或攻击行为，导致企业面临财物损失，品牌受损等业务风险，对企业业务的正常开展乃至后续发展造成负面影响。

某银行信用卡系统升级，信用卡额度一夜之间提升数十倍，遭黑产疯狂套现；某电商平台被恶意薅羊毛，损失高达数千万元；某公司利用"大V"打造"网红店"帮助"刷单炒信"，误导消费者；百万网红在直播带货时成交上万单，直播结束后大部分订单被退货……这一系列数字业务安全风险事件牵动企业的神经，让无数消费者瞠目结舌。

《IDC创新者：中国业务安全之反欺诈技术，2019》白皮书指出，中国数字化转型及数字化原生企业面临业务欺诈问题，几乎所有的业务领域都受到黑灰产的欺诈，如何确保业务安全成为各企业亟须解决的时代课题。对于业务提供者而言，在面对如此频繁、庞杂的业务交互时，精准识别海量数据的真实性、合规性成为当务之急。

在数字化大浪潮下，数字业务安全风险给企业带来巨额的经济损失，阻碍着企业的数字化转型。有数据表明，全球每年的数字业务安全风险导致的损失超过500亿美元。国内有关部门的一项统计显示：网络黑灰产从业人员就已超过150万，市场规模超千亿。

### 二、企业数字业务安全风险成因

随着数字化的普及和深入应用，企业数字业务安全风险也随之而来。企业在数字化转型的过程中，会形成全新的商业模式，产生新的业务流程，如果企业内部在技术、管理等方面存在问题，则不可避免会带来一系列安全隐患。另外，技术门槛的降低导致企业面对的外部攻击和欺诈愈发复杂，较低的攻击成本让不法分子有了可乘之机（图8-1）。

```
                    企业数字业务安全风险产生的原因
         ┌──────────────────┼──────────────────┐
   新的商业模式带来风险   风险攻击手段越来越专业，成本越来越低   企业数字业务存在若干隐患和漏洞
```

图 8-1  企业数字业务安全风险产生的原因

（一）新的商业模式带来安全隐患

企业的数字化业务以互联网为基础。随着移动通信技术日益成熟，智能终端广泛应用，移动互联网普及程度大大提高，深刻改变着人们生活方式，为人们提供各种网络服务。在移动互联网技术的支持下，移动支付应运而生，实时的在线交易成为现实。同时，共享出行、网约车、外卖、移动互联网金融等新业态不断涌现。

新商业模式的诞生，也伴随着新的风险。一方面，线上与线下的环境、用户距离差异大，数字化业务是一种实时、不间断的服务模式，拉近了用户与企业的距离，下单、交易、核销、个人信息传递等业务流程在线上完成，这不可避免会产生一系列新的漏洞；另一方面，由于企业管理者和运营者数字化业务运营经验和安全意识不足，数字业务风险意识不强，缺乏系统的数字业务安全预防措施，为遭遇风险攻击埋下隐患。

2013 年，O2O 服务以一个不可思议的速度在全国各大城市蹿红，商家为了吸引客户，红包、优惠券、免单券、返利等手段层出不穷。如果愿意花一点时间去参与一些优惠活动，以超低价吃喝一天也不是没有可能。

不久，互联网金融公司也借着数字化的东风混得风生水起，无门槛加息券、现金和各种礼品，吸引大批用户参与。

同年，部分人利用社群或社区有组织、有计划领取商家优惠，并通过多种平台进行转售获利，可观的收益让"薅羊毛能赚钱"的理念传播开来。恶意薅羊毛的业务欺诈参与者呈现职业化、团伙化特征，各种薅羊毛方法和工具涌现，逐渐形成信息窃取、账号倒卖、工具制作、攻击实施、商品转售的完整产业链，被业内称为"黑灰产"。

（二）风险攻击手段的专业化，成本更低

业务安全风险与技术发展存在密切联系。大数据、云计算、移动互联网等新兴技术在与各产业融合中创造硕果的同时，各种业务安全风险也随之而来。技术在助力生产的同时，也成为黑灰产发动风险供给的手段，且降低了风险攻击门槛和成本。

现如今，黑灰产从传统的木马病毒和电话诈骗像更先进的智能诈骗发展。"快啊答题"曾是全国最大的验证码打码平台，嫌疑人使用基于神经网络模型的深度学习技术，训练了多个验证码图片识别模型，能快速识别当前网上 80% 以上的验证码，识别正确率达九成以上。在突破验证码安全防护策略后，嫌疑人从中获取大

量的后台数据和网友信息。此外，嫌疑人还制作了不少先进的智能牟利工具，如利用自动售货机器人贩卖被盗账号，利用人工智能技术解封被封账号等。这一高科技犯罪团伙事件直到 2018 年才被警方抓获。

黑灰产的技术应用除了自用之外，还会以出售或租赁的方式给其他非法组织、个人使用。

一般来说，黑灰产业链有明确的分工。像上述的黑灰产团伙，上游基础组负责提供各种破解工具、打码平台、伪造工具等；中游信息组负责提供社工库、垃圾注册、盗号、洗号等；下游变现组则实施骗贷、欺诈、刷单、薅羊毛等攻击行为。

有着明确分工的黑灰产业链，即使是普通人也能轻松买到各种黑灰产工具，对企业数字业务进行攻击。

（三）企业数字业务存在隐患和漏洞

企业数字化业务需要实时、不间断提供服务，在为用户带来良好体验的同时，也对业务风险管理、运营管理有着更高的要求。然而，大部分企业在这方面并未做好充分的准备。

比如，当企业的业务规则设计不合理或门槛过低时，黑灰产能重复领取优惠福利；针对 APP 存在的系统漏洞，黑灰产能够开发恶意程序进行攻击；企业对线上环境的预估不当，业务模式生搬硬套也给黑灰产可乘之机；管理思路没有跟上 24 小时在线业务形态变化，忽略非工作时间的安全运维，也会产生一系列安全风险。以上问题都可能导致企业业务遭受黑灰产的攻击。

有这么一个典型风险事件，某运营商推出一个新活动，为使用一定年限的用户提供 1GB 免费流量。由于领取规则十分简单，导致一晚上被狂薅上千 TB 流量，损失惨重。运营商直到工作人员第二天上班才发现问题，尽管迅速修改了领取规则，部署风控系统，但损失却无法挽回。

上述风险事件暴露运营商多个漏洞。其一，规则设置过于简单。比如，一个号码在短时间能反复领取。其二，黑灰产利用 APP 潜在的漏洞，制作大量薅羊毛软件"薅取"福利。其三，运维服务依照的是实体营业模式，忽视了数字化 20 小时业务服务特点，导致问题处理不及时。

# 第二节　企业常见的数字业务安全风险

## 一、恶意"薅羊毛"

"薅羊毛"，指搜集各个银行等金融机构及各类商家的优惠信息，以获利的行为，是企业薄利多销的一种手段。羊毛有两种：一是企业通过打折促销等活动让利，吸引消费者来"薅"，以增加销售，属于推广促销形式；另一种是黑灰产利用企业业务漏洞，通过技术手段，批量抢夺原本属于消费者优惠和福利，给平台或主办方带来损失的欺诈行为，属于恶意"薅羊毛"。

（一）专事"薅羊毛"的"羊毛党"

现如今，恶意"薅羊毛"呈现出产业化、专业化、团队化特征，是一种典型的具有较大危害性的欺诈行为，成为企业数字业务安全风险最主要的表现形式之一。

参与"薅羊毛"的人员被称为"羊毛党"。根据操作和分工不同，羊毛党的等级划分如图8-2所示。

```
        团长
     专业刷手
      小作坊
      包工头
       刷手
```

图 8-2　"羊毛党"等级划分

在"羊毛党"中，金字塔最底层（最下线位置）的为"刷手"，主要任务是注册账号、刷交易量、点击广告、刷单等，以在校学生、无固定职业的居家人员为主。高一级的是"包工头"，负责给"刷手"下达具体任务、发放酬劳、接受上级平台任务。再高一级的是"小作坊"，在多个平台有多个账号，为平台引流量、完成推广任务，以赚取佣金。再高一级是"专业刷手"，主要以几人小团伙或工作室形式存在，拥有大量账号，有各种注册登录、改号群控的软件工具，且具备专业开发人员。最高一级是"团长"，主要是公司化运作，为行业、UGC平台提供推广、营销服务。

（二）恶意"薅羊毛"的危害

"6·18""双十一"等网购节是消费者的"剁手节"，也是"羊毛党"大肆牟利的契机。在网购节那天，消费者登录电商平台往往会遇到"网页打不开"或"商品售罄"的情况，前者说明电商平台遭受网络安全风险，后者遇到了业务安全风险。

"网页打不开"主要是用户大量同时涌入，平台瞬时负载过大所致。"商品售罄"则是"羊毛党"利用软件批量抢购原本属于正常消费者的优惠福利、特价商品，导致消费者买不到的现象。

大多热门、限量商品或低价商品在抢购时要拼"手速"。在这方面，普通消费者靠神经反映，"羊毛党"则利用批量下单软件，设置运行时间，选择想要参与的活动、抢购的商品，等到了设定时间，软件便自动运行，抢拍速度远超人为操作。部分软件甚至能破解电商平台加密的下单协议、绕过验证码、自动更换IP地址、伪造设备编号，来抢夺优惠和福利。

"羊毛党"抢优惠券、秒杀特价商品的行为，不仅损害消费者合法利益，还给商家、电商平台造成巨大经济损失。

据《今日头条》报道，2018年临近圣诞，星巴克为"星巴克APP"拉新做营销活动，规定但凡在规定期限内新注册的用户，都能免费领取一张星巴克咖啡兑换券。羊毛党们闻风而动，通过打码平台的巨量手机号，用程序批量注册了数十万个星巴克 APP 账号，兑换了数十万张咖啡券，然后把这数十万张咖啡券以低价在朋友圈，微商中疯狂倒卖。

2019 年年初，拼多多出现巨大漏洞，用户可以领取 100 元无门槛券。有大批用户开启"薅羊毛"的节奏，利用无门槛券来充值话费、Q 币。拼多多官方发表"关于黑灰产通过平台优惠券漏洞不正当牟利的声明"，表示被盗取了数千万元平台优惠券。

（三）恶意"薅羊毛"的技术特征

在与"羊毛党"的攻防大战中，发现恶意"薅羊毛"呈现如下技术特征（图 8-3）。

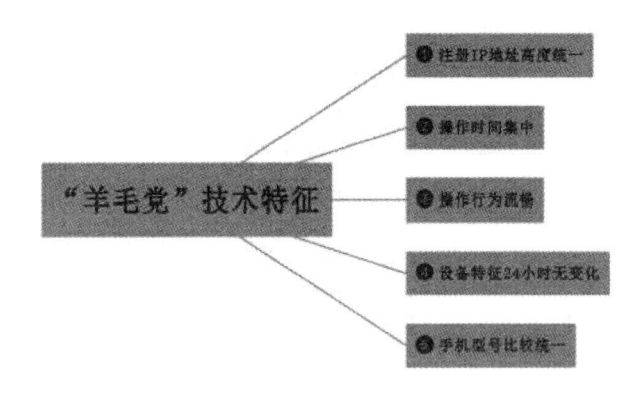

图 8-3 "羊毛党"技术特征

1. 注册 IP 地址高度统一

正常用户来自全国各地，注册登录操作的 IP 地址各不相同。但"羊毛党"的注册设备和软件多是同一个宽带线路接入网络，注册和登录平台的 IP 地址基本固定，或来自同一批代理 IP。

2. 账号注册登录多集中在非业务时间段

正常用户多在正常作息时间注册登录操作，以便出现问题时及时联系工作人员。"羊毛党"则多选择休息时间操作，此时平台系统监控相对放松，运营者的警惕性有所下降。

3. 账号注册登录行为流畅

正常用户注册登录时，要手工输入用户名、密码、手机号，还要发送验证码并输入，过程有一定延迟，可能因规则的不熟悉或其他事情搁置。而"羊毛党"使用自动化软件工具注册，过程一气呵成，速度很快。

4. 设备特征长时间无变化

正常用户注册登录，或坐着，或躺着，手机跟随动作进行不同角度的调整，手机水平高度也会相应调整。"羊毛党"使用软件操控批量设备，设备多放置在不同机架上，角度和水平线基本不变。

5. 操控的手机型号相对统一

为了追求利润的最大化，"羊毛党"会尽量降低设备投入成本，多选择大批量采购价格低廉的手机或二手手机，型号相对统一。

二、刷单炒信

刷单炒信，指店家为了提高网点排名、销量和好评数，请人假扮顾客购物，以吸引真实顾客的欺诈行为。这种行为导致的高订单数即便是虚假的，也会让店铺有一个较高的搜索排名，从而被消费者注意到。

刷单炒信是一种不正当的竞争行为，不仅对消费者造成误导，影响消费者购物体验，还影响平台和市场管理部门数据统计和业务决策，造成一定的业务经营风险。

（一）刷单炒信的危害

1. 网点刷单严重影响用户购物决策

刷单行为大幅提高了网点曝光度和交易量，从而误导消费者的购买决策。这种非正规手段获得的好评无法代表商品的真实品质和口碑，很大可能给消费者带来损失。

现如今，不少网店通过"刷单"制造虚假销量，炮制虚假好评，将品质不好的商品包装成所谓的爆款，从而误导消费者购买，直接影响消费者的购物体验，给消费者带来了一定损失。

2. 刷单炒信引发企业生存危机

企业靠刷单炒信制造假象，不仅危害自身，对整个行业乃至社会也会产生一系列负面影响。

《人民网》报道，2020年4月，知名咖啡品牌瑞幸承认虚假交易22亿人民币。其中，刷单炒信金额高达3亿人民币，瑞幸咖啡的员工使用手机号注册个人账户，购买多杯咖啡抵用券，以提升销量，同时向与自己的董事长相关联的公司出售数千万代金券，导致账面收入远高于实际的营业收入。最终，瑞幸咖啡以退市的惨重代价收尾，可谓名利皆失。

（二）刷单炒信的运作流程

刷单炒信已成为一条产业链，涉及程序制作者、中介服务商、刷手、物流等多个角色，有着明确的分工。

1. 刷单炒信的方式

刷单炒信存在机器刷单和人工刷单两种手段。在具体的刷单中，有刷销量和刷信誉量之分，

机器刷单，是黑灰产团伙利用程序操控账号，自动浏览指定网站或指定商品，自动下单、付款、好评。表现特征为：同设备短时期频繁切换IP地址；浏览下单等操作行为高度统一；收货地址高度统一。这种刷单方式成本角度，适合大规模批量刷单。

人工刷单，指电商通过中介机构发布刷单任务，利用专职或兼职刷手的真实账号进行人工刷单。人工刷单由真实账户操作，浏览、交易有明确要求，收货地址分散，欺骗性更强。与机器刷单相比，人工刷单成本高得多，不适合大规模批

量刷单。

2017年6月，全国"刷单炒信入刑第一案"宣判，嫌疑人被判处有期徒刑5年9个月，处罚金92万。同年9月，义务一服饰公司负责人钟某某雇佣李某在对手网点恶意刷近2000单，被浙江金华中院以破坏生产经营罪判处2年3个月。"刷单炒信入刑"一定程度上震慑了这种不正当竞争行为。

2. 刷单炒信的运作方式

刷单炒信呈现组织化特征，涉及多个交易环节，账号、刷单软件、群控、话术文案、任务平台缺一不可，其运作流程如下（图8-4）。

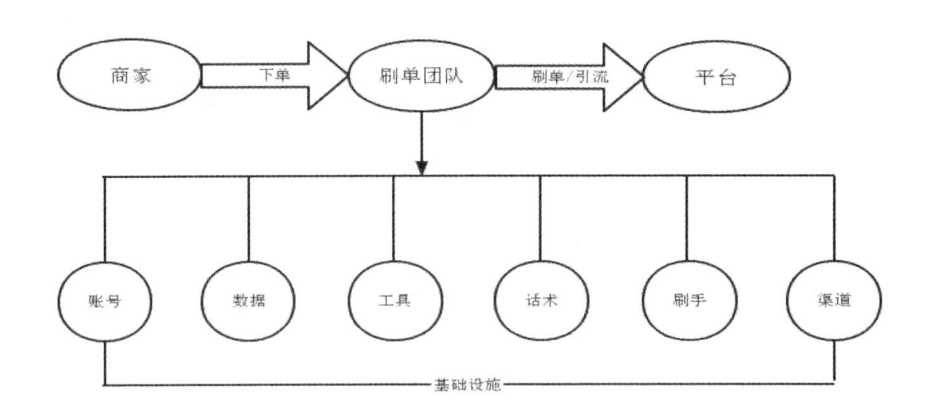

图 8-4  刷单炒信流程

（1）网点或商家根据需求，向刷单炒信机构提高刷单资料，如商品链接、价格、下单方式等。

（2）刷单炒信机构根据商家要求（刷单量、账户分布、操作频次）安排刷单计划，制作任务包。

（3）将任务包通过社群下发给刷手，或通过任务平台发布刷单任务，让刷手领取。

（4）刷单。以自动化刷单平台为例，一般要求"11512"。"1 1"指浏览刷单商品前找到两个同类商品各浏览1分钟；"5"指浏览刷单商品5分钟；"1 2"指在该店铺找其他两种商品，一个浏览1分钟，一个浏览2分钟。这种做法的好处就是隐蔽性极高，很难被发现。

（5）刷单炒信机构通过空包网（提供空包裹发送服务的网站）等渠道进行快递代发，并回传快递单号给商家。

（6）商家将快递单号下载到网点，并批量点击发货。

经过这么一套刷单流程，刷手们的操作与正常买家无异，隐蔽性较强，加大了平台识别难度。

### 三、刷票、刷粉、刷榜、刷阅读量

刷票，指网上投票参选中的参赛者利用某种方法突破投票网站限制，进行重复投票、增加点击率和人气的过程，是一种网络投票造假行为。

刷粉，为公众号、微博、短视频账号等批量增加粉丝、关注，短时间内增加粉丝数量。

刷榜，利用技术或其他手段批量伪造 App 的下载数量、好评数量、点赞数量，以提高 App 在 App Store 或其他 App 市场内的排名。或通过技术手段批量伪造评论、点赞、关键词，提升目标在媒体关注、社交平台曝光的排名，吸引更多人使用或关注。

刷阅读量，通过技术手段、工具软件，批量伪造阅读、播放次数，短期内增加阅读数量。

刷播放量就是通过技术手段、工具软件，批量伪造视频播放次数，短期内增加目标视频的浏览数量。

刷票、刷粉、刷榜、刷阅读量的操作手法都是通过自动化程序或组织人工等不正当手段制造虚假的数量。在互联网中，数量就是流量，流量则意味着影响力和收益。上述行为破坏了社会的公平、公正，容易误导用户，影响用户的决策，给企业数字业务造成经济损失，不利于行业的健康发展。

（一）刷票、刷粉、刷榜、刷阅读量的危害

1. 刷票影响比赛的公正性

2020 年 4 月，B 站娱乐区举办了一场名为"心动挑战混剪大赛"的活动，面向全站用户征集明星相关的剪辑视频，评选其中优秀的作品，并且选出一位综合数据最高的明星前往"聚划算百亿补贴 55 盛典"的线下活动。但有人发现参赛视频里出现了大量的低级号恶意刷票，导致一些视频的播放量不多，点赞数却遥遥领先，比播放数还多（完全不符合常理），且这些视频的主角都指向同一个明星，这种造假行为让真正的好作品得不到展示。最后，B 站迫于舆论的压力，清零此前投票数据、调整活动规则并且向大家道了歉。

2. 刷阅读量让企业广告费打水漂

2016 年 9 月，微信系统升级，阅读端口的调整，让不少大 V 公众号的真实浏览量曝光。据《第一财经日报》报道，一些平常阅读量上十万的大 V 公众号，系统升级当晚阅读量直线下降，跌至几千到上万不等。因为流量不及平时，一些大 V 号甚至删除了已推送的文章，而诸多企业花费数万乃至数十万广告费也因此打来水漂。

3. 刷粉让商家订单成谜

近日，一款直播场控软件服务的提供商被快手公司一纸诉状告上法庭，原因在于服务提供商通过控制大量手机，批量使用"快手"账号对指定直播间进行点赞、送礼物、评论等操作，人为操控直播间的"粉丝"，热度和人气都是虚假的，侵害了消费者的知情权和选择权，误导用户消费，扰乱市场秩序，最终被判决赔偿 100

万元。

在互联网时代下，有流量的地方就存在造假行为，票数、粉丝数、阅读量、好评等都能刷，这种虚假的数字破坏了正常的市场秩序，不利于互联网生态发展，对整个行业的健康发展是有害的。

4. 刷榜误导用户下载APP、误导公众关注度

APP Store、APP市场的榜单体现单个APP用户数和关注度，刷榜行为通过制造海量虚假好评，虚增下载量等手段，影响榜单排名，误导观众下载。社交媒体的热榜反映的是事件的曝光度和关注度，刷榜通过虚假评论、搜索，影响社交媒体热榜真实排名，影响新闻传播的真实性。

据央视财经报道，不少手机APP利用一个五星好评0.8元，一个下载量2.2元的手段进行刷榜，为在应用市场获得一个较高的排名，这样就容易被用户注意到，从而增加下载量。

这种不合规的手段不仅让优秀的APP被埋没，误导用户下载，还破坏了应用软件市场的公平性，加大了用户的选择难度，让用户举棋不定，同时损害了平台的公信力。

刷榜行为不只局限在应用软件行业，在新闻传播中也时有发生。热搜榜和话题榜，反映的是用户对热点内容的关注度和方向。一些企业和娱乐业者为获取关注和流量，进行有组织地刷榜。有知情人士爆料，热榜前十的售价仅不到2万元，且热榜关键词、广告位都能购买。这种刷榜行为不仅影响了真正热点事件的曝光度，而且扰乱了传播秩序。

（二）刷票、刷粉、刷榜、刷阅读量的特征

有需求就有生意。在"刷"大行其道的当下，网上接单、后台派单、"投手"投票、利润分成都有着明确的规范。一般来说，刷票、刷粉、刷榜、刷阅读量分为人工刷和机器刷。

人工刷，多通过社群、任务平台等招募人员完成投票、加粉、下载、刷阅读量，耗费的时间和精力较多，投入的成本较高。由于黑灰产进行风险攻击的目的在于牟利，当投入产出没有达到预期时可能会放弃攻击。

机器刷，多通过软件、脚本，利用脚本程序批量刷票、刷粉、刷榜、刷阅读量，投入成本低，效果明显。

像APP刷榜，人工刷便是雇佣兼职人员，利用事先准备好的账号，按要求对指定APP下载、评分、评论。这种方式投入成本高见效慢，不适合大规模刷榜。目前应用比较广的是"积分墙"方式，提供各种应用刷榜任务，让用户在应用市场根据关键词搜索到指定的APP进行下载，后台检测到任务完成后便向用户发放奖励金。

总的来看，机器刷是一种编写自动化程序软件，通过群控和其他设备控制账号，模拟人工操作，进行自动刷榜。比如，刷阅读量的黑灰产根据微信公众平台阅读量机制编制软件，将网址链接填入，后台就能自动刷阅读量，甚至能设置刷阅读量的间隔。为了规避平台监测和用户警戒，很多刷阅读量的工具都会设置阅

读量增长的速度和运作时间段，例如提供慢（30分钟）、中（15分钟）、高（10分钟）三种阅读量的速度。

机器刷的技术特征如下。

1. 储备大量账号

账号是进行各种刷的基础工具，可能是黑灰产窃取、购买的社工库，也可能是此前注册并批量维护的账号，俗称"养号"。

2. 拥有众多设备

这些账号分别安置在不同设备上，一台设备上安装了多账号，同一台设备存在多账号操作行为。

3. 频繁更换 IP 地址

为了规避平台的防控，模仿人工操作，黑灰产使用 VPN 软件或 IP 变化软件，在短时期频繁切换 IP。

4. 账号活动频繁

在具体操作行为上，同一账号会在一定时间段内参加大量活动，一般只有在活动时使用。

5. 操作行为异常

为避免运营者的注意，黑灰产经常在非正常时间段进行刷量。深夜是他们最常选的一个时间段。

## 四、恶意退货

为保护消费者权益，监管部门和平台会制定多项措施限制商家行为。但部分人利用这些保护措施漏洞恶意退货，从中牟利。如利用"七天无理由退货"规则买真退假，利用运费险规则赚取运费险与快递费的差价。

（一）恶意退货的危害

《中华人民共和国消费者权益保护法》第三章第二十五条规定，除特殊商品外，经营者采用网络、电视、电话、邮购等方式销售商品，消费者有权自收到商品之日起七日内退货，且无需说明理由。这本是商家与消费者之间的一种保障措施，却被黑灰产利用。

在各大电商平台都存在这种情形，消费者多次购买奢侈品后申请退货，但退的却是假货，一些黑灰产退二手货，甚至空包裹，却都能成功申请到退款。此外，还有"退款不退货"的情况，黑灰产利用商家提供的商品以次充好的问题担心被举报的心理，选择只退货不退款，再将免费得到的商品转售卖给其他消费者，牟取了大量非法钱财。

现如今，不少电商平台都有运费险。比如电商平台的运费险按买家赔付金额的 5% 收取，像 0.5 元、1 元的保费对应的保额为 10 元、20 元。黑灰产收到货后选择原件退回，赚取运费险与快递费的差价，通过不停下单、不停退货，一周的收入甚至能过万。

虚假退货、赚取运费差价的行为给网点带来了直接的经济损失，扰乱了电商平台秩序，增加了商家与正常消费者之间的不信任感，同时造成了物流和人力资源的浪费。

（二）恶意退货的特征

恶意退货呈现组织化特点，主要采用两种形式招募参与者：其一，黑灰产大批量注册、购买账号；其二，通过社群招募人员，群内发布任务，参与者按照黑灰产提供的教程利用自己的账号操作，完成任务后可以赚取一定的佣金。恶意退货特征如下。

（1）技术方面，囤积大量电商平台账号，通过群控软件控制账号登录、下单、支付、退货等；多数账号较新，信誉一般。

（2）同一设备存在多账号操作情况，利用软件模仿真人操作。

（3）一般选择销量高、价格低的小商品下单，这种基础物流价格低，利润空间相对更大。

（4）提前选中目标，直接进入物品页下单，很少浏览搜索对比，更不会与客服交流。

（5）通过其他平台转售免费的商品，也能获得运费保险的差价。

若是网点不退货，黑灰产就会组织账号对网点进行"集体差评"，这直接影响网店的评级，进而失去消费者的信赖，严重的会导致网店关闭。因此，多数网店会抱着多一事不如少一事的心理，退费了事。

## 五、虚假账号

虚假账号，黑灰产通过技术手段批量注册，盗用他人信息激活认证的账号，多被应用于各种业务风险攻击，给企业和消费者带来经济损失，甚至威胁生命健康。虚假账号包括但不限于以下手段。

（1）冒充知名度和影响力大的公众人物的账号吸引粉丝，以便进行推广、诈骗。

（2）是恶意"薅羊毛"、刷单、刷粉、刷阅读量的工具。

（3）作为社交平台上进行宣传、销售和诈骗的工具。最为典型的就是微信里的"茶叶女"。

（4）组成账号矩阵，承接广告业务。

（5）虚假账号"养"一段时间转售从中牟利。

（一）虚假账号的风险

虚假账号不仅能"薅羊毛"、刷量，还能用于入驻共享出行平台，从事网约车服务；在社交平台进行宣传、产品销售和诈骗等。比如有黑灰产假冒他人信息注册网约车账号，再转售给想注册网约车但不符合条件的人，让不符合规范的人从事网约车服务，不仅会给乘客带来经济损失，甚至威胁乘客的生命安全，损害平台信誉。

虚假账号在一些用户量庞大的UGC平台十分猖獗。像微博中有不少冒充大V的账号，这些账号与真正大V的名称如果不仔细观察很难分辨，这些虚假账号便借此在热门微博下方发布广告,给粉丝发私信荐股。

另外,短视频直播平台也有不少假冒明星的账号,利用明星的知名度和影响力吸引粉丝,向粉丝兜售商品、推荐产品,还会将积累到的粉丝吸引到其他工具上,进行诈骗。

社交平台是虚假账号的泛滥地,典型的案例是"卖茶女",这些人用美女照片作为微信头像,并添加陌生人为好友,博取对方的同情和信任,待时机成熟后便进行诈骗。

黑灰产还开设冒充名人的虚假账号,利用名人效应吸收粉丝,进而进行产品推广、推销和诈骗。

（二）虚假账号的特征及运作流程

不同的平台,虚假账号的运作流程存在一定差异。以 UGC 平台和社交平台为例,黑灰产利用技术手段进行规模化操作,很多账号是在设定好了详细流程和节奏的程序控制下自动运行。

1. 虚假账号在短视频等平台上的运作流程

（1）购买信息或账号。黑灰产从黑市购买网站、平台上的账号、身份证等信息,进行注册、篡改、认证。

（2）批量登录账号。黑灰产利用群控软件等工具批量注册、登录、修改账号。

（3）养号吸粉。黑灰产利用网络爬虫等工具,从媒体、微博、微信等公开平台抓取用户的信息、照片等,并定期更新发布动态信息,吸引网友关注并成为粉丝。

（4）牟利。黑灰产针对粉丝开展广告宣传、商品销售,并建立粉丝群进行欺诈。

2. 虚假账号在社交平台上的运作流程

（1）购买信息或账号。黑灰产团伙从黑市购买网站、平台上的账号、身份证等信息,进行注册、篡改、认证。

（2）批量登录账号。利用计算机、软件、群控等工具批量注册、登录、修改账号。

（3）批量添加好友。通过微信群、一对一、个别自媒体和网站的诱导广告等,批量添加好友、批量加群、诱导用户添加好友。

（4）策划答复。组织内容,策划剧本,在这些虚假账号上批量发送信息;有人应答,就一对一进行诱导回复。

（5）牟利。通过博取同情、推广商品等方式骗取钱财。

用户以为互动的对象是美女,实则可能是一个"抠脚大汉"。因此,用户对于陌生人的"热情",需要擦亮眼睛,仔细辨别。

## 六、恶意网络爬虫

网络爬虫,指根据一定规则,自动抓取网络信息的程序或校本,不仅能爬取各种视频信息,海梦爬取商品类目、图片、评论、价格、个人信息等关键数据,也叫网页蜘蛛。

网络爬虫包括两类，一类是搜索引擎爬虫，便于用户信息检索；另一类是在指定目标下载信息，用于存储或作他用。

恶意爬虫，指从公开或半公开平台抓取存储商品、服务、文字、图片、用户信息及账户密码、联系方式等私人信息的网络爬虫。

（一）恶意爬虫的危害

在数字化时代下，数据成为企业一项重要资产，掌握了数据便占领市场制高点。而恶意爬虫，会给企业数字资产带来损失，同时造成平台服务资源和带宽资源的浪费，不利于企业数字业务的可持续发展。除了在旅游网站上，恶意爬虫在电商、社交平台也较为普遍。

1. 影响网站运营

恶意爬虫爬取 M 网站数据，再移植到另一网站，导致 M 网站用户流失，造成经济损失，是对行业商业生态的破坏。

黑灰产通过恶意爬虫方式将知名度和影响力大的视频网站用户的视频、昵称、头像乃至评论移植到新成立的网站中。

2018 年 10 月，知名"马蜂窝"旅游网站被曝"数据造假"，曝光者发文称，在线旅游网站"马蜂窝"的 2100 万条点评中，有 1800 万条是通过机器人从大众点评、携程等竞争对手那里抄袭过来的，他们在马蜂窝上发现了 7454 个抄袭账号，平均每个账号从携程、艺龙、美团、Agoda、Yelp 上抄袭搬运了数千条点评，合计抄袭 572 万条餐饮点评，1221 万条酒店点评，占到马蜂窝官网声称总点评数的 85%。

2. 泄露用户隐私

恶意爬虫爬取企业数据，再用于商业利益活动，给企业带来巨大经济损失的同时，也泄露了用户的隐私信息，显然违法了。

在各大正版小说网站中臭名昭著的盗版网站——笔趣阁，别的网站刚出炉的小说，它立刻能够上传到本网站，站内拥有的小说资源甚至连一些正版网站都望尘莫及，仅凭"偷"小说，每年就收入数十亿。笔趣阁并不特指某一个网站，一个笔趣阁被封杀了，还有成千上万个笔趣阁涌现出来。笔趣阁之所以有如此丰富的小说资源，便是爬取了各大网文平台的数据和内容，加上为网友提供免费阅读服务，直接给正版小说网站带来巨额损失。

3. 影响企业数字业务的正常开展

比如，恶意爬虫通过爬取航空公司航线、航班、票务信息，浪费航空公司查询费用，影响机票动态定价，甚至对低价票进行加价倒卖。导致航空公司票务业务无法正常开展。

2020 年 4 月，多家航空公司 B2C 网站虚假搜索量猛增，热门航线航班信息搜索查询量高达 90%，其中大量的查询都源自恶意爬虫。

恶意爬虫非法爬取航空公司网站的航班信息，造成航空公司带宽资源的浪费，使得大量航空查询费用白白浪费。

另外，虚假的搜索查询量致使航空公司收益管理系统算法产生误判，导致机票价格进行不合理的调整。比如，原本，某航班预售票价只要500元，虚假流量查询量暴增后，网站订票系统会误判购票旅客保证，从而大幅调高票价，损害真实消费者权益，影响平台口碑。

此外，恶意爬虫爬取航班票务信息后，利用虚假身份信息预订航线机票，在航空公司允许订票付款周期内，加价转售给真正需要机票的消费者，这使得部分机票并未售出，而消费者在查询机票信息时却被提示机票售罄。这种"虚假占座"的行为损害消费者合法权益，也扰乱航空公司正常运营。

## 七、团伙骗贷

团伙骗贷，指有预谋的、有组织地虚构生产经营项目、交易、大额商品、抵押物，伪造各种材料，向金融机构申请经营贷款、消费贷款、抵押贷款，造成金融机构的经济损失。数字化的普及，无需面对面审查的线上信贷的开展，给了团伙骗贷可乘之机。

汽车消费信贷，指对申请购买汽车的借款人发放的人民币担保贷款，或以车供车贷款、住房抵押汽车消费贷款、有价证券质押汽车消费贷款。不法团伙便通过伪造材料骗取金融机构高额的汽车消费贷款。

2018年，警方破获的一起"购车骗贷"案中，胡某等人负责给贷款人洗脑，让其同意向银行骗取车贷；李某负责伪造贷款材料，指导贷款人申请贷款；张某负责联系买家，将新车倒卖套现。

除了外部人员团伙骗贷外，还有与金融机构内部人员勾结，虚假评估，帮助借款人虚构贸易进行骗贷。

2019年，警方破获的一起特大骗贷案中，嫌疑人就是与银行员工勾结，招揽不符合贷款条件的贷款人、担保人，并伪造各种证明文件，骗贷数千万，全案涉及的嫌疑人多达百人。

除多人集体骗贷，还有金融机构业务流程的中介机构，通过伪造或包装的证件信息、银行流水、通讯记录等，帮助不符合标准的群体申请信贷产品，骗取金融机构的贷款。

2020年，在荣华东道一家投资管理公司，表面人员整齐、管理规范，事实却使用伪造公章开具虚假公文材料，帮助客户从银行骗取贷款。披着公司外衣的团伙为客户提供"一条路"办理贷款代理业务，利用计算机打印制作假公文，且加盖假的国家机关公章、单位印章等，以便像银行办理贷款业务，事成之后收取一笔手续费和一定比例的评估费。

团伙骗贷还有一种形式是资金异常归集，表现为贷款中介、私款公用、亲友间拆借通过伪造用途的消费贷款、个人贷款等全部或部分转入另一指定账户，再将借贷资金用户投资或其他行为，一旦资金链断裂，会出现大批逾期或违约情形，让金融机构遭受经济损失。

### 八、信用卡套现

信用卡套现，指信用卡持有者利用不法商户或刷卡设备虚构消费交易，以些许手续费将信用额度全部转化为现金。有"他人消费刷自己的卡"，与商家或某些"贷款公司"合作套现，利用一些网站服务套现等方式。

信用卡刷卡消费反映刷卡地点、消费内容等信息，以便发卡行及时掌握信用卡资金用途和潜在风险，为监管部门进行宏观决策提供依据。但样卡、套现行为让发卡行不清楚资金流向，无法掌握用户借贷用途，就可能承担较大的信贷风险，这也违反了相关的监管规定。

2017年年底，警方破获的一例特大信用卡诈骗案中，本案的犯罪团伙创立一个投资公司，通过网络非法获取用户身份信息，将身份信息上的年龄、照片信息分发给年龄、长相相似的员工，指示员工编造学历、单位等信息，像银行提交申请，骗领信用卡，到手后利用POS机进行贷款套现。另外，该团伙通过张贴广告、发送短信等方式向社会宣传信用卡代还、套现等业务，为他人进行刷卡套现、非法支付等违法活动，从中收取高额手续费。

央行发布的《2020年支付业体系运行总体情况》，截至2020年末，全信用卡和借贷合一卡在用发卡数量共计7.78亿张，全国人均持有信用卡和借贷合一卡0.56张。信用卡逾期半年未偿信贷总额836.64亿元，占信用卡应偿信贷余额的1.06%。

信用卡套现行为是一种违法行为，情节严重的甚至构成刑事犯罪，具体会产生以下不良影响。

（一）套现给发卡银行造成资金损失

由于大部分信用卡是无担保的借贷工具，只要持卡人进行消费，银行就会承担还款风险。一般来说，发卡行通过高额透支利息或取现费用防范透支风险。然而，信用卡套现却规避了银行设定的高额取现费用，突破了银行防范门槛。一部分贷款中介为持卡人伪造身份材料，大幅提升信用卡额度，影响了银行正常业务的开展，给银行带来较大风险。持卡人凭借伪造的材料获得大量套现资金，而发卡行又无法洞悉资金用途，不能进行有效地跟踪，一旦持卡人无法偿还套现金额，累计的数额对银行来说将是一笔巨大损失。

（二）套现为持卡人带来潜在信用风险

从表面来看，持卡人利用套现获取资金，减少利息支出，但实际上持卡人终究要还款，若无法按时还贷，就需要承担高额的逾期利息，且这一不良行为将被征信报告记录下来，甚至承担法律责任。

（三）套现行为影响金融秩序的稳定

我国对金融机构有严格准入制度，资金的流入流出有一套严格的规定。不法分子联合商户利用虚拟POS机刷卡消费等不真实交易，利用信用卡取现的行为钻取法律空子，违反国家关于金融业务特许经营的法律规定，不符合人民银行对现今管理的有关规定，可能为"洗钱"等违法行为提供便利，不利于信用卡行业健康发展，冲击我国金融秩序。

## 九、洗钱

洗钱，指将非法所得及其收益，通过各种手段掩饰、隐瞒其来源和性质，使其形式合法化的一种违法行为。洗钱包括贩毒、走私、诈骗、贪污、贿赂、逃税非法收益合法化，还包括将合法资金通过多种方式转移，以便个人占有、逃避监管、转移到境外等。

洗钱危害金融管理秩序，不利于市场经济主体之间的自由、公平竞争，为造成经济秩序的不稳定，损害民众合法权益，危及国家经济安全。反洗钱是金融机构的公共社会职责，对维护社会公平、打击洗钱行为、稳定金融秩序有着积极的意义。

为打击洗钱行为，央行会对未按规定履行客户身份识别义务、未按规定保存客户身份资料和交易记录，未按规定报送大额交易报告和可疑交易报告的金融机构以及相关负责人处以罚款。

《2019年人民银行反洗钱监督管理工作总体情况》显示，2019年人民银行全系统共开展了658项反洗钱专项执法检查和1086项含反洗钱内容的综合执法检查，处罚违规机构525家，罚款2.02亿元，处罚个人838人，罚款1341万元，罚款合计2.15亿元。

科技的快速发展，让洗钱的手段越来越多样，也更加隐蔽，像艺术品或古董买卖、海外投资、赌博、地下钱庄、证券交易、影视投资、寿险交易等都可能成为非法分子洗钱的工具，这对反洗钱工作无疑是不利的。

（1）洗钱团伙利用各种技术手段和购买的身份信息，通过包装身份、开具虚假账号，给金融机构的辨别增加了难度。

（2）金融机构业务互联网化、网络金融的快速发展，让洗钱手段各工具更加多样，增加了审查和监控的复杂性。

（3）洗钱的手段愈加隐蔽，需要从账号源头上挖掘出内在的关联性，并勾勒出洗钱团伙的关系图谱，进行有针对性地监测。

## 十、山寨App

App是企业的数字业务服务平台。山寨App，通过盗用制作企业数字业务信息、名称、图标等，诱导用户下载，不但不提供正常的服务，反而窃取用户通讯录、照片等相关隐私、资金信息，给用户带来隐私信息泄露的风险与经济损失。在金融、电商、出行、教育、导航、社交等各个行业，都能看到山寨的身影，其背后有一套分工明确的产业链。

除山寨App外，黑灰产还会对企业App进行重打包。App重打包，指对App源代码进行反编译，篡改相关参数并植入恶意代码，然后重装打包并发布App，进而窃取用户隐私、恶意推广、骗取钱财。

山寨APP的危害如下。

1. 窃取隐私

用户在山寨 App 提交的账号密码会被非法窃取，山寨 App 还可能会自动读取并复制手机通讯录、相册、位置信息、聊天信息等隐私信息。

2. 盗取资金

用户登录山寨 App 后，黑灰产收集到账号信息后，登录正规 App 平台，将账号内资金、积分、余额转走盗用，给用户带来财产损失。

3. 恶意推广

山寨 App 会通过弹窗、诱导下载等方式，诱导用户下载其他 App 或山寨 App，或为违法 App 导流。

4. 欺诈收费

山寨 App 向用户收取各种手续费、会员费、服务费、保证金、工本费等。甚至部分 App 内置木马病毒，自动发布短信、链接等信息。

（一）山寨 App 损害企业品牌

国家互联网金融风险分析技术平台发布的监测数据显示，截至 2020 年 2 月，互联网金融山寨 App 2801 个，下载量 3343.7 万次。这些山寨 App 不仅给用户带来隐私和资产损失，更让正规 App 遭受不白之冤，品牌受到伤害，更给企业数字业务的开展带来巨大负面影响。

2020 年 6 月，我国在西昌卫星发射中心用长征三号乙运载火箭将最后一颗北斗三号组网卫星成功送入预定轨道，北斗全球组网成功，将可为全球用户提供基本导航、全球短报文通信、国际搜救等服务。随之而来的带有"北斗"字样的山寨导航软件纷纷涌现，损害了北斗导航的品牌形象。

一款名为"蚂蚁贷款借呗"的 App，下载后发现该应用实际上是一个贷款超市，为多家网贷 App 和违规贷款平台导流，让阿里巴巴的花呗和借呗 APP 遭受不白之冤。

（二）山寨 App 运作流程

1. 选择目标

山寨 App 一般选择知名度高、使用流量高的 App 来进行山寨。

2. 制作山寨 App

黑灰产通过恶意爬虫爬取正版 App 的数据，用于山寨 App 的内容制作；或直接通过电商平台购买山寨 App 模板改造。山寨 App 的图标、首页、名称等与正版 App 类似，以起到鱼目混珠的效果。

3. 购买云服务器运行山寨 App

山寨 App 的服务器一般在海外，以规避监管部门审核。

4. 应用市场上架山寨 App

黑灰产将山寨 App 入驻第三方 App 市场。大多数 App 市场只是对 App 进行安全和兼容性测试，以及应用合规审核（检查应用中是否有黄赌毒等违禁内容和服务），忽视了App是否存在模仿问题。

5. 推广山寨App

黑灰产通过刷榜、刷好评等方式在应用市场内推广山寨App，抢占下载排行榜，通过短信、社群、社区、网盘等方式诱导用户下载。

## 第三节 常见五类行业数字业务的风险防控策略

### 一、金融行业：全流程防控

从本质上看，金融是一种风险管理。在数字化大浪潮下，金融机构将面临更多新出现的风险和挑战。其中，营销、信贷、交易是金融领域安全的三个主要集中场景。

（二）恶意爬虫攻击范围及特征

在电商、视频、旅游、交通等多个领域都可能遭受恶意爬虫的攻击，其范围十分广泛。不同行业的恶意爬虫所爬取的信息的不同。

电商：爬取商品信息、用户评价、价格等信息。

视频：爬取视频内容、评论、用户等信息。

旅行：爬取机票、火车票的航线、票务、票价信息。

交通：爬取公交GPS、共享单车位置实时信息。

社交：爬取社交媒体的内容、信息、用户信息。

咨询机构：爬取机构的报告、调研分析信息。

政府与公共服务：爬取政府文件、企业信息、信用信息、医药信息。

内容资讯：爬取招聘平台的简历、房产信息和价格、旅游网站信息与评价、网文平台小说、媒体文章等。

恶意爬虫机器操作行为的特征如下。

1. 访问目标的网页相对集中

爬虫以爬取核心信息为主，访问的页面相对固定。

2. 行为十分规律

爬虫是程序化操作，按照设定好的流程进行访问，呈现出有规律、有节奏的行为特点。

3. 同一设备有规模化访问和操作

爬虫以短时间抓取尽可能多的信息为目的，在同一设备存在大量离散行为，包括访问、浏览等。

4. 访问IP地址异常

爬虫IP地址呈现不同维度的聚集，在浏览、查询、购票时需要不停变换IP地址。

5. 设置UA（用户代理）模拟浏览器和频繁使用代理IP

175

大多爬虫程序伪装成浏览器进行访问，如在 UA 中默认含有类似 python-requests/2.18.4 等固定字符串。在访问前需要做好购买或租赁云服务、改造路由器、租用 IP 代理等准备。

6. 操作多集中在非业务时间段

在非业务时间段，系统监控处于放松状态，且平台带宽等资源占用少，此时爬虫爬取影响不会对带宽、接口产生影响。

（一）金融业务风险特征：团伙作案

移动互联网技术的成熟和广泛应用，推动了金融电子化、数字化进程，更高效、灵活的金融服务逐渐涌现，丰富了人们的社会生活。多元化的金融服务和应用场景，一方面为用户提供了速度快、频次高、范围广、场景多的新金融产品，带来更便利的服务，另一方面也给金融机构的营销获客、用户体验、风险管理和精细化运营提出更高的要求。现如今，金融行业面临的金融风险呈现组织化、有计划的团伙作案特征（图 8-5）。

图 8-5 团伙作案特征

1. 组织团伙化

团伙作案有组织、有计划，分工明确，各成员都有一定的专业知识技能，合作紧密、协同作案。

2. 攻击隐蔽化

团伙作案成员能够熟练应用移动互联网、云计算、人工智能等技术，作案手段更加复杂、隐蔽，给取证带来较大难度。

3. 规则透明化

黑灰产对金融行业的申请、受理、调查、评估、审核等业务流程十分熟悉，了解金融风控规则，善于钻空子。

4. 手段复杂化

团伙作案更难侦测和识别，静态风险行为防范的传统反欺诈手段，难以从全局的角度洞察团伙作案行为。

（二）金融数字业务安全的全流程防控

1. 风险识别

云中各种方法认识所面临的各类风险，分析风险发生的原因。

2. 风险计量

在风险识别的基础上,根据以往记录和专家经验,结合风险类型、分析目的和信息数据的可获得性,采用定性、定量等方式,分析和评估风险发生的可能性、造成的后果,以确定风险级别。

3. 风险监测

风险监测强调动态、连续性,不仅需要跟踪易识别风险的发展变化情况、风险产生条件和后果,还要根据风险变化情况调整应对方案,识别、分析已发生的风险及其产生的遗留和新风险。

4. 风险控制

对已识别和计量的风险,采取分散、对冲、转移、规避等方式,进行有效的管理和控制。

全流程防控,是出于金融数字业务产品多、链路长、场景复杂的考虑,它利用金融大数据对欺诈及高风险团伙的动态定位,从源头追溯作案手段,预测风险变化趋势,评估欺诈等风险行为的波及范围和影响程度,帮助金融机构识别异常操作,找出机构内外部潜在欺诈和高风险团伙,增强对未知风险的防范能力,提高金融机构风险管理系统的可靠性。

全流程防控基本流程如下。

1. 构建关联图谱

根据场景需要和对业务逻辑的理解,建构跨部门、跨产品的覆盖个体、设备、交易等维度的复杂关联网络。

2. 进行关联关系挖掘

提取个体和群体静态画像,分析动态趋势,利用图像数据挖掘技术定位作案团伙,研发反欺诈团伙模型。

3. 进行风险动态监测

通过反团伙欺诈运营平台的可视化监控台,进行风险策略管理、黑名单标签库管理、高风险团伙定向分案,在保证复杂关联网络反团伙欺诈模型上线后,持续更新防控手段,保证金融数字交易安全。

某上市银行在推动数字化转型的过程中。在为客户带来更优质服务的同时,也遇到团伙欺诈等挑战。比如,一些原本不符合贷款条件的客户经中介机构包装后,银行放款后无法客观掌握客户风险,客户因为高额中介费而逾期还款的可能性激增,给银行收取本息带来困难。

对此,该银行基于零售客户网贷流程、零售交易状况,信用卡用户等信息,建构全流程防控体系,设计零售客户关联关系图谱,提高了风险防控的有效性,取得了良好的防范效果。

## 二、电商行业:全链路防控

作为数字经济的产物,电商行业是"互联网+实体经济"的融合体,从客户端到交易端都可能遭遇欺诈风险。此时便需要一套完整的全链路防控体系,构建多层次防御体系,拦截层层风险。

（一）电商业务风险的特征：复杂多变

电商行业在多个业务场景都可能遭遇欺诈风险。比如，客户端存在漏洞利用、逆向破解、仿冒应用等；注册登录下的虚假账号、暴力破解等；营销活动中的垃圾广告、黄牛秒杀等；交易支付中的恶意下单、信用套现等；商品评价中信息爬取等风险。

总的来看，电商业务风险防控存在以下阻碍。

（1）黑灰产手段多变，对抗难度大。

（2）黑灰产手握批量账号，由于个体行为合法增加了识别难度。

（3）业务风险多，单点防控难度大。

（4）业务防护体系累积的风险核验数据不多，更新不及时。

（5）攻击来源复杂，追溯难度大。

（6）风险防控一旦误判，直接影响网点业绩。

（二）电商行业的全链路防控

在各大数字业务中，可能存在各种数字安全风险，黑灰产可能仅攻击一个点。但却能攻破一个面。若是电商平台仍沿用单一的防控产品或场景布置，难以防范黑灰产的供给，对此，电商商业应当根据黑灰产攻击流程、手段设计一套全链路、纵深化防控机制（如图8-6所示）。

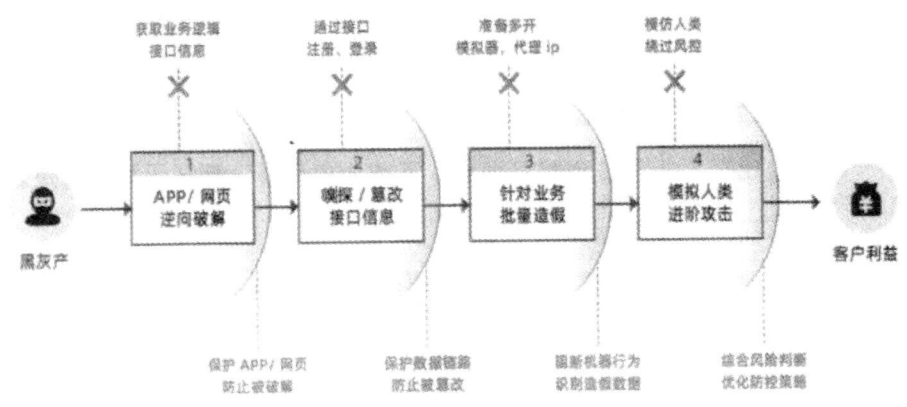

图 8-6 全链路防控体系

全链路防控体系具体流程如下。

第一，通过端安全、链路安全对平台源码、接口和数据传输链路做保护；

第二，利用设备校验技术、人机识别技术检测设备状态、运行环境，识别并阻断其行为；

第三，通过风控引擎行为校验和交叉验证，甄别各种模拟行为、异常操作风险。

第四，沉淀平台自由风控策略与风控数据，对全流程防控体系进行实时更新和优化。

在全链路防控体系中，对多节点进行安全防护，有效避免风险攻击绕过单点防护；对系统、数据的多维度防控，在不影响正常用户体验的前提下能够及时发现并拦截各种非法行为。另外，防控体系每一次风险防御积累的回溯数据，为风险复盘及案件调查提供数据支撑。

某创新电商平台每逢网购日或促销日，就会有大量"羊毛党"采取恶意"薅羊毛"行为，给商户和正常消费者带来不少损失，对此，电商平台引入全链路防控体系，部署效果十分理想，能够精准识别并拦截大部分薅羊毛行为，给正常消费者带来良好体验的同时，平台的营销费用投入成本大幅降低，朝着高品质一站式服务平台方向更进了一步。

### 三、航旅业：精准化防控

航旅领域的数字化转型起步较早，科技集成度较高，数字业务风险多集中在营销和票务方面，风险欺诈形式以恶意网络爬虫为主。对此，建构精准化防控体系是有必要的。

（一）航旅业务风险特征：恶意爬虫肆虐

航空公司票务系统（GDS），指应用于民用航空运输及整个旅游业的大型计算机信息服务系统。在该系统支持下，航空公司采用线上线下，自营或代理的手段将座位销售给旅客。

我国 GDS 系统是全球最大的 BSP 数据处理中心之一，为国内外航空公司提供航班控制系统服务、计算机分销系统服务和机场旅客处理服务，以满足全体参与者进行电子交易及管理与行程有关的信息需求。

GDS 系统风险，有可能源于黑灰产通恶意爬虫，非法抓取航空公司 B2C 网站或官方 APP 等平台上的航班信息，导致公司带宽资源的浪费，耗费航空公司的查询费。

恶意网络爬虫会让搜索查询量虚增，使得航空公司收益管理系统算法产生误判，从而做出不合理的运价调整。

此外，恶意爬虫抓取航班票务系统后，利用伪造身份信息预订机票，并在航空公司允许订票付款周期内，加价卖给真正需要票价的人，这不仅损害了消费者合法权益，也扰乱了航空公司正常运转。

（二）航旅业精准化防控

为防范恶意爬虫的信息爬取，有公司采用限制 IP 登录频次手段，但这可能拦截正常旅客的信息查询，并且不少爬虫程序能借助虚拟 VPN 软件 能绕过 IP 限制。还有公司将一定时间段内的航班信息发布在自身服务缓存合，客户查询仅需调用缓存能够实现。然而，由于票务信息是实时更新的，上述方法可能调至旅客数据存在时间差，可能出现购票后的情形。

因此，在防范航旅业数字业务风险时，应当建立精准化防控体系，这是一种基于动态基础的防控体系，有利于进行多维度的风险防御，拦截各种恶意爬取信息的行为，为用户带来良好的体验。

航旅业精准化防控的主要任务如下。

（1）利用人机识别设备核验技术，有效防范各类风险。

（2）通过风控引擎的行为校验和交叉验证，识别出各种恶意爬取行为。

（3）通过人机交互验证码，拦截恶意爬虫的信息爬取。

（4）基于业务欺诈数据建构策略模型，优化拦截效果。

近年来，在航空运营领域，"提直降代"是重点。提高直销比例，有利于帮助航空公司节省大量分销费用。

佣金减少的航空票务代理公司，往往采用虚假占座和恶意退票赚取差价，这实际上就是利用恶意爬虫的一种倒票行为，每年给航空公司带来巨额损失。因此，建立精准化防控体系是必要的。

国内某航空公司就出现过大量虚假查询流量、恶意爬虫爬取信息的情况，这不仅损害乘客的权益，还给公司带来直接损失。此后，该航公司部署了精准化防控体系，为公司节省一大笔查询费，效果良好。

## 四、内容行业：多点防控

数据经济以"内容行业"为主，其中以网络流量为显著特征。内容行业数字业务风险在于文章、视频、粉丝等各种造假。因此，内容行业不仅要防范造假，还要针对可能出现的黄赌毒、暴力恐怖等事件进行防范，找好关键节点，进行多点防控。

（一）自媒体、短视频等内容平台：养号猖獗

在各种自媒体、短视频平台中，往往会看到不同账号发表的文章大同小异、同质化现象严重，这便是黑灰产批量注册账号、文章并发布的结果，其目的在于增加关注和粉丝，当达到一定量后，便去承接广告，或者将账号卖给他人直接变现。

一般来说，内容平台"养号"的运作流程包括以下内容。

（1）借助社工库、猫池等平台，在微信公众号今日头条等自媒体平台注册大量账号。

（2）复制进来的热点文章，或重新组织撰写一篇。

（3）结合内容，减少段落，替换地名人名，换个夸张的标题，变成数十乃至上百篇同质化文章。

（4）通过多账号管理发布工具，将编辑好的文章发布到今日头条、网易、新浪等平台上。

（5）利用刷粉、刷阅读量等方式增加文章阅读量，积累一批粉丝，时机成熟后进行广告推销或转售他人。

短视频也存在"养号"情况，但制作手法稍有不同。

（1）利用软件，批量下载热门原创视频。

（2）通过软件对视频进行批量剪辑，并利用软件自动生成或抄袭其他营销号文案并辅以机器人配音。

（3）更换标题，利用账号管理工具将视频发送到快手、抖音等短视频平台。

那些标题夸张、有着上万浏览量的小视频很可能是抄袭拼凑他人劳动成果而

来的，通过刷粉、刷浏览量等造假行为提高关注和粉丝量，以便吸引广告主或便于账号的转售。

（二）直播、论坛、社交等平台：违禁信息繁杂

直播、论坛、社交等平台有大量 UGC 内容，内容主要以语音、视频、文本等形式呈现，如果审核不当，不仅会影响个人用户的阅读，还会给平台带来巨大违规风险。

近年来，直播行业大火，不少女主播为吸引关注，故意穿着暴露，男主播则言语粗俗，脏话连篇，直播内容毫无价值。这些现象的存在，反映新兴行业管理制度尚未健全，对此，政府相关部门应当进一步完善信息安全制度，加强内容审核，明确责任主体。

违禁信息包括低俗、暴力、恐怖、黄赌毒等内容，这类业务风险多出现在以下内容平台。

（1）资讯、短视频平台。

（2）网络直播、短视频，用户的留言、互动。

（3）论坛社区、社交社群，用户或黑灰产发布的图片或信息。

（三）内容平台的多点防控

对于养号猖獗、违禁信息庞杂等问题导致的风险，内容平台不仅要加强自身运营管理，还用通过风险设备识别、行为识别、关联识别等进行多点防控，鉴别并拦截机器行为，从源头防范业务欺诈。多点防控通过在内容业务和平台流程的多个点采取相应防护措施，形成协同效应，进行层层防御，从而防范各种业务的风险。

1. 事前阶段

业务上线前，检测业务安全漏洞，及时发现并修复潜在风险，加固客户端，防范黑灰产的入侵。

2. 事中阶段

利用大数据和人脸识别技术、核验注册、登录、账号操控行为进行核验，借助风控引擎防范欺诈行为。

3. 事后阶段

当欺诈行为已经发生，利用关联网络对异常行为、异常账户。异常数据进行分析，抽取有关信息，作为风险防范的数据依据。分析数据，构建风控模型，进一步优化防护体系。

另外，利用文字识别技术、自然语言处理技术、全面识别文字、图片中的垃圾广告，清除导流广告、变体广告等，进一步优化内容平台中有关黄赌毒等违禁信息。

2019 年，抖音为吸引新视频博主的入驻，推出一项增长计划——新入驻视频博主在获得一流量支持，享受奖金分成。一时间，大量短视频入驻抖音，但与此同时，大量劣质同质化内容出现，这类账号一天甚至发布数十条短视频。但注册地址大相径庭，有新账号，也有注册已久的老账号。从活跃度来看，这些都是优

质 UGC 用户，但它们发布的内容粗糙，同质化现象严重。

对此，短视频平台应当制定一套完善的识别机制，精准判断出账号是营销号还是正常用户，确保平台内容质量；对虚假账号注册进行阻截，确保平台运营秩序。

针对上述情况，抖音引入多点防控解决方案，部署完成后，拦截了大量新的虚假注册账号，推动了短视频管理的规范化，短视频业务安全整体防范的精准度有极大提升。

### 五、数字化转型初期企业：多维度动态防控

APP是企业为用户提供数字业务的重要手段，是企业数字化转型的典型表现。然而，APP在应用的过程中，常常会遇到账号密码泄露、被山寨、被重打包等问题。对此，应当构建多维度防控体系。

（一）多行业APP遭遇入侵与山寨风险

APP让用户更方便享受企业提供的服务，促使企业业务环境、流程、模式发生变化，在带来机遇的同时也面临着巨大挑战。一般来说，开通了APP的企业，都存在以下风险。

1. 用户账号密码泄露

黑灰产利用技术工具破解防护，通过暴力破解、撞库等手段获取账户用户账号密码，从而盗取账号内的余额或另做他用。此外，暴力破解、撞库是自动化工具，前者是对特定账户进行尝试，只知道账号但不清楚密码，此时黑灰产便会进行多次尝试直至成功。而后者仅尝试一次。

2. 山寨APP

黑灰产花一笔钱找外包公司，仿冒正版APP的名称与图标制作一个山寨APP，诱导不知情的用户下载，从而窃取用户隐私，让用户遭受经济损失。

3. APP重打包

黑灰产对企业APP源代码进行反编译，篡改相关阐述并植入恶意代码，进行重装打包并发布，从而窃取用户影视，骗取钱财。

2021年6月，侯女士收到一个自称"有钱花"贷款App经理陈先生的好友申请。因做生意急需用钱，她便抱着试试看的心态添加了对方。成为好友后，陈先生告诉侯女士，为了冲业绩，他可以帮侯女士申请"有钱花"的内部渠道，无需房车抵押只需身份信息和还款银行卡，就能最高办理10万元贷款。唯一条件是，只能通过他发送的链接和邀请码进行下载和注册。急需用钱的侯女士按照陈先生的指引，下载了一款名为"有钱花"的App，并填写邀请码进行了注册。起初侯女士还将信将疑，但看到这款App的logo后，彻底卸下了防备，"App名称、图标和官方'有钱花'App的一模一样，里面的内容也没有什么不同"。紧接着，陈先生对侯女士进行了游说："你属于内部特邀客户，享受贷款利息低、手续简单、放款速度快等福利。"听到这些"福利"，侯女士心动了。她在陈先生的指导下申请了5万元贷款，可在最后的放款环节却"出了意外"——"输错身份证号码或者银行卡号，且由于多

次放款失败，资金已经被金融监管部门冻结。"陈先生这样解释。随后，陈先生在社交平台上建了一个讨论群，成员包括侯女士及另外一名"客服"。这名"客服"在群里上传了一份"银保监会处理文件"，注明侯女士存在骗贷行为，需要缴纳申请额度20%的保证金证明不是故意骗贷后，才会把贷款和保证金共6万元汇入侯女士的银行卡。为了成功贷款，侯女士将1万元保证金打入对方指定的账户。等她再试图联系陈先生和"客服"时，对方已经将她"拉黑"了。此时，侯女士才意识到自己被骗了，下载的这款App竟然是"有钱花"App的高仿款。

上述案件并非个例，如"交管12123""中国铁路12306"等APP都有山寨款，不少人都被骗过。因此，用户在下载APP时，一定要擦亮眼睛，仔细甄别，不然很可能被黑灰产骗取钱财，遭受经济损失。

（二）多维度动态防控APP欺诈

APP是企业业务和用户服务的重要载体，涉及业务各个环节。因此，在防护的过程中，除了防护APP本身之外，还要在预警防控、多层次防范欺诈和恶意攻击行为多加注意，从业务层、设备层和用户层多个维度构建起动态防护体系，同时将沉淀的风险和策略及时更新到防护体系，以提升防控效能。多维度动态交叉防护概念如图8-7。

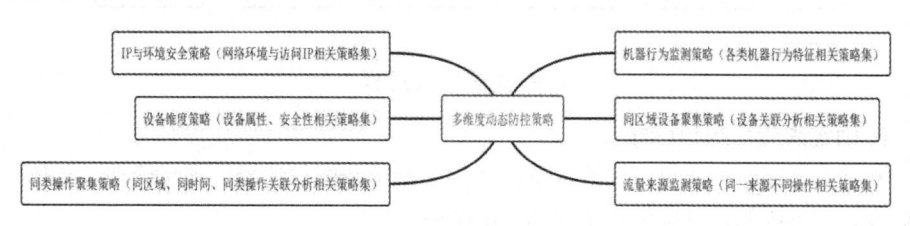

图 8-7 多维度动态交叉防控

多维度动态交叉防控流程如下。

（1）企业在APP端配置客户端保护，保障APP客户端源代码、资源文件、用户数据等安全，及时拦截入侵破解等行为，防止APP被仿冒、篡改、恶意编译等，保护核心源代码安全。

（2）在业务端配置风控引擎，基于行为技术、交叉验证发现异常行为和操作，为运营人员提供预警。

（3）基于大数据建构专属风控模型，及时优化更新到风控引擎中，提高业务安全防护的精准度。

由"客户端防护""风控预警""模型优化"组成的多维度动态防护体系，在防护用户账号密码泄露、山寨APP等风险方面有积极作用。

作为一家集跨境、快运、航空、传媒等于一体的综合物流服务企业，S快递公司年发快递近百亿件，为数亿用户提供速递服务。近年来，该公司受到多位用户反馈，表示个人账号异地登录，被盗用等情况。运维部门调查发现，黑灰产利用APP漏洞，采用暴力破解方式窃取不少用户账户密码，骗取钱财和挪用账号内的积分。对此，企业引入多维度动态防控方案，大大提高了快递APP的安全性，为用户提供更安全、便捷的快递服务。

## 第四节　七种技术手段加强风险防范

### 一、渗透测试

（一）渗透测试的含义

渗透测试，是一种通过模拟使用黑灰产的技术和方式，发现目标业务、系统存在的风险和漏洞的安全测试和评估手段，能够帮助企业提前发现业务漏洞，以便做好预防措施，确保正常业务的开展。渗透测试是一种未雨绸缪的评估方式，有效避免业务上线后遭受欺诈攻击。

（二）渗透测试的步骤

图 8-8　渗透测试过程

1. 确定渗透范围和目标

安全人员围绕企业需求，准备测试计划（测试范围与边界、项目管理、具体规划等），讨论确定测试限制条件和服务细节。

2. 广泛搜集情报

确定测试目标和服务范围后，安全人员通过信息来源与搜集技术方法，以获取更多有关目标业务流程、业务逻辑、网络拓扑、安全防御措施等信息。对目标情报进行全面探查，尽可能获取多的信息，能够及时发现重要的安全漏洞，确保渗透测试的科学准确。

3. 制定渗透步骤

搜集到充足业务目标充足情报信息后，针对获取的信息，安全人员确定测试的方式和步骤。

4. 业务漏洞分析

根据获取的情报信息，安全人员利用技术工具，找出业务安全漏洞、攻击点，并继续验证。

5. 实施渗透测试

安全人员基于发现的业务漏洞，在目标范围内实施攻击，绕或已有的安全防御措施，若企业安全响应团队为警觉或发现，测试人员获得渗透目标确定权限、信息和物料，确定测试成功。

6. 撰写测试报告

根据渗透测试过程，撰写详细的渗透测试报告。报告内容包括测试团队获取的关键情报信息、探测到的业务安全漏洞、成功实施攻击过程、对业务造成的影响，同时帮助企业分析安全防御体系中的薄弱环节、存在的问题，制定修补与升级的技术方案。

（三）渗透测试的覆盖范围

企业应当根据业务及需求自主选择，确定实施渗透测试的方式。方式大致有以下三种。其一，由专业安全公司的渗透服务团队实施。其二，由行业内三方安全测试平台，收到企业渗透测试请求后，采用众包方式分配给平台签约的安全专家完成渗透测试任务。其三，通过自动化渗透测试产品由企业的IT部门实施，这类自动化渗透测试产品内置各种漏洞POC、攻击工具等，以便进行自动化扫描、测试。

总的来看，渗透测试涵括企业以下数字业务。

1. 业务流程测试

测试企业业务整体流程、业务逻辑、认证授权等。

2. 账号体系测试

测试账号的注册、登录、破解、密码找回等内容。

3. 应用层面测试

测试网站及接口、APP客户端、安装包、代码保护等。

4. 网络层面测试

测试服务器、云端接口、第三方组件、FTP密码、远程管理工具等。

5. 办公网络测试

采用APP欺骗、钓鱼邮件、内外攻击等方式对办公网络进行测试。

采用渗透测试，能够帮助企业及时发现业务存在的各种漏洞，根据测试报告，精准定位潜在漏洞，并进行优秀，以避免风险带来的损失。

## 二、"加固"APP

（一）APP加固的含义

APP加固，指采用隐藏、混淆、加密等方式，对APP应用进行转换，以保护APP代码和逻辑，避免应用受到暴力破解、被重装打包等风险，有利于保护企业在开展数字业务过程中上线的应用。

（二）APP加固的必要性

一般来说，安卓APP采用Java语言进行编写开发。Java语言是一种面向对象的解释性语言，功能强大，易用性强，初学者也能轻松掌握的应用程序。Java语言的软件开发工具包是JDK，多用于移动设备、嵌入式设备的Java应用程序，包括Java运行环境和Java工具。

由于Java基本库类是开源的，使得Java开发应用程序被逆向破解的门槛较低。目前，市面上存在诸如JEB、Dex2Jar等破解工具。

APP破解的入门知识和逆向破解工具的下载，APP破解技术视频和图文教程，在网上都能找得到，获取APP破解技术途径十分便捷。利用逆向破解工具，黑灰产便能对APP的APK（安卓应用程序包）进行破解入侵，对APK文件逆向破解，植入广告、恶意代码，最后重新打包投入公开APP市场。这会给企业数字业务带来巨大隐患，让不知情的用户遭受经济损失。

利用APP加固技术，能够有效抵御黑灰产各类针对企业APP的攻击。它主要从以下三个方面对APP进行加固。

1. 源代码加固

保护DEX（安卓系统的可执行文件）文件，防止APP二次打包；保护SO（安卓调用动态库文件）文件；保护源文件。

2. 应用加固

是Log日志的输入屏蔽（记录系统和用户交互信息，一种自动捕获人与系统终端之间交互类型、内容或时间的数据收集方法）。

3. 数据加固

包括页面防劫持、本地数据保护、截屏保护、内存数据防查询、协议加密、虚拟键盘保护等

APP加固能够防止应用被破解入侵，避免APP代码遭到恶意篡改和植入，不让数据泄露。

（三）APP加固发展史及其产品

纵观APP加固发展史，其经历了动态加载、不落地加载、指令抽离、指令转换/VMP、虚机源代码保护等阶段（表8-1）。

表8-1　APP加固技术进化阶段

| | | 第一代加固 | 第二代加固 | 第三代加固 | 第四代加固 | 下一代保护技术 |
|---|---|---|---|---|---|---|
| 越底层安全性越高 | Java层：DEX格式 | 动态加载 | 不落地加载 | 指令抽离 | 指令转换/VMP | 虚机源代码保护 |
| | C/C++层：SO格式 | | | | | |
| | 指令层：二进制格式 | | | | | |

1. 第一代加固技术

基于Java虚拟机的动态加载技术，先将程序切分为加载和关键逻辑两部分，分别打包；运行时，加载部分先运行，接着释放关键逻辑；最后，Java动态加载技术进行加载，执行相关操作。

2. 第二代加固技术

不落地加载实现了对开发的零干扰，无需对应用进行特殊处理，只要在最终发布前加以保护，以便APP的加固。在这一阶段，APP关键逻辑以加密形式储存

在APK中，运行时加载部分将关键逻辑释放到文件系统，此时关键逻辑仍是加密状态。加载部分正常调用Java动态加载机制。

### 3. 第三代加固技术

指令抽离加固技术，改进了文件级别，将保护级降到函数级，把原始DEX内函数内容清除，单独移除至一个文件中，运行时将函数内容恢复到对应的函数体当中。

### 4. 第四代加固技术

指令转换/VMP加固技术是一种函数级保护，采用安卓虚拟机中的解释器执行代码。当DEX文件内函数被标记为native时，内容被抽离转换成符合JNI要求的动态库，动态库通过JNI和安卓系统实现交互，但这仅实现对Java代码的保护，未实现对C/C++代码的保护。

### 5. 第五代加固技术

虚机源码加固技术，将核心代码编译成中间的二进制文件，生成独特的虚机源代码保护执行环境，在该环境下执行高风险操作，完成后环境立即释放，不给攻击者丝毫机会。

像顶象最新APP加固技术，便是基于虚机源代码保护技术，兼容Java、Kotlin等多种语言，以保护DEX文件、配置文件等的安全，有效侦测并对抗动态调试、代码注入、模拟器、重打包等攻击。

顶象加固产品提高完整工具集，先将APP代码编译成中间的二进制文件，生成独特虚机源代码保护执行环节，且只能在该环境下执行的运行程序。它会在APP内部隔离出独立执行环境，以便核心代码的运行，即便APP本身被破解，这部分代码也不会被察觉到，运作方式见图8-9。

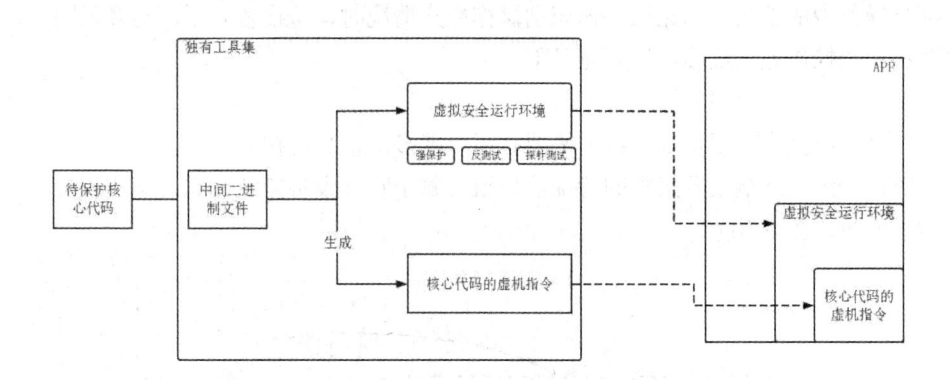

图 8-9 顶象APP加固产品运作方式

顶象APP加固产品附带"蜜罐（针对攻击的欺骗招数，诱使攻击方对'蜜罐'进行攻击，以便捕获攻击行为并进行分析，利用技术和管理手段提高系统安全防护能力）"功能，通过探针感知环境辩护，实时探测外界对本环境的调试、注入等非正常执行流程变化，将调试动作引入程序陷阱，发出警报，进行实时更新，提高安全性。

另外，顶象 APP 加固产品支持对 IOS 免源代码加固，提供代码混淆、符号混淆、指令虚化等保护，支持 Bitcode 输出。

## 三、设备指纹

（一）设备指纹的含义

设备指纹，通过某种 Hash 算法生产特征字符串，以标识出设备特征、独特标识等信息，包括设备操作系统、浏览器语言设置及时区、设备硬件 ID、字体设置、LBS 地址等。

在企业设备安装设备指纹，便于用户身份的核验、反欺诈，也能作为营销信息的追踪记录手段。

（二）设备指纹的发展

在 PC 互联网时代，人们通过 PC 端浏览器访问网站，享受互联网服务，互联网企业通过 Cookie 及 IP 地址识别用户设备。Cookie 技术诞生于 20 世纪 90 年代，能跟踪用户访问记录、次数、计算机信息，是网络广告商识别用户身份的重要凭证，多用于 Web 领域设备识别。

Cookie 采用用户数据本地存储方式，恶意用户通过清除本地数据方式逃避检测，应用范围有限。现如今，出于对用户隐私的保护，主流浏览器厂商限制并逐步摒弃对 Cookie 技术的使用。

在移动互联网时代，上网设备的多元化、连接互联网渠道的多样化、接入服务地点任意化、用户操作行为个性化，用户设备很难被识别和跟踪，这给企业开展数字业务带来了不小的挑战。在当前网络环境下，Cookie 技术逐渐被抛弃，指纹识别凭借采集设备、网络、操作行为等信息成为更有效地识别和追踪技术，它能区分操作者的真伪。当无法快速识别操作用户情况时，从设备入手，对高风险设备和相关操作做出反应，以规避风险。

（三）设备指纹技术类型及产品

识别指纹技术想要识别设备，需要有尽可能多的信息，在分析和鉴别的基础上，对每一组从终端设备采集的特征信息组合赋予唯一设备指纹标识，其实现技术类型如下（图 8-10）。

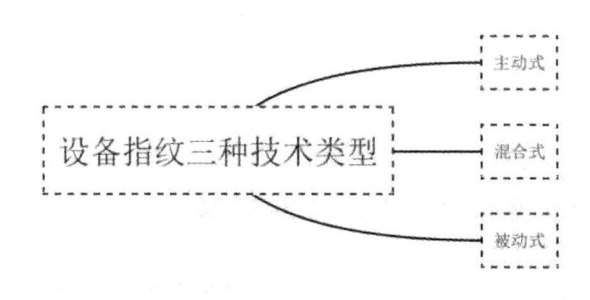

图 8-10 设备指纹技术类型

1. 主动式

以 JS 代码或 SDK 为载体，在 APP 中主动收集与设备有关的信息和特征，通过识别特征分别各种设备。

2. 被动式

在设备与服务器通信过程中，从数据报文的 OSI 七层协议中，提取终端设备软件、网络状态等信息集，采用机器学习算法，实现对用户终端设备的标识和跟踪。

3. 混合式

兼具主动式和被动式技术优点，在精准识别设备同时扩大设备指纹技术适用范围。在 Web 页面或 APP 内部应用场景中，通过主动式设备指纹技术对设备进行快速识别；在不同浏览器、Web 页面与 APP 之间设备识别与对比关联中，利用被动设备指纹。

像顶象设备指纹产品，采集包含终端设备硬件特征、网络特征、环境特征等上百种特征信息，为每个终端设备生成唯一设备 ID，实现终端设备各种风险监测、行为风险分析和真机识别，侦测模拟机、刷机改动等欺诈行为，是一款纵深防御风控体系产品。

顶象设备指纹产品特征如下。

（1）支持安卓、IOS 等主流移动平台，支持微信小程序。

（2）为每个终端生产唯一的设备 ID。

（3）支持 Web 端跨浏览器和跨平台的一致性设备特征信息采集，不受修改浏览器数据、缓存影响。

（4）采用一次一密 Token 机制，具有唯一性和高度安全性。

（5）有效侦测并防范非法调试、代码注入等攻击行为，实现了对设备的有效跟踪。

（6）提供可视化报表，允许各时间段、各维度的风险趋势查询。

在设备指纹技术的支持下，数字企业能够有效识别访问 APP 或网站的设备用户身份，预防机器的批量注册、登录的性行为，检测单设备登入多账号等行为，降低了业务风险。

## 四、验证码

（一）验证码的含义

验证码，一种区分用户是机器还是人的自动程序，避免了恶意登录导致的密码泄露、刷票、信息被爬取等风险事件，能够有效防范机器作弊，是各种平台必要的防控措施。验证码运行机制，通过输入、点击、滑动验证码等交互方式，识别用户身份。数字企业利用验证码，有效防范虚假账户的注册和登录，降低数字业务风险。

（二）验证码起源

1997 年，路易斯·冯·安提出验证码设想，旨在通过这种简单的方式将伪装成人的机器鉴定出来。

能够成功鉴别的原因在于，人类能轻易用肉眼识别图片中的文字信息，但机器不能，尤其是被扭曲、调整过的文字。

验证码的工作方式是，计算机自动生成一个问题由用户解答，计算机评判，回答正确被认为是人类在操作。

验证码是一种利用意识区分用户身份的全自动程序，防止恶意攻击或刷号情况，在注册、登录、交易等用积极作用，逐渐成为互联网世界下一项不可或缺的技术。

（三）验证码发展及产品介绍

早期的验证码是网站提出问题由用户解答，以识别用户身份。随着安全防护与破解入侵抗衡的升级，验证码难度也在不断增加，形式趋于多样，从简单的字母、算术题到扭曲字符、模糊图片，后者被称为"知识性验证码"，机器通过验证的难度越来越大。

时至今日，某些网站或APP的验证码仍被广大网友吐槽。像steam的注册过程，验证过程让真实用户头大。

为提升用户体验，新一代无感验证码正朝着无知识性进化。像顶象无感验证技术，能对正常用户访问无干扰方形，同时拦截有风险的访问，对可疑访问进行二次验证，自动识别风险级别，以调整验证难度。对于正常用户来说，仅需拖动滑动条，通过图片拼接、点选点击等简单操作就能完成验证，在给予用户良好体验的同时，规避了数字业务风险。

顶象"无感验证"，便是给予用户行为和环境等数据信息，根据模型和风控分析，以防范恶意破解，确保用户信息的安全，降低业务风险。

这种无感验证技术集设备指纹、行为校验、操作校验等功能于一体，甚至能实时判断注册登录用户的身份，防范批量注册、黑客恶意登录、网络非法爬取等风险。根据校验结果给出综合建议，当真正用户无感通过、非法请求无法通过，为用户带来良好体验的同时保障业务的安全。

在用户访问中，"无感验证"通过人机交互行为进行防护，如根据鼠标在页面滑动轨迹、键盘敲击速率。滑动验证码轨迹加以识别。

在异常检测中，"无感验证"采用的是孤立森林算法，将异常数据从既有数据分布中孤立出来，以便异常检测。与基于正常数据点创建Profile的算法相比，孤立森林算法有着更强的异常识别能力和准确度，验证码对机器行为、恶意行为识别能力更强，给用户带来良好体验。

在应对网络爬虫暴力破解中，"无感验证"采用图片乱序切条、图片更新定时加工等技术，结合同一设备关联性、滑动失败关联性、验证次数关联性进行检测防范，在短时间识别异常关联性。同时，在数据传输环节内置"乱序切图传输"功能，将背景图片进行乱序切割后传播。

"无感验证"是一种集客户体验和风控安全于一体的验证服务，采用多节点部署，简单快捷，提供数据存储及中间件，被广泛应用于注册、登录、交易等各种业务场景。

## 五、部署风控引擎

### （一）风控引擎含义

风控引擎，通过搜集、汇总、加工。整合数据信息，利用云计算、大数据等技术，进行风险预警控制，能够降低风险管理成本，提高运营效果，为用户提供良好体验，实现以技术和数据驱动的风险管控和运营的优化。简言之，风险引擎利用大数据对信息进行综合分析，有效识别风险用户，对安全用户进行评估的技术。

市面上的风控引擎名称各不相同，如实施决策引擎、大数据风控引擎等，但这些引擎功能的实现都是基于大数据平台的计算分析能力、机器学习或深度学习模型。

风控引擎借助大数据技术规避业务风险，降低风险管理成本，增强业务效能，它是一种数字化业务风险管理工具，被广泛应用于金融机构，但在互联网行业中的普及程度不高。

### （二）风控引擎在银行及互联网中的作用

随着企业数字业务的深入发展，其面临的风险欺诈更多复杂，这需要企业进行系统分析和管控。与 App 加固、设备指纹、验证码这些单一功能安全技术相比，风控引擎汇总各方信息，在综合分析计算的基础上给出精准判断，结合业务需求进行全方位防控，构建整体的联防联控机制，有效规避企业各种数字业务风险，确保业务安全。

对于银行风险管理者而言，其目标在于尽可能减少金融交易过程中的风险事件，这就需要考虑一些问题，比如，申请者是否符合申请条件；能否发放贷款；还款能力；逾期后采取的措施等。此时就需要用到风控引擎，其在银行业务流程中具有重要的作用。

1. 获客

发现并阻断非客户和异常行为，过滤虚假用户，提高营销精准度。

2. 贷前

拦截异常行为和欺诈用户，根据客户信用评分，初步设定产品、额度、利率等。

3. 贷中

深入分析客户偏好、权益、需求，进行精细化管理；分析汇总贷款人资金行为、交易往来等，预防逾期、违约行为。

4. 贷后

（三）提供贷后催收策略，贷后维护、唤醒、失联等策略。

对于互联网风险管理者而言，目的在于防范业务中虚假用户和风险操作行为，维护正常用户合法利益，在这一过程中也要考虑一些问题，如注册登录者是不是正常用户；账户操作是否正常。风控引擎在互联网行业中的业务流程主要发挥以下功能。

1. 事前

对设备、环境、行为、操作等信息及风险欺诈数据进行逻辑和真伪校验，规避业务风险。

2. 事中

基于策略和模型，进行实时分析、计算，记录各种信息和操作，一旦发现异常及时预警。

3. 事后

沉淀风险欺诈数据、还原风险经过，分析数据和风险欺诈手段，对模型和策略进行调整、优化。

（四）风控引擎产品

在银行业务中，首代风控系统基于纯手工操作，凭借借贷员经验、用户账户存取款记录和线下实地调研，这种风控方式速度慢、时效性差、主观性较强。第二代风控系统是银行电子化发展的产物，基于专家的经验和规则，一定程度提升了决策的效率。此时，对风控规则、经验进行升级的话，需要对整个业务系统进行升级。

第三代风控，是立足于第二代风控系统存在的问题形成的独立系统，不仅包括规则和经验，还集成策略、外部信息，但信息维度单一的问题仍然存在。随着移动互联网技术的飞跃，大数据、云计算等技术的广泛应用，第四代风控系统出现，集成规则、经验、策略、外部设备等信息于一体，聚合内外部数据，能够根据业务场景实现专属化建模。

市面上的风控引擎产品多样。像顶象 Dinsight 风控引擎，能对业务前端发送的请求进行风险判断，并迅速给出决策结果，有着较强的风险防控能力。另外，通过可视化数据还原风险行为，为业务人员提供风险防控数据，满足各种业务场景的需要。

顶象 Dinsight 风控引擎有私有化和 SaaS 两个版本，数字化企业可以根据自身实际进行选择。这款风控引擎有以下优势。

1. 实时流处理

复杂逻辑处理速度仅需 20 毫秒。

2. 联合数据引擎

聚合反欺诈与风控数据，支持多方数据配置化接入与沉淀，进行图形化配置，适用于复杂策略与模型。

3. 智能更迭升级

基于成熟指标、策略、模型的经验储备，利用深度学习技术，进行自我性能监控和自我迭代。

4. 集成专家策略

基于系统+数据接入+指标库+策略体系+专家实施的实战经验，有着丰富业务反欺诈经验。

5. 灵活应用模式

对现有风控流程监测、替换升级，为新业务建构专用风控平台。

6. 快速响应能力

本地化部署方案，分钟级策略/模型上线。

### 六、建立专属风险防范模型

（一）模型的含义

模型，基于目标群体大规模采样或大数据分析，挖掘某实际问题或客观事物本质及运行规律，利用抽象概念分析其中的问题或分享，推演出减轻、防范问题或风险的决策过程，在此基础上形成一套系统化的策略或规则集。另外，建模的过程十分复杂。

（二）模型的分类

建立专属风险防范模型，在防控业务风险，优化业务逻辑、流程，提高业务效率，构建科学防控体系中有积极作用。从业务安全的角度看，风险防范模型有以下几种类型（图 8-11）。

图 8-11　与业务安全相关的模型种类

1. 信贷模型

基于金融机构存贷交易等信息，建构信贷模型，以防范各种业务风险欺诈，分析用户还款能力和意愿，确保资金安全。

2. 趋势模型

基于事物发展过程的连贯性，预测实际系统状态及未来发展趋势，如气象预报。

3. 威胁模型

利用抽象概念分析可能存在的风险，针对风险提出对策，用于防范各类风险欺诈。

4. 内控模型

用于识别内部人员违规操作、可以操作等行为。

（三）建模平台介绍

风险防范模型的构建，往往需要十几个专业开发人员花费数月完成，一旦出现新的数据，还需要重新计算，建设时间较长，成本较高。对于大部分中小企业而言，并不具备建设模型的能力，往往委托第三方机构或者直接使用一些通用的标准模型。

然而，不同企业的业务场景、流程标准和需求目标不尽相同，直接通用模型可能达不到预期效果。因此，对于数字化企业而言，应当结合自身实际状况，选择最适合自己的模型。

除了人工建模，市面也有基于人工智能技术的建模产品，如顶象 Xintell 智能模型平台。

Xintell 智能模型平台，从数据处理、特征衍生、模型构建到最终模型上线提供一站式建模服务，对数据处理、挖掘、机器学习过程标准化，通过托拉拽方式降低建模难度，提高建模效果，方便运营人员和业务人员上手操作时间，为数字化企业提供大数据模型训练，在业务风控、精准营销、客户分群等场景提供模型支持。

以威胁模型为例，它能够提供最适合系统和业务场景的风险解决方案，建设流程如下。

首先，在预设场景中，根据业务特征、真实用例和所用产品，利用图表化表现业务，定位威胁的攻击位置。

其次，利用特定模型发现威胁，分析威胁级别，优先处理攻击难度高且危害程度大的威胁。

最后，评估威胁的发现、防御和处理效果。

综合来看，威胁模型在航旅、互联网、零售等多个行业都能应用到，确保业务的安全。

## 七、知识图谱

（一）知识图谱的含义

知识图谱，利用大数据、人工智能等技术，在图形学、计量学的指导下，根据可视化图谱建构和描绘目标业务、知识或群组之间的联系。它是根据一定的逻辑，将不同种类信息连接在一起，组成一个关系网络，用以描绘真实世界中的实体和概念，以及它们之间的关联性。在企业数字业务应用知识图谱，能够挖掘、发现、预警和防控各种风险欺诈，有助于企业精准定位用户画像，为用户提供更好的体现。知识图谱如 8-12 所示。

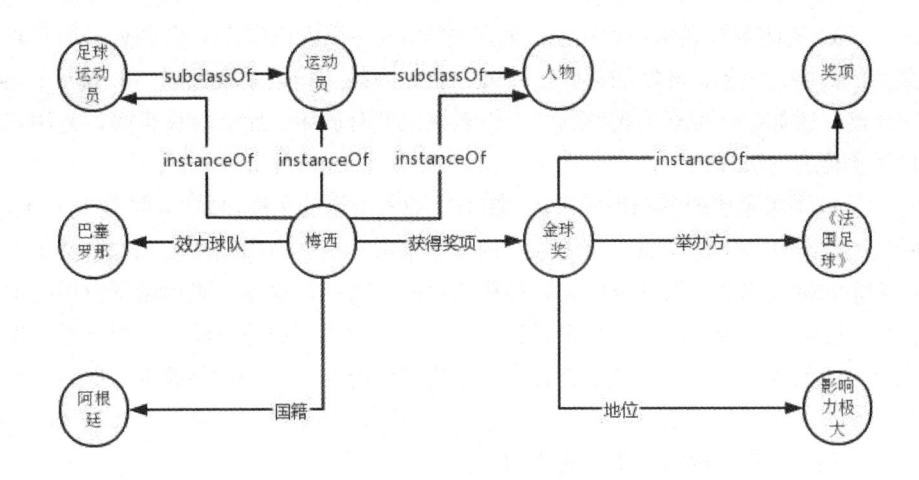

图 8-12 知识图谱

### （二）知识图谱的发展

1. 知识图谱发展历程

20世纪70年代,美国斯坦福大学计算机科学家费根鲍姆教授提出"知识工程"概念,不久学术界和工业界推出一系列知识库,这被视为知识图谱的起源。新世纪第十二个年头,谷歌推出面向互联网搜索的大规模知识图谱,此后,知识图谱逐渐被推广,其发展脉络大体如下。

（1）传统知识工程。传统知识工程解决的问题多是有着明确规则、应用封闭类,相对简单,需要大量人力的支持。

（2）大数据知识工程。与依赖专家的知识获取方式相比,大数据知识工程是一种典型的自下而上的方法,解决了知识自动化获取的数据规模和算力问题,但尚未解决机器具备认知能力的问题。随着数据量的进一步增加,机器的能力逐渐无法适应更深层次的工作。

（3）知识图谱。大数据知识工程利用词频等文本统计特征,难以解决知识密集型实际任务,在这样的时代语境下,数据驱动和知识引导相结合的知识图谱应运而生。

2. 知识图谱的应用领域

（1）谷歌综合知识图谱。谷歌以为用户提供问题正确答案为核心业务,以便让用户更便捷获取新知识和信息。为实现这一目标,谷歌在提供最接近检索项结果的同时,通过在数据之间构建广泛连接,辅之以知识图谱,分析用户查询背后的予以信息,提供更精确的信息,更好地满足用户查询需求。无论用户搜索的关键词是什么,谷歌总能通过"知识图谱"将搜索结果的知识体系完整呈现出来。

（2）阿里巴巴电商认知图谱。阿里巴巴电商认知图谱能将用户需求,转换成图谱节点,将需求点和电商领域内的商品,外部的通用领域知识联系起来,为商品认知、用户认知和知识认知提供统一数据基础,为用户提供更方便的搜索推荐方法。

（3）美团餐饮娱乐知识图谱。美团餐饮娱乐利用知识图谱，全面分析用户对菜品、价格、服务、环境的喜好，将人、店、商品、场景关联起来，形成一个知识图谱。比如，在搜索框搜"酒店"，检索结果便有酒店、旅店、民宿等，为用户提供了更多的选择。

（4）顶象零售金融知识图谱。该图谱从业务逻辑的角度出发，围绕用户需求，跨渠道、跨业务、跨产品、跨场景，构建零售用户全生命周期深度画像、基于关联关系的标签体系，进行深层关联结构的挖掘、解释、检测，确保场景应用的灵活性，建立零售金融本体层知识框架。作为集大数据、业务经验、模型洞见等信息于一体的知识图谱，降低了金融机构零售部门的存贷汇等业务成本，提高了收益。

（三）零售金融知识图谱的建构

顶象关联网络根据企业各项数据，围绕具体业务场景、业务逻辑、产品流程、客群特征、风险特点等，在应用图数据挖掘、无监督算法、半监督算法、有监督算法等技术支持下，结合应用场景、实际操作人员的具体需求，构建各类知识图谱，为各种业务场景提供反欺诈、精细化运营支持。

顶象零售金融知识图谱的构建步骤如下。

1. **数据访谈与宽表准备**

同企业业务部门、大数据部门进行交谈，了解业务操作流程、数据逻辑、涉及的业务系统，了解输出对应的原始表、表生成逻辑、表更新逻辑，明确提取数据目标范围，了解企业数据集市现状，分析是否可复用金融机构现有数据集市。将访谈文档、项目需求的表清单、数据字典记录并打印出来，通知金融机构实施数据治理。

2. **准备数据**

企业数据部门配合提供数据。构建知识图谱的数据有一套规范标准，若已完成相关数据的治理，并落实到数据集市，直接提供相关数据即可；若金融机构的数据未构建数据集市但有统一的数据标准，直接对接业务系统数据库；若数据无统一标准且未建立数据集市，则需要金融机构完成相关数据治理，再进行相关数据对接。

3. **知识图谱本体层设计**

同业务、数据人员交流，了解业务需求和数据现状，在此基础上确定实体、属性以及实体三者间的关系，统一实体、属性、关系的表达规范。从业务数据抽象出实体和关系，以关系网络的形式重新组织业务产生的数据，构建复杂的人、设备、手机号码、账户、业务订单和地址等实体之间的关系，并对实体等进行链接。

4. **数据入库**

根据一定标准，将宽表数据导入图数据库当中。系统根据入库脚本，从宽表中提取知识图谱中的概念、实体、关系、属性等数据，存入图数据库的节点与关系表中。

5. 图展示与查询

数据导入图数据库后，可提供交互式的知识图谱查询、展示、操作、分析的能力。根据需求查询单个节点之间的关联性，或基于业务场景，设置场景条件，个性化定制需要展示的节点。

6. 关联指标输出

构建完善知识图谱，基于关联关系和历史数据，采用标准接口的方式，输出与业务相关的深度关联指标，业务系统可调用接口将指标应用于业务场景中。另外，结合业务部门实际需求，明确应用指标的具体定义和输出形式，进行定制化调整。

7. 业务系统图谱嵌入

将业务系统嵌入知识图谱查询界面，围绕业务需求，查询分析相关指标并进行配置。比如业务人员决策用到的贷前审批系统、转账情况、担保人等。再如一度关联网络的涉黑分析，二度关联的贷款担保人的关联图谱展开、在短期申请多个金融产品等。

其中，"一度关联"指自己直接联系的人，如朋友、同事等；"二度关联"，指通过朋友、同事的关联，将网络拓展到更大的社交圈子。

构建零售金融知识图谱，往往涉及客户数据、业务数据等信息，涵括"存、贷、汇"等业务，这就需要对金融机构中各业务系统数据资源加以整合，了解零售业务范畴涉及的实体类型和关系类型，在此基础上建构本体层框架架构，在框架指引下将数据导入图数据库，结合需求提供可视化展示和查询的模块，结合场景需求配置策略生成和输出关联指标 API，随后嵌入到业务系统当中，最后制定应用模块。

# 第五节 以内部管理手段做好风险防范

## 一、建立全业务、全流程风险防控体系

在数字化时代下，企业数字化业务不可避免遭受风险攻击，其攻击源头多元，攻击手段复杂、多变，导致企业数字业务边界更加模糊，面对的业务欺诈覆盖从设备端到交易端的整个业务链条，这给企业带来重大安全隐患。由于传统的、边界式防护与需求不相符，这就需要从业务、流程角度出发，尽可能建立起全业务、全流程风险防控体系。

因此，对于开展数字业务的企业来说，有必要引入事前预防、事中检测、事后分析的全业务、全流程的多层次、纵向风险防控机制，将风险攻击扼杀在摇篮当中。黑灰产即便想要发动攻击，也需要付出高昂的代价，攻击成本明显增加。该防控体系解决方案思路如下（图8-13）。

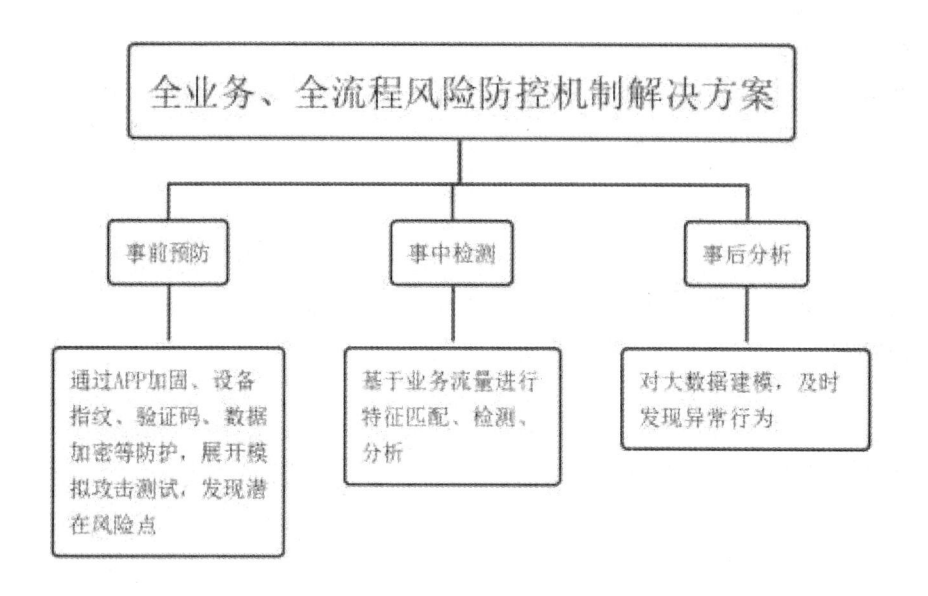

图 8-13　全业务、全流程风险防控体系解决思路

通过建立起覆盖事前预防、事中检测、事后分析的全业务、全流程风险防控体系，有利于规避业务风险，提高运营的安全性。

（一）事前预防

通过 APP 加固、设备指纹、验证码、数据加密等防护，增强 APP 自身的安全性。展开模拟攻击测试，发现潜在风险点。

（二）事中检测

基于业务流量进行特征匹配、检测、分析。通过搜集、加工、整合相关信息，利用云计算、大数据、人工智能等信息技术加以分析，预警、发现和控制风险欺诈行为。

（三）事后分析

对大数据建模，及时发现异常行为。收集、分析海量数据，针对某个实际问题或客观事物本质及运行规律，利用抽象概念加以分析，推演出防范问题的对策，形成体系化策略集，构建场景应用模型。

由事前预防、事中检测、事后分析建构的全业务、全流程风险防控体系，具有塔防式防御特征，有效避免单点防御工具"一破全破"的问题，具有强大的纵深防御能力，在更加自如应对各种风险的同时，应对突发威胁的灵活应变能力大幅增强。

## 二、建立全员安全意识

在不少企业管理者眼中，安全服务于业务，只是业务的配套服务之一，甚至错误地以为安全工作拖了业务后退，降低了业务效率。事实上，安全是业务的基础，二者不可分割，安全是确保业务正常运行的前提，是业务产生价值的保障。由此可见，安全是业务的重要组成部分，企业成员应当具备安全意识，并在具体工作中贯彻安全理念。

（一）建立全员风险责任意识

在业务风险防控过程中，花大量时间进行事后分析，不如在事前预防阶段进行严格把控来得有效，这就需要企业全员树立风险责任意识，做到未雨绸缪，将风险扼杀在萌芽当中。

全员责任意识，要求企业全体成员明确自己的职责，并认真履行，将责任意识贯彻到具体工作当中。

责任意识的形成，需要全体成员长期的坚持、毫不犹豫地贯彻执行、潜移默化地引导，培养整个团队良好的责任意识。

在安全领域，存在不少重要的理论和法则。

1. 冰山理论

冰山浮出水面的部分仅占总体积的约十分之一，大部分深藏于水下，强调未知风险。

2. 海恩法则

每一起严重事故的背后，必然有29次轻微事故和300起未遂先兆以及1000起事故隐患

3. 墨菲定律

如果有坏事发生，无论这种可能性多小，它总会发生，并引起最大可能地损失。

从上述理论和法则可知，最大的风险往往是潜在的未知隐患，而非已经发生、可见的事故；风险的发生有预兆，想要规避，就需要想办法提前知晓事故隐患，并制定针对性措施。延伸到企业业务领域，就需要全体成员树立风险责任意识，及时排查潜在风险。

风险责任意识能够帮助企业及时发现业务中的潜在风险，并扼杀在萌芽当中。一旦具备这种意识，即便风险已经发生，企业也能从容应对，尽可能降低风险带来的损失。

建立全员风险责任意识，要求企业在管理制定中明确职责，采用培训、抽查、奖惩等方式让员工在具体工作中践行责任意识。

（二）建立全员学习意识

随着技术的成熟和广泛应用，网络攻击手段也更加多样，使得企业数字业务的安全遭遇巨大挑战。对此，应当坚持前瞻性原则，具备长远视野，从整体上布局企业数字业务风险防控机制。

对于企业来说，就是要打造学习型组织，引导全员树立学习意识，主动学习新知识和新技术，以便从容应对突发风险，更好地适应复杂多变的内外部环境，提高运营效率。建立全员学习意识，需要考虑以下内容。

其一，企业业务安全人员应当实时了解安全行业动态和变化，从国际安全形

势、国家安全政策、动态、监管方向等视角入手，了解最新安全趋势，在此基础上对工作和风险防范重点加以调整；从宏观大环境思考自己的工作，摆脱思维定式，精准把握和应对各种风险。

其二，实时了解安全业务领域动态和变化，学习新的业务模式和架构，以便更好适应公司业务发展。

其三，学习新知识和新技术，转变陈旧思维，在业务过程中主动利用新技术和工具，增强解决风险的能力。

对于业务安全人员来说，应当时刻保持"空杯心态"，时刻重整已有的知识，不断汲取先进的、新的知识，让自身的知识储备始终维持更新状态。对于企业来说，可以从以下几方面培养全员学习意识。

1. 知识竞赛

知识竞赛，是以知识问答、比拼为主的活动，获胜者能够获得一定的物质奖励和权限，这样不仅能普及业务安全知识，还能调动员工的学习积极性，培养一批优质数字业务人才。

2. 经验分享

邀请安全专家进行现场演示，员工有了与专家面对面交流的机会，能够从中获得不少启发和灵感。

3. 安全培训

根据员工实际情况，结合培训内容，采用线上直播、课堂式、实际操作等多种培训手段。

4. 头脑风暴

头脑风暴，让员工自由联想和讨论，以激发员工的创新灵感。比如，团队领导可以提出一些威胁业务安全的，供大家一起讨论，这样就调动了员工的思维，激发员工想象力和创新能力。

5. 安全比赛

企业结合自身实际条件，在界定范围和手段的情形下开展业务安全实战竞赛，由攻击方对防御方进行欺诈攻击，防御方进行防控部署，成功攻击次数最多的攻击者和防控效果自好的防御者都有一定奖励。

国内一家知名网络公司便采取了一系列措施，来增强应对风险的防控能力，取得了显著的成果，具体措施如下。

（1）制定严格的安全规章制度，明确规定账号、密码、无线网要求，将执行情况计入部门和个人考核当中。

（2）强化公司网设置，规范外部接入和访问。

（3）对办公设备逐一排查，完善防护模式。

（4）以部门为单位，定期举行安全培训，提高全员安全知识学习水平，培养员工责任意识。

（5）不定期进行抽查或安全测试，及时发现有问题的设备。

（6）举办内部安全竞赛、培训等活动。

经过上述措施，该企业员工在短时间内便捡起来较好的安全意识，企业网络环境得到较大的改善。

## 三、建立完备的企业业务安全管理体系

在安全体系中，管理扮演重要的角色。缺乏有效的管理体系，再高超的技术、完美的防控体系都是空谈。由此可见，在企业数字业务中建立完善的安全管理体系是有必要的，这是国家等级保护中的要求，也是开展数字业务企业的现实需要。管理体系的建构，可以从以下两方面入手。

（一）建立完善的安全管理组织架构

企业业务安全管理组织架构是系统的、严谨的，且符合企业发展实际的，要求制定明确的战略目标和严谨的组织架构，实施可行的激励机制和落实科学的执行策略。某企业安全管理组织架构如图 8-14 所示。

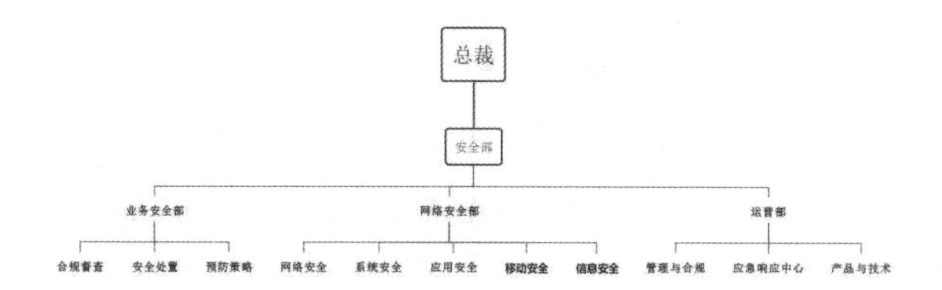

图 8-14 某企业安全管理组织架构

总的来看，一个科学的安全管理组织架构，应当具备以下条件。

（1）设立安全管理机构委员会，在岗位、人员、监督各环节进行决策、管理和监督，委员会由公司高层负责，成员包括各部门负责人。

（2）制定规范，明确安全管理机构各部门和岗位的职责、分工以及技能要求并建立严格的授权与审批制度。

（3）建立网络信息安全投诉、举报制度，会及时受理并处理有关业务欺诈、业务漏洞的投诉和举报。

（4）定期进行全面的安全检查，特别是系统日常运行的安全检查、业务欺诈分析等。

（5）根据基本安全规范制定人员录用、离岗、考核、培训的管理规定，并严格执行。

（6）严格规定外部人员访问流程，并严格执行。

（二）建立健全安全管理制度

管理，是一个复杂的动态过程，万能的管理模式并不存在，但仍有规律可循。对于开展数字业务企业而言，为了更好地应对业务风险，应当建立完善的安全管理制度，明确管理机构和成员的职责，将安全保护责任贯彻落实到各项具体工作

当中。

安全管理制度，主要涵盖以下内容。

（1）根据安全管理制度基本要求，制定相应管理规定、管理办法和暂行规定。从安全策略主文档中规定的、各个方面所应遵守的原则方法和指导性策略引出的具体管理规定、管理办法和实施办法，要求切实可行，且必须得到有效推行的制度。

（2）安全文件要有严格的制定与发布流程、方式、范围，需要统一格式并进行有效的版本控制。安全文件的发布需要正式、有效，并注明发布范围，对收发文进行登记。安全文件要建立信息发布、变更、审批等流程和规范，确保制度的有效性。

（3）安全小组定期组织相关部门和相关人员对安全管理制度体系的合理性和适用性进行审定，定期或不定期地对安全管理制度进行评审和修订，并及时进行改进。

## 四、通过人员行为约束防范风险

作为技术的开发者、使用者，规范的制定者，人往往是一个很容易被忽略的风险点。若是业务安全人员不合格，缺乏科学管理规范和制度约束，再好的风险防控体系也是枉然。事实上，人的问题的解决，安全问题也就解决了一大半。在业务安全管理工作中，人是管理的主体，也是管理的客体，在其中扮演重要的角色。因此，约束业务人员的行为是有必要的。

（一）通过日常规范约束违规行为

建立日常安全规范，约束人员的违规行为，在规避潜在安全隐患的同时，也普及了安全知识，培养人员的安全和责任意识。

（1）制定相应的制度和操作程序，明确人员的录用、离岗、考核、培训、安全意识教育等，采取奖惩措施，调动人员积极性。

（2）根据可信雇员管理策略，对全体成员进行安全背景审查、可信度鉴别和聘用，签署安全保密协议；在人员离职方面，制定严格的管理程序，及时取消相应权限、清理物品并完成相关工作交接。

（3）将安全管理规范执行情况纳入日常绩效考核，定期对全体人员进行网络安全教育、技术培训和技能考核。

（二）通过零信任安全约束操作行为

零信任，是通过升级网络安全的底层逻辑，让很多安全技术、产品和方案在新环境下重生，实施人性化的安全治理。

零信任主张将企业网络里基于账号、IP地址或物理位置的静态信任边界，升级为基于可信身份和可信行为的动态信任边界。在网络安全中，信任问题是关键，零信任让网络中的信任逻辑更接近现实社会。

零信任提出一种抽象和集中化访问机制的方法。它基于人员及其设备的身份以及其他属性和上下文（如时间、地理位置）授予访问权限，自适应地提供当时所需的适当信任。营造一个更具弹性、灵活的环境，监控效果更好，能够较好地满足数字业务生态系统、远程工作者、合作伙伴进行连接和协作的组织及个人的需求。其核心思想如下。

（1）网络边界内外的任何访问主体（人、设备或应用），在未经过验证前都不予信任，需要基于持续的验证和授权建立动态访问信任，其本质是以身份为中心进行访问控制。

（2）零信任下，实现员工和受控设备的可信识别，完成受控设备的合规和安全管理，保证合法的用户基于合法的受控制设备通过合法的应用和进程，发起对客体合法的访问。

零信任安全为企业提供以下保障措施。

1. 公应用不会暴露在公网

采用访问代理方式实现对企业应用或服务的域名访问，集中进行认证、授权和对访问请求的转发。

2. 办公网络边界消失

无论员工在公司还是家中办公，所有对企业应用或服务的访问请求都必须经过访问代理组件的认证和授权。

3. 基于认证的精准访问

受控设备通过认证和授权需要符合以下条件：其一，存在于公司的设备清单数据库组件中；其二，在群组数据库组件中存在；其三，经过信任推断组件的计算。

4. 严格授予访问权限

员工的设备获得授权仅仅是对特定应用的访问，以防止非法设备进入网络。

5. 提供网络通信的加密

员工设备到访问代理之间经过 TLS（安全传输层协议）加密，以防止被劫持、拦截、窃取。

作为全球首家将零信任架构模型落地的公司，谷歌启动的 BeyondCorp 项目，在默认状态下，无论是公共网络还是本地网络的设备，都得不到授权，用户必须通过受控设备，通过身份认证，并符合"访问控制引擎"的策略要求，才能访问到公司内部的资源。BeyondCorp 零信任安全架构，是一个基于零信任的完整身份访问安全体系，是集人员、设备、程序等数字身份、认证因素、IT 服务资源属性等数据，结合访问控制策略数据，形成的统一身份数据视图。

综上所述，通过零信任安全对人员的约束，有利于弥补人故意或无意行为带来的业务风险，保障业务安全。

# 第六节　企业数字业务安全风险防控的趋势

企业数字业务涉及广泛，其安全管理在广泛的业务范围内呈现出多变性特征，企业要针对不同的业务特征做出安全防护管理，在数字化技术不断成熟发展中，企业数字化安全管理得到了技术创新的加持，同时市场监管部门也针对企业数字安全运行制定了相关规定，更加有效地促进企业数字业务的运行。

### 一、企业数字业务安全风险与防控的变化趋势

由于数字化的掌握并不需要较高的技术水平，所以大多数企业安全管理业务变得越来越复杂化，企业安全风险管理是企业数字化业务运行的一项重要工作。

企业的数字化发展，使企业逐渐认识到业务安全和业务之间存在的联系，企业在发展业务时开始注重业务安全管理。企业的业务安全管理在数字化技术的不断完善中呈现多样化、自动化的管理模式。

（一）企业数字业务安全风险的变化趋势

随着数字化的普及，当前的企业数字化业务安全风险呈现团伙性、复杂性、隐蔽性、和传染性四个趋势，如图8-1所示。

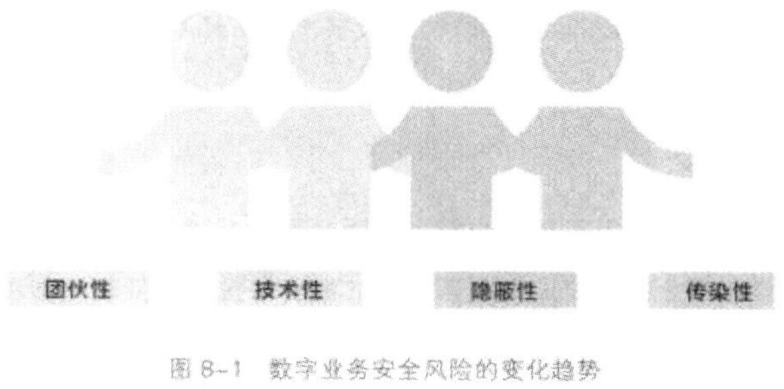

图 8-1

1. 团伙性

企业业务风险特征的团伙性是指，不法分子以集体为单位进行有目的、有计划、有组织的业务诈骗行为，他们在内部形成了完美的分工实施计划，在熟练掌握企业业务运行程序后，借助数字化工具进行一系列业务操作。由于团伙诈骗是一个较为秩序化、系统化的运行过程，所以企业对业务风险的甄别工作实施更加具备艰难性。

2. 复杂性

数字技术的不断完善，对企业业务拓展产生积极影响的同时，还使企业面临着复杂化的安全管理环境，企业安全管理的实施主要参考企业以往的经验教训和成功案例，但在数字化的企业营销中，企业业务安全管理将受到未知风险的干扰，传统的经验教训不足以完全对抗企业业务的数字化风险。

3. 隐蔽性

数字化技术的普及，使得人人都能掌握一定的数字技能，这种无门槛性特征让企业业务的风险陷入复杂多元的管理环境，犯罪团伙借助先进的数字化工具销毁诈骗痕迹和来源，使企业无法快速察觉现状，从而导致企业业务的无故流失，

给企业造成经济损耗。

**4. 传染性**

数字化技术的及时性、互动性和涵盖范围的广泛性特征，使数字化信息变得更加及时，企业数字化业务涉及范围较广，因此当企业某个业务出现安全漏洞时，企业其他业务也将会在信息交叉中受到影响。

## 二、企业数字业务安全防控的发展趋势

企业安全管理借助数字化技术的发展变得更加精准高效。总体来说，业务安全防控呈现立体化、精细化和智能化三个趋势，如图 8-2 所示。

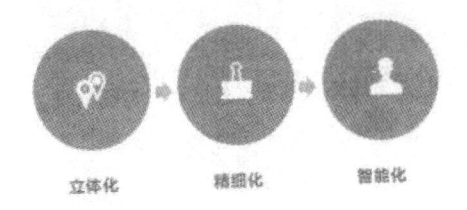

图 8-2

**1. 立体化**

企业数字业务围绕用户进行精准化的操作和执行，使数字化业务场景变得更加多元，随着不同业务场景的转变，企业安全风险管理任务需要针对不同的业务场景进行展开，这也就加大了企业风险管理工作的难度。

企业安全风险管理的立体化，参考的是数字化业务运行特征，再借助数字化工具进行全方位的安全管理，使企业风险防控更加清晰化、秩序化。

**2. 精细化**

企业制定阶段性的安全防控计划，就是针对不同的业务场景实施精准化的防控措施。这种精准化的安全防控体系具备即时性、差异性和灵活性特征。企业也将以精准化的安全防控体系防范企业安全漏洞，确保企业业务在安全的环境中运行。

**3. 智能化**

数字技术的成熟和普及使企业数字化业务得到不断完善，与此同时，企业安全风险管理也因为数字化技术的发展变得更加复杂化，企业安全风险会因为数据的开发和应用形成一定影响。

企业数字化运行需要参考数据信息来判断发展方向，较大程度地发挥数据优势，使企业安全风险分析和管理更加智能化。

## 三、日趋先进的风险防控技术

企业安全防护系统借助数字化技术的发展进行不断的升级，日趋先进的风险防控技术在更精准高效地保障着企业的数字业务安全。

**1. 生物识别技术**

生物识别技术就是分析和鉴别差异化的生物特征,生物特征包含个人的人脸、声纹、指纹、虹膜等,生物特征的独特性为生物识别技术提供了先天优势,因此数字业务安全可以借助生物识别技术进行即时、高效的甄别和管理。生物识别技术示意图如图8-3所示。

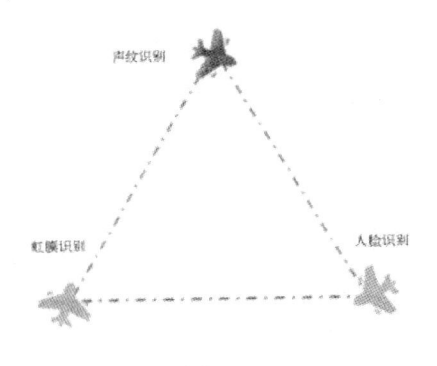

图 8-3

● 人脸识别

采取一定的技术手段对人脸信息进行采集和分析,全方位检测人脸信息是否具备真实性,并将检测无误的人脸信息纳入信息管理系统中。在企业面对业务风险时再调动信息管理系统的人脸信息核对,进行精准化的信息追踪。

● 虹膜识别

人眼虹膜纹理图像是先天具备且固定不变的,并且每个人的虹膜纹理都具备独特性,所以采取虹膜识别技术更加具备可信度,通过采用图像处理和模式识别方法精准鉴别虹膜图像的人员身份。

● 声纹识别

每个人的声音特征都具备独特性,声纹识别就是借助电声学仪器进行声波分析,以此迅速鉴别对方身份信息,这种声纹识别技术有效提高了企业安全业务的管理效率,降低了风险侵入。

2. 生物探针技术

生物探针技术就是借助设备传感器对用户设备使用数据进行集中化分析,在用户数据分析中找准设备使用规律,鉴别设备的运行是否存在不合理性,确保设备存在的安全性。

生物探针就是对用户系统整个操作流程的数据进行精准化分析,对业务交易风险做出预期评判,参考数据变化鉴别用户行为是否合法。

3. 区块链技术

区块链就是一种提供分布式数据存储、点对点传输、共识机制、加密算法的技术,是一种新型的存储数据库,具有不可伪造、全程留痕、可以追溯、公开透明、集体维护等特征。企业可以通过区块链技术将业务数据集中管理和分析,详细调查各阶段数据信息,全程检测数据可靠性,确保数据不会受到内外部环境的干扰,提高业务安全风险管理。

区块链对企业业务安全管理的优势：

第一，区块链使数据具备集中共享性，数据信息可以在企业内实现共享，规避了是数据信息的不均衡性，企业业务安全在大量的数据信息支持下能实现快速校验；

第二，全程留痕，为数据信息校验提供可靠性参考；

4. 机器学习技术

大数据和人工智能的融合催生出一个新型的核心技术：机器学习技术，机器学习技术包含领域较广，在较广泛的领域中进行数据信息筛选，通过智能化工作程序组建出机器学习模型，以机器学习模型为主体，对数据信息的真实性进行核验，对未来判断趋势进行佐证，它主要针对提供的信息进行"学习"，精准化对标数据，优化数据质量。

机器学习目前主要包括三种类型的技术：监督学习、非监督学习和强化学习。

总体来说，机器学习是一种技术进步，它真正意义上发挥了大数据的价值，实现了数据"学习"目标，有效防范了企业业务风险。

## 四、企业纷纷设立业务安全团队

IDC全球首份业务安全技术报告《IDC创新者：中国业务安全之反欺诈技术，2019》认为，目前，企业安全风险保障工作是企业实现数字化转型过程中的一项重要任务，业务安全运行也成为企业发展的关键点。

由于企业数字化转型发展中，业务涉及的交叉融合性，企业确保业务各个流程的安全以及信息数据的可靠性，是为企业自身发展负责也是对企业合作伙伴负责。

近年来，数字化技术的成熟和发展，在促进企业发展的同时又加剧了企业风险率，企业风险安全保障工作是一项长期艰巨的任务。

风险管理是金融的核心，业务安全是必备。在数字化发展日益多变的形式发展中，企业内部纷纷设立业务安全团队。

以下通过实例进行阐述：

2019年4月24日，滴滴出行为确保乘客信息安全性，纷纷推出了一系列的技术保障程序，在创新技术升级的过程中，开始认识到内部设立安全团队的重要性，于是在安全产品与技术部门下设信息安全部、业务安全部、基础安全产品部、安全研究部等多个部门。

滴滴出行还将这些信息安全保障系统放入实际中进行考察，核验信息安全是否得到了真正的保障，并在技术保障的前提下设立了网约车信息安全部、网约车业务安全部。滴滴出行是国内第一个公开宣布成立安全部门的非金融类的数字企业。

其他领域也有大部分的企业开设了专门业务安全部门，《巴塞尔协议》为全球商业银行明确了风险管理标准，规定了风险类别，就目前形势而言，数字化发展使业务具备了技术性、规模性、草根性、传染性和隐蔽性特点。

业务风险种类呈现多样化趋势，业务风险防范工作的难度在加大，企业急需在复杂的业务风险中找到安全保障的最佳解决方案，所以安全系统管理的专业型技术人才，已逐渐成为市场需求的人才。

# 参考文献

[1] 中国信息化百人会课题组.数字经济：近向从量变到质变的新阶段[M].北京：电子工业出版社,2018.

[2] 刘海燕,路亚文.移动营销[M].北京：人民邮电出版社,2018.

[3] 黑马程序员.搜索引擎营销推广：SE0优化+SEM竞价[M].北京：人民邮电出版社,2018.

[4] 刘兵.直播营销重新定义营销新路径[M].广州：广东人民出版社，2018.

[5] 车云月.搜索引擎营销实战技术[M].北京：清华大学出版社,2018.

[6] 李艺铭,安晖.数字经济：新时代再起航[M].北京：人民邮电出版社,2017.

[7] 马化腾.数字经济：中国创新增长新动能[M].北京：中信出版社，2017.

[8] 苏高.移动端网络营销推广实战从入门到精通[M].北京：人民邮电出版社,2017.

[9] 刘笑微.微电影广告营销与制作[M].北京：中国电影出版社,2017.

[10] 达米安·瑞安.理解数字营销[M].高兰凤,译.北京：电子工业出版社,2017.

[11] 戴鑫.新媒体营销网络营销新视角[M].北京：机械工业出版社，2017.

[12] 马文彦.数字经济2.0[M].北京：民主与建设出版社,2017.

[13] 兰建平,徐运红.中国数字经济理论与实践[M].杭州：浙江大学出版社,2017.

[14] 魏艳.微视频营销[M].北京：企业管理出版社,2017.

[15] 淘宝大学达人学院.内容电商运营系列：爆款视频内容打造与传播[M].北京：电子工业出版社,2017.

[16] 王振.全球数字经济竞争力发展报告(2017)[M].北京：社会科学文献出版社,2017.

[17] 特蕾西·L.塔滕,迈克尔·R.所罗门,北京大学新媒体研究院社会化媒体研究中心.社交媒体营销[M].上海：格致出版社,2017.

[18] 朱建良,等.数字经济：中国经济创新增长"新蓝图"[M].北京：人民邮电出版社,2017.

[19] 华红兵.移动营销管理[M].广州：广东经济出版社,2017.

[20] 徐晨,吴大华,唐兴伦.数字经济：新经济新治理新发展[M].北京：经济日报出版社,2017.

[21] 曹虎,等.数字时代的营销战略[M].北京：机械工业出版社,2017.

[22] 郑丽勇,陈徐彬.中国数字营销蓝皮书[M].北京：中国财富出版社,2017.

[23] 陈楠华.口碑营销[M].广州：广东经济出版社,2017.

[24] 马莉婷.网络营销理论与实践[M].北京：北京理工大学出版社，2017.

[25] 王浩.数字营销实战[M].北京：电子工业出版社,2016.

[26] 晏青.社交媒体营销战：商业营销新思维[M].北京;经济日报出版社,2016.

[27] 刘华鹏.互联网十营销移动互联网时代的营销新玩法[M].北京：中国经济出版社,2016.

[28] 邵华冬,陈怡.广告主数字媒体营销传播[M].北京：中国传媒大学出版社,2016.

[29] 周丽玲.新媒体营销[M].重庆：西南师范大学出版社,2016.

[30] 马智萍.大数据时代移动营销创新研究[M].北京：中国轻工业出版社,2016.

[31] 阳翼.数字营销：6堂课教你玩转新媒体营销[M].北京：中国人民大学出版社,2015.

[32] 周思磊.云营销[M].北京：中国经济出版社,2015.

[33] 刘显才,刘圣豪.移动互联网的营销时代[M].北京：北京工业大学出版社,2015.

[34] 李东进,秦勇,朴世桓.网络营销[M].北京：中国发展出版社，2015.

[35] 赵瑞旺,胡明丽.搜索引擎营销[M].北京：科学技术文献出版社，2015.

[36] 刘徹.30分钟玩转视频营销[M].北京：电子工业出版社,2014.

[37] 文丹枫.移动营销新解密：移动互联时代的营销变革[M].北京：中国经济出版社,2014.

[38] 徐晨，吴大华，唐兴伦.数字经济新经济新治理新发展[M].北京：经济日报出版社，2017.

[39] 王振.2018全球数字经济竞争力发展报告[M].北京：社会科学文献出版社，2018.

[40] 高晓璐,成卓,刘国艳.面向大数据时代的数字经济发展举措研究[M].北京：人民出版社，2019.

[41] 金江军.数字经济引领高质量发展[M].北京：中信出版集团，2019.

[42] 朱晓明.走向数字经济[M].上海：上海交通大学出版社，2018.

[43] 黄如花.数字信息资源开放存取[M].武汉：武汉大学出版社，2017.

[44] 李艺铭，安晖.数字经济新时代再起航[M].北京：人民邮电出版社，2017.

[45] 潘善琳，黄劲松.中国企业的数字化商务实践案例[M].北京：清华大学出版社，2015.

[46] 韩建国,企业数字化管理工程[M].北京：机械工业出版社，2017.

[47] 用友网络科技股份有限公司.企业数字化目标、路径与实践[M].北京：中信出版社，2019.

[48] 王保育，李纪华，吴筱瑛.企业数字化转型架构互联网+时代的创新技术与实践[M].北京：电子工业出版社，2015.

[49] 吴峰.企业数字化学习[M].北京大学出版社，2011.

[50] 皮埃尔-让.邦高奇.数字化企业设计和管理[M].北京：航空工业出版社，

2018.

[51] 阮闯.企业大脑人工智能时代的全数字化转型[M].北京：经济管理出版社，2017.

[52] 高山渊.企业数字化基石[M].北京：电子工业出版社，2019.

[53] 刁柏青，孟祥君，刘建.企业数字化运营研究与实践[M].北京：中国电力出版社，2019.

[54] 石姝莉.出版企业数字化转型研究[M].沈阳：辽宁大学出版社，2017.

[55] 姚乐，李红，王甲佳.互联网+时代的数字化转型[M].北京：电子工业出版社,2017.

[56] 曾光伟.基于成熟度模型的传统零售企业数字化转型研究[D]长沙：湖南大学，2019.

[57] 林思颖.文化传媒企业盈利模式研究[D].昆明：云南财经大学，2020.

[58] 闪菲雅."互联网+"对制造业转型升级的影响研究[D].郑州：河南财经政法大学,2020.

[59] 刘梦晨.创新开放度对企业动态创新能力的影响研究[D].郑州：河南财经政法大学，2020.

[60] 王丹洋.数字经济下关于我国税收征管的探讨[D].石家庄：河北经贸大学，2020.

[61] 杨桅.数字化背景下C公司企业发展战略研究[D].北方工业大学,2022.

[62] 张晨.数字化、商业模式创新对企业绩效的影响研究[D].南京信息工程大学,2022.

[63] 王子清.数字化转型与企业创新研究[D].云南财经大学,2022.

[64] 吉乾梦.疫情冲击、数字化与企业绩效[D].浙江大学,2022.

[65] 李霄.数字化转型背景下农业企业开放式创新影响因素实证研究[D].哈尔滨商业大学,2022.

[66] 刘学辉.数字金融对企业创新影响的实证研究[D].浙江大学,2022.

[67] 叶林.数字经济发展背景下Z公司转型案例研究[D].云南财经大学,2022.

[68] 秦逸凡.数字化投入、要素配置结构与制造业高质量发展研究[D].山西财经大学,2022.

[69] 李忠顺.智能制造企业商业模式分类、前因组态及绩效研究[D].广东工业大学,2022.

[70] 曹振华.数字化转型背景下的A公司物流业务流程优化研究[D].广西师范大学,2022.

[71] 卢怀鑫.数字化投入对制造业全球价值链升级的影响效应研究[D].安徽财经大学,2022.

[72] 刘慧杏.财务数字化转型下集团公司资金管理模式研究[D].兰州财经大学,2022.

[73] 苏圳龙.数字化背景下X公司运营管理模式优化研究[D].广西师范大

学,2022.

[74] 沈丹丹.数字经济、创新投入与企业升级[D].安徽财经大学,2022.

[75] 周金秀.产业数字化对制造业就业结构的影响分析[D].兰州财经大学,2022.

[76] 项文霞.数字化转型对制造业就业的影响研究[D].山东财经大学,2022.

[77] 陈爱蒙.企业数字化转型对创新绩效的影响研究[D].山西财经大学,2022.

[78] 孙伊灵.数字化转型背景下企业预算管理策略分析[J].全国流通经济,2022(19)：38-41.

[79] 管考磊,朱海宁.企业数字化转型对税收规避的影响——来自中国上市公司的经验证据[J].证券市场导报,2022(08)：30-38.

[80] 邹梦婷,凌丹,黄大禹,谢获宝.制造业数字化转型与产业链现代化关联性研究[J/OL].科学学研究：1-16[2022-10-14].

[81] 花俊国,刘畅,朱迪.数字化转型、融资约束与企业全要素生产率[J].南方金融,2022(07)：54-65.

[82] 李民,戴永务.数字化转型对涉农企业竞争力的影响——基于企业异质性视角[J/OL].北京航空航天大学学报(社会科学版)：1-11[2022-10-14].

[83] 谢兴勇,谭飞,黄启益.传统科研企业数字化转型实施路径探讨[J].中国管理信息化,2022,25(13)：112-116.

[84] 王旭,张晓宁,牛月微."数据驱动"与"能力诅咒"：绿色创新战略升级导向下企业数字化转型的战略悖论[J].研究与发展管理,2022,34(04)：51-65.

[85] 郭为.数字化的力量：企业数字化转型的目标、路径与方法[J].数据,2022(08)：65-69.

[86] 张欢.供应链金融数字化转型问题探究[J].科技经济市场,2022(08)：55-57.

[87] 白福萍,刘东慧,董凯云.数字化转型如何影响企业财务绩效——基于结构方程的多重中介效应分析[J].华东经济管理,2022,36(09)：75-87.

[88] 张铭.数字化转型引领企业高质量发展[J].建筑设计管理,2022,39(08)：80-83.